NBA
那些年我们一起
追的球星
1

冯逸明 / 主编

台海出版社

图书在版编目（CIP）数据

NBA：那些年我们一起追的球星.1 / 冯逸明主编 .--
北京：台海出版社，2021.10 （2023.9 重印）
ISBN 978-7-5168-3160-1

Ⅰ.① N…Ⅱ.①冯… Ⅲ.① NBA －优秀运动员－列传
－世界 Ⅳ.① K815.47

中国版本图书馆 CIP 数据核字（2021）第 199784 号

NBA：那些年我们一起追的球星1

主　　编：冯逸明

出 版 人：蔡　旭　　　　　　　　封面设计：冯逸明　　牛　涛
责任编辑：员晓博

出版发行：台海出版社
地　　址：北京市东城区景山东街 20 号　邮政编码：100009
电　　话：010-64041652（发行，邮购）
传　　真：010-84045799（总编室）
网　　址：www.taimeng.org.cn/thcbs/default.htm
E — mail：thcbs@126.com

经　　销：全国各地新华书店
印　　刷：朗翔印刷（天津）有限公司
本书如有破损、缺页、装订错误，请与本社联系调换

开　　本：710 毫米 × 1000 毫米　　　1/16
字　　数：348 千字　　　　　　　　　印　　张：16.5
版　　次：2021 年 10 月第 1 版　　　印　　次：2023 年 9 月第 6 次印刷
书　　号：ISBN 978-7-5168-3160-1
定　　价：59.00 元

迈克尔·乔丹
MICHAEL JORDAN
JOKER

埃尔文·约翰逊
EARVIN JOHNSON
JOKER

A ♠ 勒布朗·詹姆斯 LEBRON JAMES

A ♥ 科比·布莱恩特 KOBE BRYANT

A ♣ 沙奎尔·奥尼尔 SHAQUILLE O'NEAL

A ♦ 蒂姆·邓肯 TIM DUNCAN

K ♠ 凯文·杜兰特 KEVIN DURANT

K ♥ 阿伦·艾弗森 ALLEN IVERSON

K ♣ 斯蒂芬·库里 STEPHEN CURRY

K ♦ 哈基姆·奥拉朱旺 HAKEEM OLAJUWON

Q ♠ 拉里·伯德 LARRY BIRD

Q ♥ 德怀恩·韦德 DWYANE WADE

Q ♣ 拉塞尔·威斯布鲁克 RUSSELL WESTBROOK

Q ♦ 伊赛亚·托马斯 ISIAH THOMAS

J ♠ 德克·诺维茨基 DIRK NOWITZKI

J ♥ 特雷西·麦格雷迪 TRACY MCGRADY

J ♣ 克里斯·保罗 CHRIS PAUL

J ♦ 詹姆斯·哈登 JAMES HARDEN

10 ♠ 凯里·欧文 KYRIE IRVING

10 ♥ 凯文·加内特 KEVIN GARNETT

10 ♣ 史蒂夫·纳什 STEVE NASH

10 ♦ 卡尔·马龙 KARL MALONE

9 ♠ 科怀·伦纳德 KAWHI LEONARD

9 ♥ 查尔斯·巴克利 CHARLES BARKLEY

9 ♣ 安东尼·戴维斯 ANTHONY DAVIS

9 ♦ 斯科特·皮蓬 SCOTTIE PIPPEN

8 ♠ 卡梅隆·安东尼 CARMELO ANTHONY

8 ♥ 克莱德·德雷克斯勒 CLYDE DREXLER

8 ♣ 保罗·皮尔斯 PAUL PIERCE

8 ♦ 文斯·卡特 VINCE CARTER

7 ♠ 朱利叶斯·欧文 JULIUS ERVING

7 ♥ 多米尼克·威尔金斯 DOMINIQUE WILKINS

7 ♣ 雷·阿伦 RAY ALLEN

7 ♦ 雷吉·米勒 REGGIE MILLER

6 ♠ 贾森·基德 JASON KIDD

6 ♥ 托尼·帕克 TONY PARKER

6 ♣ 马努·吉诺比利 MANU GINOBILI

6 ♦ 约翰·斯托克顿 JOHN STOCKTON

5 ♠ 布雷克·格里芬 BLAKE GRIFFIN

5 ♥ 詹姆斯·沃西 JAMES WORTHY

5 ♣ 克莱·汤普森 KLAY THOMPSON

5 ♦ 达米安·利拉德 DAMIAN LILLARD

4 ♠ 保罗·乔治 PAUL GEORGE

4 ♥ 丹尼斯·罗德曼 DENNIS RODMAN

4 ♣ 保罗·加索尔 PAU GASOL

4 ♦ 马克·加索尔 MARC GASOL

3 ♠ 德玛尔·德罗赞 DEMAR DEROZAN

3 ♥ 德雷蒙德·格林 DRAYMOND GREEN

3 ♣ 德里克·罗斯 DERRICK ROSE

3 ♦ 凯文·乐福 KEVIN LOVE

2 ♠ 布兰登·罗伊 BRANDON ROY

2 ♥ 昌西·比卢普斯 CHAUNCEY BILLUPS

2 ♣ 德马库斯·考辛斯 DEMARCUS COUSINS

2 ♦ 约翰·沃尔 JOHN WALL

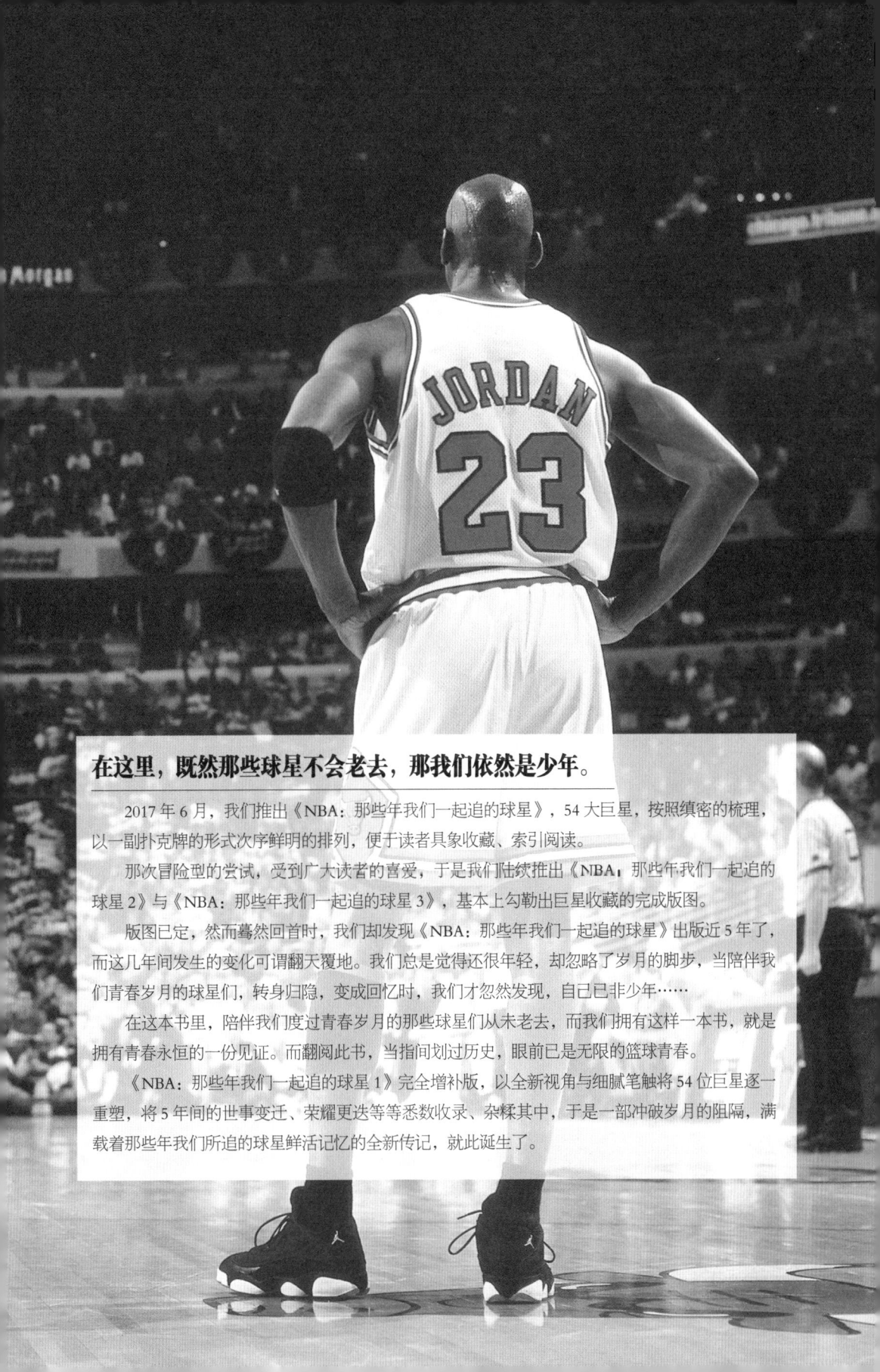

在这里，既然那些球星不会老去，那我们依然是少年。

2017 年 6 月，我们推出《NBA：那些年我们一起追的球星》，54 大巨星，按照缜密的梳理，以一副扑克牌的形式次序鲜明的排列，便于读者具象收藏、索引阅读。

那次冒险型的尝试，受到广大读者的喜爱，于是我们陆续推出《NBA：那些年我们一起追的球星 2》与《NBA：那些年我们一起追的球星 3》，基本上勾勒出巨星收藏的完成版图。

版图已定，然而蓦然回首时，我们却发现《NBA：那些年我们一起追的球星》出版近 5 年了，而这几年间发生的变化可谓翻天覆地。我们总是觉得还很年轻，却忽略了岁月的脚步，当陪伴我们青春岁月的球星们，转身归隐，变成回忆时，我们才忽然发现，自己已非少年……

在这本书里，陪伴我们度过青春岁月的那些球星们从未老去，而我们拥有这样一本书，就是拥有青春永恒的一份见证。而翻阅此书，当指间划过历史，眼前已是无限的篮球青春。

《NBA：那些年我们一起追的球星 1》完全增补版，以全新视角与细腻笔触将 54 位巨星逐一重塑，将 5 年间的世事变迁、荣耀更迭等等悉数收录、杂糅其中，于是一部冲破岁月的阻隔，满载着那些年我们所追的球星鲜活记忆的全新传记，就此诞生了。

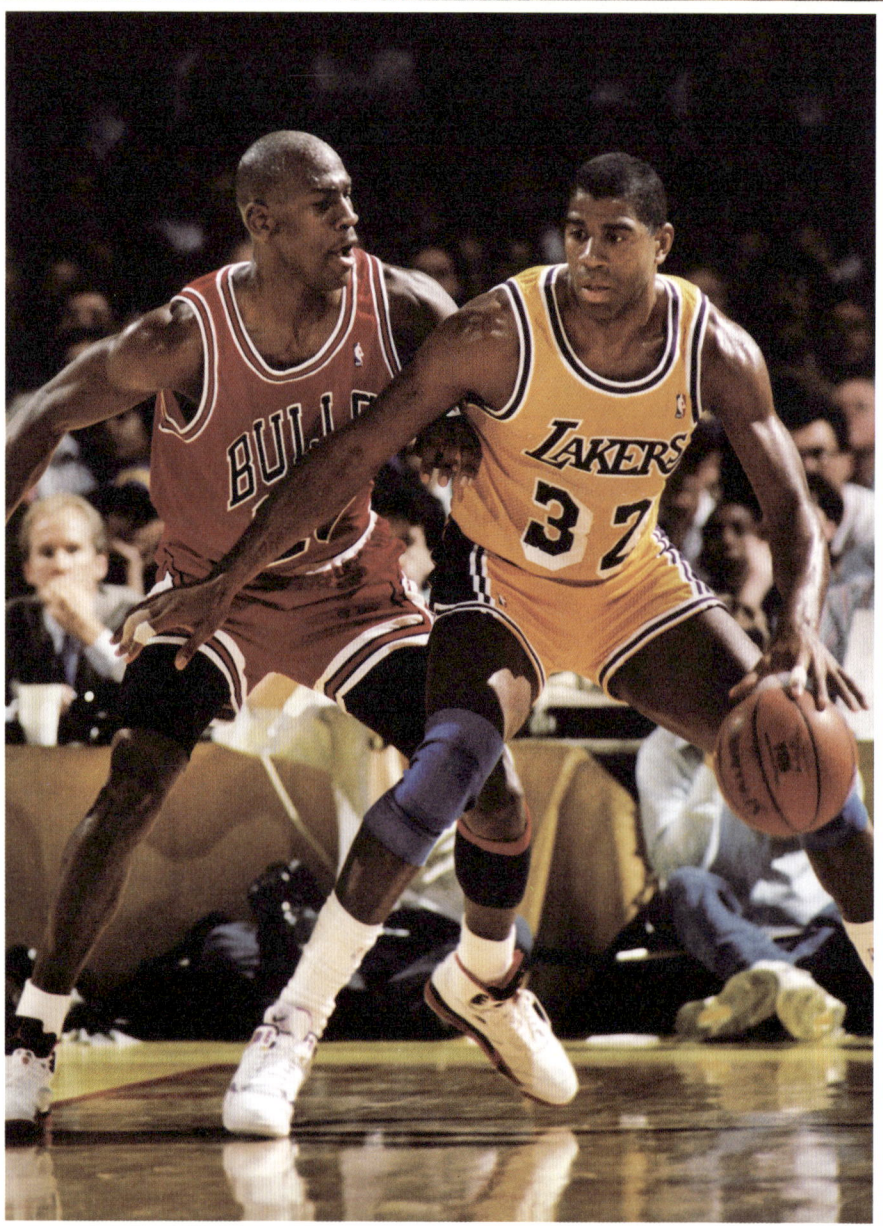

JOKER

迈克尔·乔丹
MICHAEL JORDAN

埃尔文·约翰逊
EARVIN JOHNSON

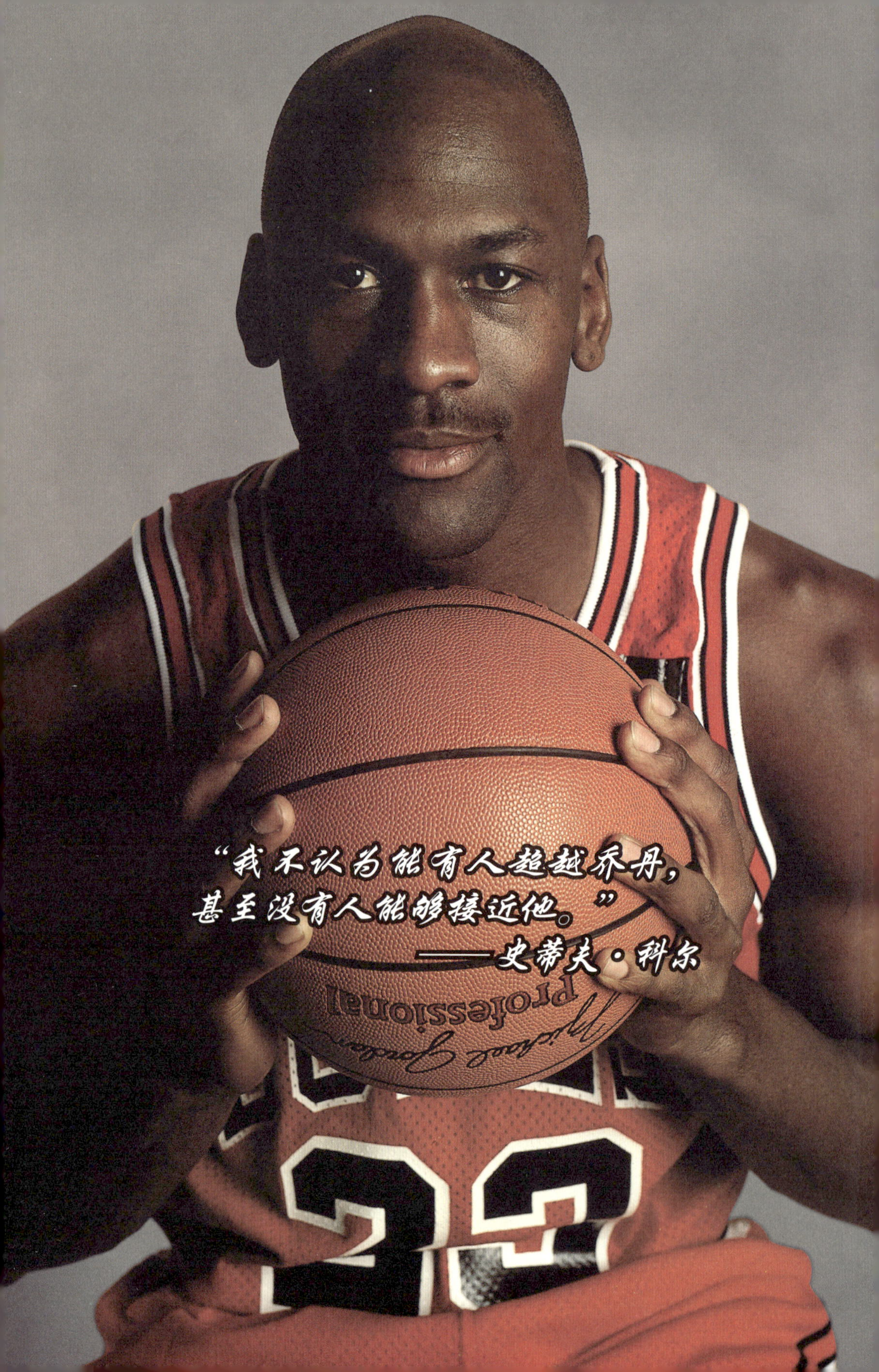

“我不认为能有人超越乔丹，甚至没有人能够接近他。”

——史蒂夫·科尔

JOKER

飞人
迈克尔·乔丹

MICHAEL JORDAN

超长的滞空使他能从容而又优雅地穿越对手的防线，将球放入篮筐。正如"魔术师"约翰逊所说："当所有防守者都落地了，迈克尔还在飞。"如果说地板是"魔术师"的舞台，那么空中则属于乔丹。一个在篮球领域中前所未见的词——飞，随着乔丹而出现。

迈克尔·乔丹的横空出世，让篮球这项运动风靡世界。六届总决赛 MVP、十届得分王，以及两个三连冠的盖世功勋，远远无法诠释他的伟大，乔丹就是这个世界上永远的"篮球之神"。

关于迈克尔·乔丹的故事，大概要从 1982 年的北卡罗来纳大学说起。当时的乔丹还是篮球场上的"菜鸟"，北卡的史密斯教练当时并没意识到这个愣头小子未来能成就大业，但他看到了乔丹的一些闪光点——天赋上佳、意识出色、战术执行力强。

1982 年 3 月 29 日，NCAA 决赛——北卡对阵乔治城大学，乔丹投进了那个名垂青史的制胜球，北卡大学因此再度夺冠之后，外界开始对这个青年人大加关注。

乔丹成为全美大学里最棒的得分后卫，保持着惊人的 50% 以上投篮命中率。他开始像一个进攻兵器库般存在，不断地开发出更多的得分利器。

1984 年 9 月 NBA 选秀大会，乔丹排在奥拉朱旺和萨姆·鲍伊之后，在首轮第 3 顺位被芝加哥公牛选中。如果说拥有中锋情结的火箭在第 1 顺位选择奥拉朱旺情有可原，那么开拓者在第 2 顺位放弃乔丹而选萨姆·鲍伊，则成了选秀史上的最大笑柄。

乔丹进入了 NBA，就开始让世人眼花缭乱的得分表演，开创了一个新时代。他继承了"J 博士""天行者"的飞翔传统，又一次提升了人类脱离地心引力的上限。他可以从罚球线起飞滑翔扣篮，可以后仰到飘在空中跳投，也可以从各个角度展示那些让人产

9

生时间停滞错觉的滞空拉杆上篮……

第一个赛季，乔丹就场均砍下 28.2 分。他从一开始表现得就不像个新秀，职业生涯的第三场比赛，他就砍了 37 分，第八场比赛狂掠 45 分，惊诧了世人！

乔丹疯狂输出火力，让整个联盟的防守者都为之胆战心惊。相对于无解的进攻而言，乔丹的防守同样强大，成了"攻守一体"的最初代言人。

1986 年季后赛首战，公牛对阵凯尔特人，乔丹砍下 49 分。接下来 1986 年 4 月 21 日，公牛与凯尔特人的第二场，乔丹再次发威，狂砍 63 分，打破了保持 24 年的 NBA 季后赛单场得分纪录（原纪录是埃尔金·贝勒在 1962 年创下的单场 61 分）。

乔丹此战也征服了对手，伯德留下了那句经典名言："今夜上帝穿着 23 号球衣。"

1986/1987 赛季，乔丹正式开始了漫长的十年得分王旅程。1987 年和 1988 年，他两次夺得扣篮王，并用一记"罚球线起跳灌篮"，让人类相信了飞翔。

1988 年扣篮大赛，"飞人"大战"人类电影精华"。面对"人类电影精华"强势的空中抡臂大回环扣篮，"飞人"被迫拿出压箱底绝招——"罚球线起跳灌篮"。只见乔丹一路冲刺，在罚球线处"飞了起来"，恰似云端漫步，快降落时，轻舒猿臂，将球扣进篮筐，平稳着陆。其弹跳之高、造型之美、滑翔之远，都让人叹为观止。那是一种摆脱地心引力、极尽妍姿、美轮美奂、婉柔飘逸的境界。

"我不知道是不是在飞，只知道风从我的耳边掠过。"
——迈克尔·乔丹

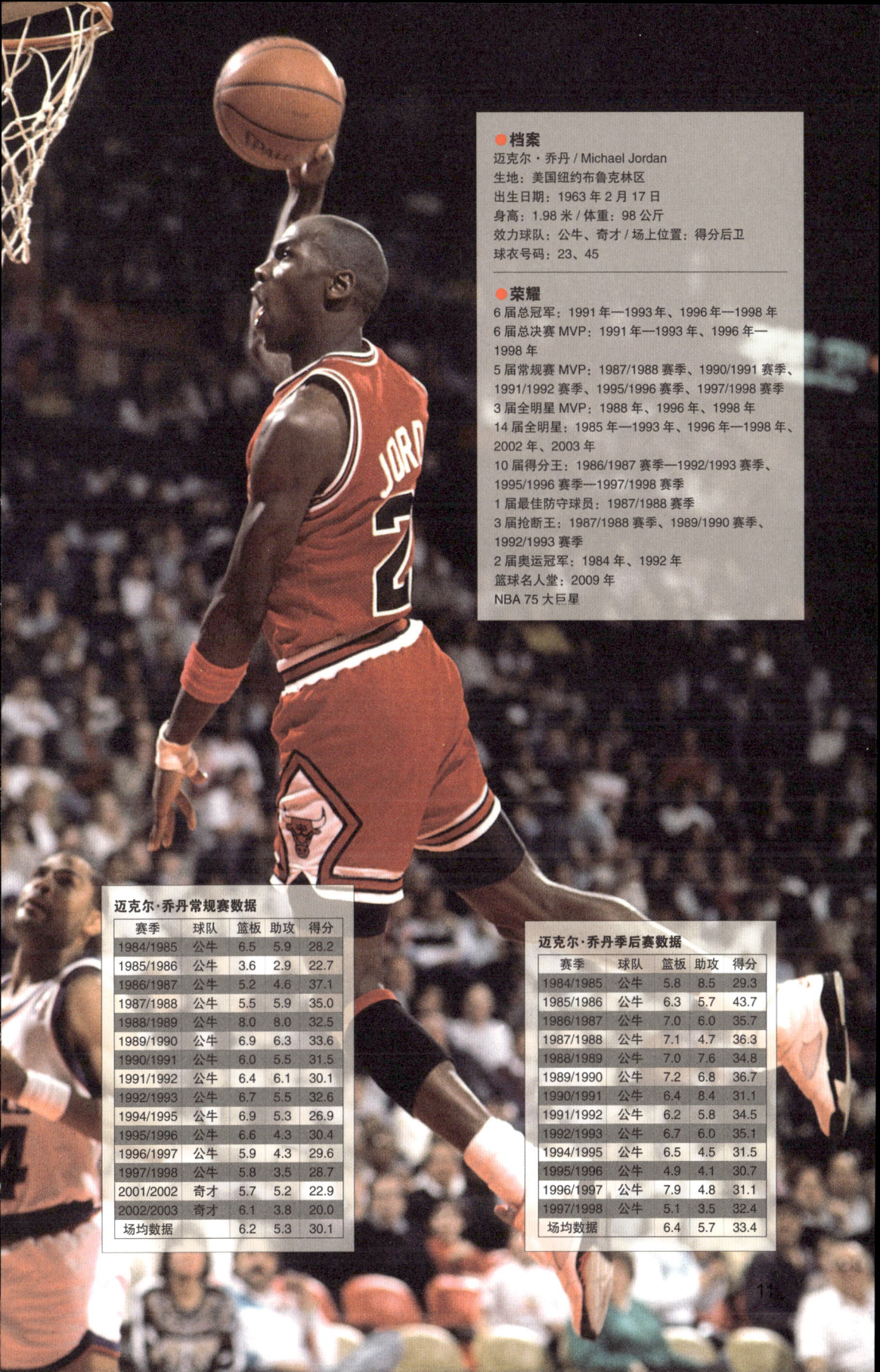

● 档案

迈克尔·乔丹 / Michael Jordan
生地：美国纽约布鲁克林区
出生日期：1963 年 2 月 17 日
身高：1.98 米 / 体重：98 公斤
效力球队：公牛、奇才 / 场上位置：得分后卫
球衣号码：23、45

● 荣耀

6 届总冠军：1991 年—1993 年、1996 年—1998 年
6 届总决赛 MVP：1991 年—1993 年、1996 年—
1998 年
5 届常规赛 MVP：1987/1988 赛季、1990/1991 赛季、
1991/1992 赛季、1995/1996 赛季、1997/1998 赛季
3 届全明星 MVP：1988 年、1996 年、1998 年
14 届全明星：1985 年—1993 年、1996 年—1998 年、
2002 年、2003 年
10 届得分王：1986/1987 赛季—1992/1993 赛季、
1995/1996 赛季—1997/1998 赛季
1 届最佳防守球员：1987/1988 赛季
3 届抢断王：1987/1988 赛季、1989/1990 赛季、
1992/1993 赛季
2 届奥运冠军：1984 年、1992 年
篮球名人堂：2009 年
NBA 75 大巨星

迈克尔·乔丹常规赛数据

赛季	球队	篮板	助攻	得分
1984/1985	公牛	6.5	5.9	28.2
1985/1986	公牛	3.6	2.9	22.7
1986/1987	公牛	5.2	4.6	37.1
1987/1988	公牛	5.5	5.9	35.0
1988/1989	公牛	8.0	8.0	32.5
1989/1990	公牛	6.9	6.3	33.6
1990/1991	公牛	6.0	5.5	31.5
1991/1992	公牛	6.4	6.1	30.1
1992/1993	公牛	6.7	5.5	32.6
1994/1995	公牛	6.9	5.3	26.9
1995/1996	公牛	6.6	4.3	30.4
1996/1997	公牛	5.9	4.3	29.6
1997/1998	公牛	5.8	3.5	28.7
2001/2002	奇才	5.7	5.2	22.9
2002/2003	奇才	6.1	3.8	20.0
场均数据		6.2	5.3	30.1

迈克尔·乔丹季后赛数据

赛季	球队	篮板	助攻	得分
1984/1985	公牛	5.8	8.5	29.3
1985/1986	公牛	6.3	5.7	43.7
1986/1987	公牛	7.0	6.0	35.7
1987/1988	公牛	7.1	4.7	36.3
1988/1989	公牛	7.0	7.6	34.8
1989/1990	公牛	7.2	6.8	36.7
1990/1991	公牛	6.4	8.4	31.1
1991/1992	公牛	6.2	5.8	34.5
1992/1993	公牛	6.7	6.0	35.1
1994/1995	公牛	6.5	4.5	31.5
1995/1996	公牛	4.9	4.1	30.7
1996/1997	公牛	7.9	4.8	31.1
1997/1998	公牛	5.1	3.5	32.4
场均数据		6.4	5.7	33.4

这是当之无愧的最佳一扣，这不仅是因为出自"篮球之神"之手，更重要的是有"人类电影精华"这样的对手，他们的旷世对决成就了全明星扣篮大赛史上的伟大经典。

从 1988 年到 1990 年，乔丹在个人层面上一直在成功，但在集体方面却一直在失败。这三年间，乔丹率领公牛三次踏上季后赛之旅，三次都被活塞无情淘汰。

乔丹依旧没有捞到半枚总冠军戒指，就在他有些迷茫的时候，"禅师"菲尔·杰克逊带来了"三角进攻"。随着"禅师"正式执教公牛，乔丹终于迎来复仇的机会。1990/1991 赛季公牛以 61 胜领跑东部，乔丹发出振聋发聩的呐喊："什么都不用说了，让我们就此了结底特律吧！"于是 NBA 历史上最痛快的复仇开始了……

1991 年东部决赛，公牛以 4 比 0 横扫了上届冠军活塞，乔丹目送底特律的"坏孩子"们远去。翻过底特律人活塞这座大山后，乔丹在球场上再无敌手。

1991 年五场总决赛战罢，公牛以 4 比 1 的总比分击败湖人，夺得队史上第一个 NBA 总冠军。乔丹与"魔术师"完成王者接力，"飞人"的时代正式开启。

接下来的 1992 年总决赛，这是"飞人"与"滑翔机"的对决。乔丹在攻防两端压制住了德雷克斯勒，公牛以总比分 4 比 2 击败开拓者，卫冕总冠军。

乔丹在这一年荣耀满贯：连续六年蝉联得分王，收获第三个常规赛 MVP，进入双一阵，蝉联总冠军和总决赛 MVP，还收获了一枚巴塞罗那奥运会金牌。

《体育画报》发言：乔丹已经独自站在了世界之巅，他就是体育。

1993 年总决赛，公牛以总比分 4 比 2 击败巴克利领衔的太阳，完成了三连冠。乔丹在总决赛中打出了最具统治力的表现：场均 41.0 分、8.5 个篮板和 6.3 次助攻，投篮命中率高达 50.8%，第四战乔丹更是大爆发，砍下举世瞩目的 55 分。

1993 年总决赛之后，乔丹收获了第三枚总冠军戒指，在 NBA 的世界里已经没有挑战。而就在 1993 年 8 月，乔丹的父亲詹姆斯·乔丹因遭遇抢劫而遇害身亡，父亲的意外去世让乔丹无比悲痛，伤心之余他宣布从 NBA 退役。

30 岁正值当打之年，乔丹毅然决定离开，这让 NBA 的收视率一度大跌，损失惨重。

也许是离不开心爱的篮球，也许是棒球水平实在有限，一年之后，"I'm Back"，乔丹又回到 NBA 了。复出后的乔丹一度身披 45 号球衣，状态不太理想，于是在 1996 年又改回了熟悉的 23 号，公牛也在短暂的蛰伏之后，回到了冠军的轨道。

1995/1996 赛季，公牛所向披靡，打出 NBA 历史上常规赛最佳战绩的 72 胜，虽然之后这个纪录被勇士的 73 胜所打破，但公牛显然更完美，因为他们夺冠了。1996 年总决赛，公牛 4 比 2 战胜超音速夺得总冠军。夺冠日恰逢父亲节，乔丹在联合中心的更衣室中痛哭失声，他用这个冠军来祭奠天堂中的慈父，因为他知道"父亲在看他的比赛"。

1997 年，公牛在总决赛迎来西部新贵爵士。6 月 11 日，总决赛第五场，赛前乔丹在下榻的盐湖城酒店吃了一份外卖比萨后，上吐下泻，发起了高烧。

乔丹带病坚持比赛，第一节仅得 4 分，爵士发现取胜的良机，疯狂进攻。危急时刻，乔丹在高烧状态下催生出炙热的手感，火力全开，第四节独取 15 分，并命中一记致命三分球，率领公牛以 90 比 88 险胜爵士。终场哨响，乔丹瘫在皮蓬怀里。在重度流感的折磨下，体温高达 39.4 度，但乔丹 27 投 13 中，依旧砍下 38 分，成为球队获胜的关键。

最终公牛以总比分 4 比 1 击败爵士，卫冕总冠军，队史第五冠到手。

1998 年，内忧外患的公牛能够捧杯，能够击败"犹他双煞"领衔的爵士，多亏了乔丹。乔丹用"最后一投"为自己的王者生涯画上绚烂的一笔。自此，公牛第二个三连冠达成，六冠王朝赫然耸立！乔丹完成最伟大的王者登顶后，功成身退，留给后人膜拜。

还有比这更圆满、更动人的剧情吗？每次回首都足以令人热血沸腾。

2001 年 9 月，当乔丹身披奇才战袍宣布复出时，这里已不是以前的江湖，随着科比、艾弗森等新人的崛起，老"飞人"更像是开启一段享受篮球的旅程。

即使年过四十，乔丹还是那位倔强、执拗的单挑高手，2003 年全明星赛，他面对马里昂中了一记滑翔后仰准绝杀球，依稀间，我们看到了巅峰飞人的影子。即便乔丹已经 50 岁了，他依旧能在单挑中击败大多数现役的 NBA 球员。

没办法，因为这就是迈克尔·乔丹，一个来自外星的"篮球之神"。

生涯高光闪回 / 最后一投

高光之耀： 这是 NBA 历史上最伟大的绝杀，不仅让公牛完成第二个三连冠，更让"飞人"的传奇熠熠生辉。

1998 年 6 月 14 日，公牛对阵爵士总决赛第 6 场，在三角洲中心展开。皮蓬因背伤影响战力，公牛火力全部集中在乔丹的身上，"飞人"那天共得到 45 分。

最后时刻，爵士以 86 比 85 领先并握有球权，马龙背身接球准备进攻，却被底线溜来的乔丹抢断！此后乔丹运球至前场，在 17 尺处晃倒拉塞尔，急停跳投，皮球划出一道美妙的弧线应声入筐。

87 比 86！随后斯托克顿三分球落空，"飞人"振臂高飞，这一记终极绝杀成为千古绝唱。

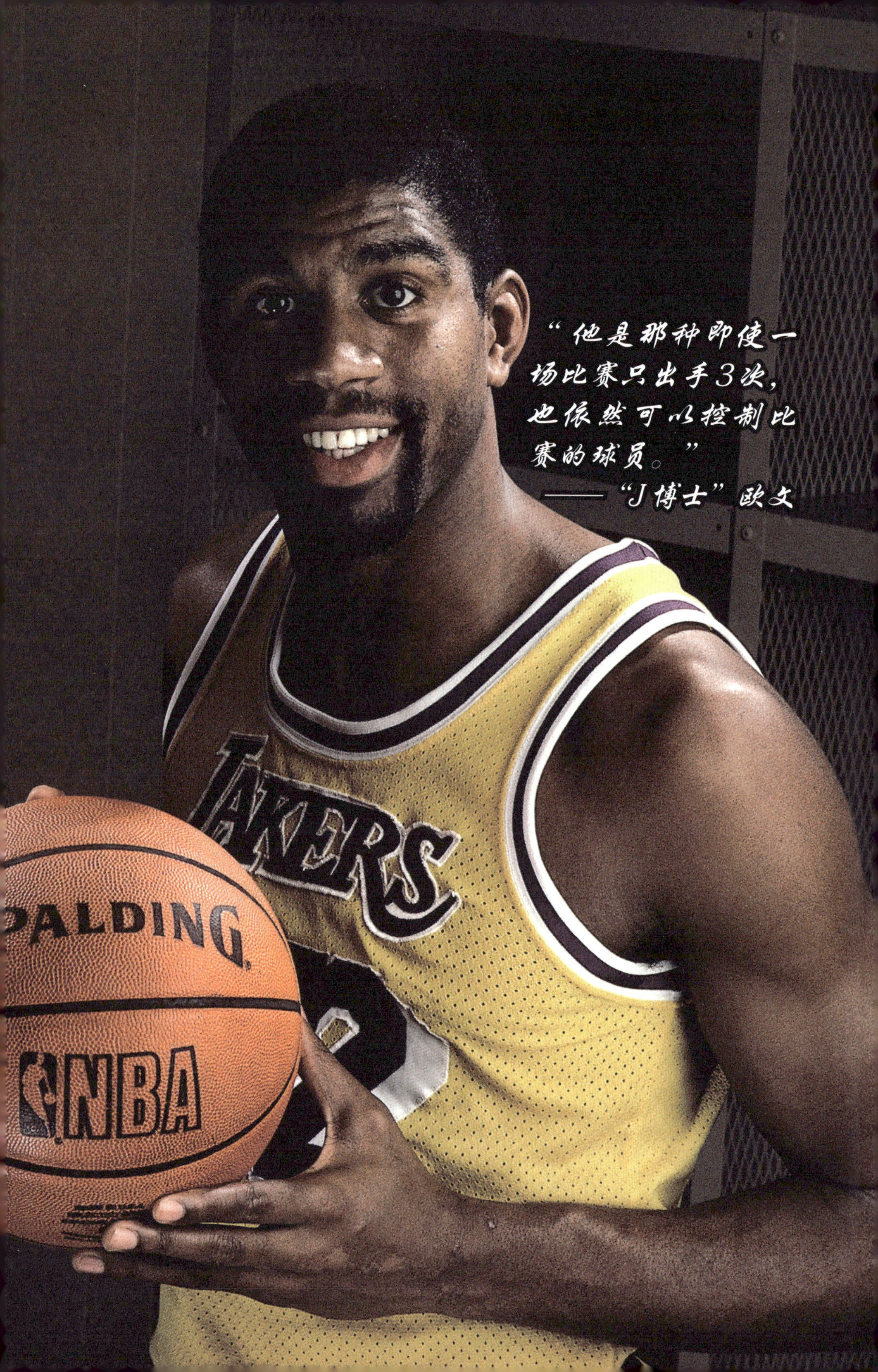

"他是那种即使一场比赛只出手3次，也依然可以控制比赛的球员。"

——"J博士"欧文

JOKER

魔术师

埃尔文·约翰逊

EARVIN JOHNSON

人们认为篮球场上的他具有神奇魔力，于是"魔术师"就成为约翰逊的代名词。这位身高 2.06 米的湖人控卫用眼花缭乱的表演来驾驭比赛，使观众犹如置身梦剧场中，他比赛时犹如变魔术一样，过程分外惊奇、刺激，结局更是匪夷所思的精彩，而且绝无雷同。

他将更多的理念、智慧和技巧带到了篮球场上，使得篮球这项运动的观赏性和竞争性升到一个新的高度。约翰逊前所未有的新打法，更使篮球运动的传球技术发生了一场影响深远的革命。

如果说乔丹像演技精湛的动作影帝一样为观众奉献精彩纷呈的独角戏，那么埃尔文·约翰逊就像一位鬼斧神工的天才导演，通过卓越的指挥调度，让每一位队友都能尽情发挥，共同奉献精彩纷呈的"合家欢"。

1979 年，没有人会想到一个身高 2.06 米的大个子可以打控球后卫，约翰逊与现在这些灵活的小个子相比，更像一号位上的颠覆者和伟大的革新者。他不会没完了地一对一胯下运球突破，但他在快攻中不看人，单手一挥的神韵和风情，简直可以洞穿那个时代人们的灵魂。无论是斯托克顿还是艾弗森，他们都有着大把的模仿者，唯有"魔术师"，他行进中风骚的传球似乎已经成了绝唱，唯一一个打法上和他近似的球员，居然是当代小前锋第一人——勒布朗·詹姆斯。

"魔术师"这个绰号，来自一位普通的体育专栏作家，当时他目睹了这位还在读高中的 15 岁男孩，在一场中得到 36 分、16 个篮板、16 次助攻的三双数据，惊为"魔术"，于是一个篮球史上的响亮绰号应运而生。

约翰逊 1979 年作为"状元秀"加盟湖人的时候，媒体问他想要什么样的队友，他说：

"我不需要五位超级水准的队友，只要五位普通的队友，大家会跑、会传、会上篮，我们就赢比赛啦。"这是一句了不起的回答，也阐述了一种伟大的篮球理念，同时也开创了篮球大开大阖、行云流水的崭新时代。

"魔术师"是一个热爱胜利的人，也是一位伟大的团队球员。1979/1980赛季的第一场比赛，当湖人在最后一分钟依靠贾巴尔的勾手投篮取胜后，20岁的约翰逊兴奋异常，扑上去给了贾巴尔一个几乎喘不过气来的熊抱，差点把老家伙的肋骨撞断。贾巴尔对他说："淡定些，孩子。我们还有81场比赛要打。"

还是菜鸟的"魔术师"就如此热爱胜利，而"天勾"优雅的动作和华丽的技巧，更在他心目中留下深深的烙印，他下定决心：要和"天勾"一样，在洛杉矶这个声威赫赫的紫金王朝里，勾勒出自己与众不同的人生。

约翰逊加盟洛杉矶湖人后，球队把组织进攻的任务交给了这位"菜鸟"。自此，他成为当时NBA身材最高的控球后卫。

1980年，菜鸟"魔术师"第一年就打入总决赛，湖人与"J博士"领军的76人相遇。湖人在前5场中以3比2领先，当球队乘飞机前往费城打第6场时，贾巴尔脚踝伤势严重，不能随队出战。老大缺阵，却成就了"魔术师"第一次震古烁今的总决赛传奇。

第6场，约翰逊主动请缨出任中锋，大家都以为这位"菜鸟"疯了，结果那场比赛成了他一个人的舞台，他独得42分、15个篮板、7次助攻和3次抢断。最后时刻，约翰逊模仿贾巴尔的远距离勾手投篮命中，成就了传世的经典镜头。

"魔术师"一夜之间成为天之骄子，当人们问他究竟打什么位置时，他得意地说："我有时候打中锋，有时候打前锋，还打一点儿后卫。我想给我的位置起个名字，或许'中锋后卫摇摆人'这个名字不错。"这真是个创造性的发明。

20岁的新秀、总决赛MVP，约翰逊在赛后面对全国转播的电视采访，微笑着面对镜头向贾巴尔致敬："大哥，我们会在回来的飞机上为你跳舞的！"从此之后，王朝的权杖交接了，这个微笑着的、身材微胖的大个子控球后卫，开始用自己天才的头脑和神出鬼没的传球，驱动湖人开辟新的疆土。

1981/1982赛季，约翰逊再次获得总决赛MVP，还获得了抢断王的称号。在我们这个时代，你能想象一个身高2.06米的球员能成为抢断王吗？

湖人迎来"神算子"帕特·莱利，约翰逊完全掌控了球队。而这段时间，他一生的知己和敌人——拉里·伯德也在波士顿开始建立王朝，两位巨星开始羁绊一生的巅峰争霸，而这样史诗般的英雄对决，也直接挽救了20世纪80年代江河日下的NBA联盟。

他们是一辈子的欢喜冤家，伯德是历史上最伟大的小前锋，而约翰逊是最伟大的控球后卫。伯德强硬而毒舌，约翰逊则温和而幽默，两人相映成趣。

1986/1987赛季，约翰逊终于获得常规赛MVP，这个奖项让他等待了8年，因为伯

埃尔文·约翰逊常规赛数据

赛季	球队	篮板	助攻	得分
1979/1980	湖人	7.7	7.3	18.0
1980/1981	湖人	8.6	8.6	21.6
1981/1982	湖人	9.6	9.5	18.6
1982/1983	湖人	8.6	10.5	16.8
1983/1984	湖人	7.3	13.1	17.6
1984/1985	湖人	6.2	12.6	18.3
1985/1986	湖人	5.9	12.6	18.8
1986/1987	湖人	6.3	12.2	23.9
1987/1988	湖人	6.2	11.9	19.6
1988/1989	湖人	7.9	12.8	22.5
1989/1990	湖人	6.6	11.5	22.3
1990/1991	湖人	7.0	12.5	19.4
1995/1996	湖人	5.7	6.9	14.6
场均数据		7.2	11.2	19.5

埃尔文·约翰逊季后赛数据

赛季	球队	篮板	助攻	得分
1979/1980	湖人	10.5	9.4	18.3
1980/1981	湖人	13.7	7.0	17.0
1981/1982	湖人	11.3	9.3	17.4
1982/1983	湖人	8.5	12.8	17.9
1983/1984	湖人	6.6	13.5	18.2
1984/1985	湖人	7.1	15.2	17.5
1985/1986	湖人	7.1	15.1	21.6
1986/1987	湖人	7.7	12.2	21.8
1987/1988	湖人	5.4	12.6	19.9
1988/1989	湖人	5.9	11.8	18.4
1989/1990	湖人	6.3	12.8	25.2
1990/1991	湖人	8.1	12.6	21.8
1995/1996	湖人	8.5	6.5	15.3
场均数据		7.7	12.3	19.5

● 档案

埃尔文·约翰逊 / Earvin Johnson

出生地：美国密歇根州兰辛

出生日期：1959 年 8 月 14 日

身高：2.06 米 / 体重：98 公斤

效力球队：湖人 / 球衣号码：32

位置：控球后卫

● 荣耀

5 届总冠军：1980 年、1982 年、1985 年、1987 年、1988 年

3 届总决赛 MVP：1980 年、1982 年、1987 年

3 届常规赛 MVP：1986/1987 赛季、1988/1989 赛季、1989/1990 赛季

2 届全明星 MVP：1990 年、1992 年

12 届全明星：1980 年、1982 年—1992 年

4 届助攻王：1982/1983 赛季、1983/1984 赛季、1985/1986 赛季、1986/1987 赛季

2 届抢断王：1980/1981 赛季、1981/1982 赛季

1 届奥运冠军：1992 年

篮球名人堂：2002 年

NBA 75 大球星

德已经三次蝉联常规赛 MVP。在"魔术师"被查出携带 HIV 病毒的时候，伯德第一个表示关切和支持，而在"大鸟"入选名人堂时，"魔术师"是他的推荐人。

1991 年，伟大的"魔术师"已经获得了五枚总冠军戒指，三个常规赛 MVP，三个总决赛 MVP，季后赛总助攻数第一，三双次数第一，常规赛三双次数第二，12 年职业生涯 9 次杀进总决赛。他在总决赛中败给了新的王者——迈克尔·乔丹，然后在新赛季以一则 HIV 病毒检测报告宣布退役，结束了他壮丽而短暂的职业生涯。

乔丹说过："'魔术师'可以搞定一切可以行走的生物。""魔术师"的伟大在于，他不需要靠强力的个人得分就能轻松获得团队的胜利，朱利叶斯·欧文评价："他是那种即使一场比赛只出手 3 次，也依然可以控制比赛的球员。"

约翰逊聪明而大气，给他一个开放的进攻环境，他天下无敌。他能瞬间把皮球送到球场的任何一个角落，庖丁解牛一样打通整场比赛的脉络，队友只要不停地奔跑就够了。他手上的技巧足够细腻，他快攻中可以随心所欲地分配球，可以连续单手运球，然后一个背后运球就变向突破上篮。

他可以背身勾手，可以面筐突破，可以背转身切入篮下，可以远投。看上去速度不快，可是他快攻中一条龙上篮，却能不断变换节奏和角度，令防守者目瞪口呆、无计可施。而抢下篮板推快攻的流畅和华丽，至今无人可比。詹姆斯也许可以做到这些，但远不如他大气不喘、面带微笑的轻松惬意。而约翰逊这抹自信而优雅的微笑，将永远定格在那个黑白双雄争霸的年代。

SHOWTIME（表演时间）记载着 20 世纪 80 年代湖人的影像资料，而导演这华丽、奔放的进攻狂潮的就是"魔术师"约翰逊。作为 NBA 历史上最高的组织后卫，约翰逊又可以胜任任何一个位置，是超级全能的巨星。

他的推进速度极快，传球变化多端，特别是他能像下盲棋一样打篮球，在用快攻中一个又一个的不看人传球、横跨半场的空接、旋转极强的传

球以及超过 3/4 场的长传让对手发愣，让球迷疯狂。

　　"魔术师"并不是盲传的发明者，但他将这一技术发扬到了极致，他就像篮球场上的希区柯克，每一秒都能制造悬念。当然，他的大部分助攻还是来自他连续转身运球后的简单直传，他有宽阔的视野，能够敏锐地发现在任何角落里无人防守的队友。

　　2002 年，曾有记者问联盟总裁大卫·斯特恩："如果可以，你最想看到哪位球员的比赛重现现场？"斯特恩笑了起来，想了一会儿，回答道："我们有很多伟大的球员，不过要让我个人选择的话，我真想再看看'魔术师'的比赛。"

生涯高光闪回 / 客串中锋

高光之耀：新秀菜鸟一步登天成为总决赛 MVP，连好莱坞最富有想象力的编剧都无法杜撰的情节，却恰恰发生在好莱坞旁边的魔幻剧场里。

　　1980 年的总决赛，湖人对阵朱利叶斯·欧文领衔的 76 人，五战过后，湖人以 3 比 2 领先。关键的第六战，湖人场均 33.4 分、13.6 个篮板的中锋贾巴尔因伤缺阵，"魔术师"临危授命，客串中锋。

　　在光谱球馆，约翰逊 23 投 14 中，砍下 42 分、15 个篮板、7 次助攻。最后 2 分 22 秒连得 9 分，为湖人奠定胜局，最终拿下总冠军。20 岁的他，当时不过是 NBA 菜鸟，却代替了 NBA 历史上最伟大的中锋，打出了一场完美比赛！赛后，约翰逊当之无愧地当选为总决赛 MVP。

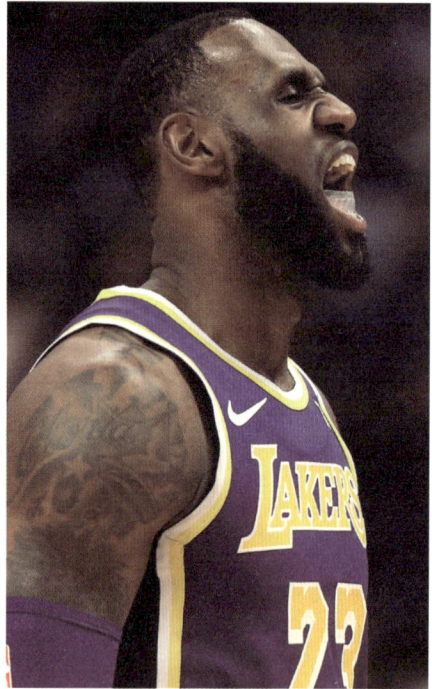

A–K

A
詹姆斯 / 科比 / 奥尼尔 / 邓肯
JAMES/KOBE /O'NEAL/DUNCAN

K
杜兰特 / 艾弗森 / 库里 / 奥拉朱旺
DURANT/IVERSON /CURRY /OLAJUWON

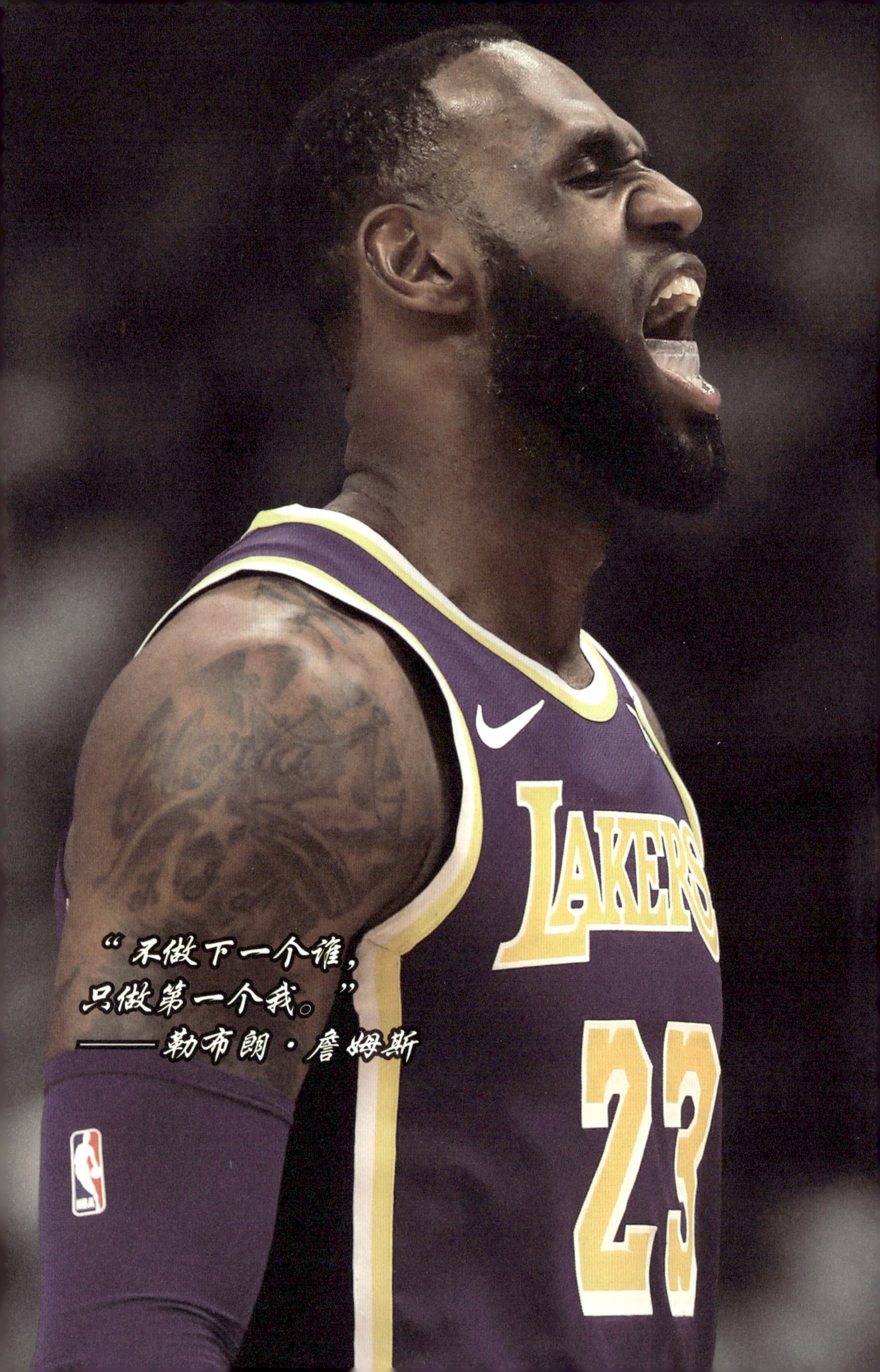
“不做下一个谁，
只做第一个我。”
——勒布朗·詹姆斯
LAKERS
23

皇帝

勒布朗·詹姆斯

LEBRON JAMES

勒布朗·詹姆斯本人，就是篮球史上的一个奇迹。

如果模拟出一个最完美的球员，拥有强壮的身躯，虎豹般的速度和弹跳，高超缜密的篮球智商，出色的传球技巧，稳定的投射，这个人能像乔丹一样飞翔，像伯德一样抢篮板，像魔术师一样推快攻，像皮蓬一样防守，这个人是十项全能的组织前锋，模拟来模拟去，那就只能是勒布朗·詹姆斯了。

他天命为皇，出道即巅峰，十进总决赛、四夺总冠军，作为四届常规赛 & 总决赛 MVP 先生，詹姆斯堪称 NBA 联盟的"灭霸"。

1984 年 12 月 30 日，勒布朗·詹姆斯出生在美国俄亥俄州的克利夫兰，他的母亲格利亚·詹姆斯当时只有 16 岁，而他的父亲杳无音信。詹姆斯出生后，和母亲一起住在贫民区的外婆家。詹姆斯幼年生活拮据而且居无定所，5 岁到 8 岁的那几年，詹姆斯和母亲一共搬过 12 次家。虽然生活困苦，好在有篮球相伴。

詹姆斯从小就是个精力旺盛的家伙，除了篮球之外，他还很擅长橄榄球。詹姆斯希望能够长成和乔丹一样高的 1.98 米，当他的身高达到 2.03 米时，他还为此懊恼了一段日子。他从小把乔丹奉为偶像，可他并不知道将来会成为另一个"魔术师"。

詹姆斯就读于阿克伦的圣文森特·圣玛丽高中。2000 年，还是高一学生的詹姆斯场均能得到 18 分、6 个篮板，率领球队取得惊人的 27 胜 0 负，并最终赢得州冠军。

高三那年，圣玛丽高中升级到二级联赛，詹姆斯带队获得 23 胜 4 负的骄人战绩，并获得州亚军，詹姆斯这个赛季平均得 29 分、8.3 个篮板、5.7 次助攻以及 3.3 次抢断。他开始登上《灌篮》封面，人们开始称他为"皇帝"。

只是在高中联赛，詹姆斯的表演就已经吸引了全美的目光，人们纷纷开始关注这位不世出的天纵奇才。詹姆斯史无前例地三度入选全美第一队，并三度当选俄亥俄州篮球先生。他也频频登上各大媒体的封面，成为万众瞩目的传奇高中生。

2003 年选秀大会，詹姆斯在首轮第 1 顺位被家乡球队克利夫兰骑士挑走。新秀赛季的詹姆斯场均得到 20.9 分、5.5 个篮板球和 5.9 次助攻，帮助上赛季仅 17 胜的骑士把战绩提高到 35 胜 47 负，毫无悬念从星光熠熠的"03 白金一代"中夺得最佳新秀。

2005 年 2 月 20 日，詹姆斯首次被选入 NBA 全明星赛东部首发球员，他在这个舞台上越来越如鱼得水、挥洒自如。

2006 年全明星赛，21 岁的詹姆斯率领东部球队逆袭西部，得到 29 分、6 个篮板，成为最年轻的全明星赛 MVP。这个赛季，詹姆斯场均得到 31.4 分、7.0 个篮板、6.6 次助攻。首次率领骑士打进季后赛，并淘汰奇才杀入第二轮，最终败给活塞。

2006/2007 赛季，詹姆斯率队打出 50 胜，并在季后赛中一路高歌猛进，横扫奇才，击败篮网。六场大战击溃活塞，詹姆斯在"天王山之战"决胜时刻连得 25 分。

2007 年，首次率队杀入总决赛的詹姆斯碰上了机器般精密的马刺战车，骑士被毫无悬念地碾压之后，邓肯拥抱詹姆斯，留下了那句意味深长的预言："未来是你的。"

之后，詹姆斯率领骑士刚刚突破底特律的钢铁锁链，却又迎来"波士顿三巨头"的强势崛起。虽然詹姆斯能够砍下《2K》游戏般炸裂数据，但始终无法率队再次突破东部。

2010 年夏天，詹姆斯来到迈阿密，与韦德、波什组成热火 BIG3，为了总冠军而放手一搏。2010/2011 赛季，他们率领热火杀入总决赛，却被诺维茨基的小牛击败。

2012 年总决赛，热火以 4 比 1 击败雷霆，詹姆斯终于获得第一个总冠军。

2013 年热火在总决赛绝地逢生，七场苦战淘汰马刺，大家都为第六场雷·阿伦那记神奇的绝平三分球而击节赞叹，而正是詹姆斯为这记三分球创造了条件。

正当热火憧憬着三连冠时，却在 2014 年总决赛被马刺所击败。2014 年夏天，詹姆斯决定再回家乡克利夫兰，以履行当初的诺言——"我会为家乡夺得总冠军。"

归乡初载，詹姆斯便率领骑士杀入总决赛，但乐福季后赛首轮断臂，欧文总决赛首战因伤离去，詹姆斯独木难支，不敌勇士"死亡五小"，与总冠军失之交臂。

2016 年，骑士与勇士在总决赛再度相逢。骑士一度以 1 比 3 落后，之后詹姆斯竟然率领骑士发起绝境反击，他们宛如来自地狱的野兽，迸发出夺魂摄魄的杀气，最终逆转了不可一世的勇士。詹姆斯在两场绝境之战中轰下 41 分，"抢七生死战"又豪取三双，最终全票加冕总决赛 MVP。克利夫兰的孩子终于为家乡赢得 52 年来首个总冠军，当詹姆斯举起金杯时，潸然泪下，那一刻值得所有人尊重和铭记。

詹姆斯时隔三年再度登上王座，夺下自己的第三个总冠军与总决赛 MVP。

接下来的两个赛季，骑士几经换血重组后，再次陷入彷徨。马里昂、杰弗森、罗斯、

勒布朗·詹姆斯常规赛数据

赛季	球队	篮板	助攻	得分
2003/2004	骑士	5.5	5.9	20.9
2004/2005	骑士	7.4	7.2	27.2
2005/2006	骑士	7.0	6.6	31.4
2006/2007	骑士	6.7	6.0	27.3
2007/2008	骑士	7.9	7.2	30.0
2008/2009	骑士	7.6	7.2	28.4
2009/2010	骑士	7.3	8.6	29.7
2010/2011	热火	7.5	7.0	26.7
2011/2012	热火	7.9	6.2	27.1
2012/2013	热火	8.0	7.3	26.8
2013/2014	热火	6.9	6.3	27.1
2014/2015	骑士	6.0	7.4	25.3
2015/2016	骑士	7.4	6.8	25.3
2016/2017	骑士	8.6	8.7	26.4
2017/2018	骑士	8.6	9.1	27.5
2018/2019	湖人	8.5	8.3	27.4
2019/2020	湖人	7.8	10.2	25.3
2020/2021	湖人	7.7	7.8	25.0
场均数据		7.4	7.4	27.0

勒布朗·詹姆斯季后赛数据

赛季	球队	篮板	助攻	得分
2005/2006	骑士	8.1	5.8	30.8
2006/2007	骑士	8.1	8.0	25.1
2007/2008	骑士	7.8	7.6	28.2
2008/2009	骑士	9.1	7.3	35.3
2009/2010	骑士	9.3	7.6	29.1
2010/2011	热火	8.4	5.9	23.7
2011/2012	热火	9.7	5.6	30.3
2012/2013	热火	8.4	6.6	25.9
2013/2014	热火	7.1	4.8	27.4
2014/2015	骑士	11.3	8.5	30.1
2015/2016	骑士	9.5	7.6	26.3
2017/2018	骑士	9.1	7.8	32.8
2018/2019	湖人	9.1	9.0	34.0
2019/2020	湖人	10.8	8.8	27.6
2020/2021	湖人	7.2	8.0	23.3
场均数据		9.0	7.2	28.7

● **档案**

勒布朗·詹姆斯 / LeBron James
出生地：美国俄亥俄州阿克伦城
出生日期：1984 年 12 月 30 日
身高：2.06 米 / 体重：113 公斤
效力球队：骑士、热火、湖人
球衣号码：6、23
场上位置：小前锋

● **荣耀**

4 届总冠军：2012 年、2013 年、
2016 年、2020 年
4 届常规赛 MVP：2008/2009 赛季、
2009/2010 赛季、2011/2012 赛季、
2012/2013 赛季
4 届总决赛 MVP：2012 年、2013 年、
2016 年、2020 年
3 届全明星 MVP：2006 年、2008 年、
2018 年
17 届全明星：2005 年—2021 年
5 届最佳防守阵容：2009 年—2013 年
1 届得分王：2007/2008 赛季
13 届最佳阵容一阵：2005/2006 赛季、
2007/2008 赛季—2017/2018 赛季、
2019/2020 赛季
2 届奥运冠军：2008 年、2012 年
NBA 75 大球星

小托马斯、韦德，还有最令人心痛的欧文，最终都相继离开。

骑士似乎又落到了八年前的境地，只剩下詹姆斯独自支撑着这里的一片天空。于是他在球场上肆意厮杀、飞天遁地、无所不能，把最好的自己毫无保留地献给这支骑士。

2018 年季后赛，首轮骑士面对步行者，詹姆斯从重重包围中抢七突围；东部半决赛他将"北境双刀"领衔的猛龙绞得粉碎；东部决赛詹姆斯手握重剑，率领骑士鏖战七场，突破凯尔特人青年军的铁索阵；总决赛他面对"五星勇士"首场砍下 51 分……

33 岁的詹姆斯打出 NBA 季后赛历史上最强悍的个人统治力，他 8 场砍下 40+，并奉献两记压哨绝杀，场均得到 34.5 分、9.2 个篮板和 9.0 次助攻，其表现无与伦比。

对于家乡克利夫兰，詹姆斯已兑现了他的夺冠诺言，是时候再次离去了。

2018 年 7 月，一纸 4 年 1.53 亿美元合同达成，詹姆斯入主洛杉矶湖人，他曾连续八年夺得东部冠军，但挑剔的人总喜欢以"西强东弱"来试图抹杀詹姆斯的成就。

如今詹姆斯来了，他以"东皇"的姿态只身西伐，将率领近五个赛季无缘季后赛的湖人再现昔日的辉煌。如果詹姆斯率领湖人夺冠，他将书写空前的伟业：成为全美四大联盟中唯一一个率领三支不同球队拿到总冠军的球员。

2018 年 11 月 22 日，詹姆斯率领湖人回到克利夫兰对阵骑士，拿下 32 分、14 个篮板，率队以 109 比 105 击败骑士。然而此刻比赛的胜负已无关紧要，当那位熟悉的 23 号球员再次出现在速贷球馆时，全场沸腾。他受到英雄般的礼遇，似乎一如昨天。而骑士那句"仿佛一切都没有变，只是你已不再属于我"，令人动容。

回到骑士的前一战，他面对曾经另一支效力的球队热火豪取 51 分，常规赛生涯第 12 次得分"50+"，超越艾弗森（11 次）。令迈阿密不禁慨叹："我们也曾拥有他！"

2018/2019 赛季，詹姆斯代表湖人出战 55 场比赛，场均贡献 27.4 分、8.5 个篮板、8.3 次助攻，是该赛季联盟中唯一打出"27+8+8"数据的球员。

但詹姆斯在这个赛季也罕见地出现疲态，他因为腹股沟的伤势被迫休战了六周，在他缺阵的六周里，湖人从西部前四直接跌落到八名开外，自此无缘季后赛。

在西部的第一个赛季，詹姆斯未能率湖人进入季后赛，迎来漫天的质疑以及诋毁，这些将成为无形的动力，必将迎来"皇帝"的反击。

2019/2020 赛季，NBA 史上最命运多舛的一个赛季，从 2020 年开始，一系列灾祸接踵而至：科比突然离世、新冠肺炎疫情肆虐、NBA 被迫停摆。

复赛之后，詹姆斯与"浓眉"戴维斯一起率领湖人，艰难地挺进总决赛，最终以 4 比 2 击败热火，夺得总冠军。这个总冠军也是对科比的一种告慰。自此，詹姆斯率领热火、骑士、湖人三支不同球队都夺得总冠军，完成了 NBA 史上的奇迹。

2020 总决赛，詹姆斯场均得到 29.8 分、11.8 个篮板以及 8.5 次助攻，收获了第四个总决赛 MVP 奖杯，超越邓肯、奥尼尔和"魔术师"约翰逊（三个总决赛 MVP），在

NBA 现在篮球史上，詹姆斯的前面只有乔丹（六届总决赛 MVP）。

2020/2021 赛季，詹姆斯深受脚踝等伤病困扰，而"浓眉"戴维斯也因腹股沟拉伤，湖人两大核心轮番受伤，让上届冠军的卫冕之路变得风雨飘摇。附加赛，詹姆斯面对库里命中超远压哨绝杀，这也似乎用完了湖人在该赛季的最后一丝运气。

2021 季后赛首轮，"浓眉"再伤，詹姆斯孤掌难鸣，湖人只能目送太阳"青年军"奔着第二轮呼啸而去，而湖人的卫冕之路戛然而止。

2021 年休赛期，詹姆斯告别 23 号，穿回 6 号球衣，并与 3 号"浓眉"戴维斯、0 号威斯布鲁克组成"360 组合"。2010 年，詹姆斯就曾身披 6 号战袍，与 3 号韦德、1 号波什组成"361 组合"，一切仿佛像是命运的轮回。而此时，安东尼也来到了詹姆斯的身边，"白金双骄"在生涯暮年终于联手，加上霍华德与隆多，湖人组成了豪华的的全明星阵容，这帮"老男孩"为了总冠军来联袂做最后一搏。

2021/2022 赛季，湖人开局并不平顺，詹姆斯也面临伤病、禁赛等诸多困扰，深陷质疑的漩涡之中，然而真正的强者终会证明自己！2021 年 11 月 15 日，面对步行者，禁赛复出的詹姆斯豪取 39 分 5 篮板 6 助攻，加时赛独砍 8 分，率领湖人击败对手。当他命中远程制胜三分，迈开熟悉的霸王步时，我们知道那个无所不能的皇者正在归来。

以詹姆斯的皇者视角来看，天下是用来征服的，即便是在狂野的西部受到挫败，他也绝不会泯灭那颗称霸联盟的雄心，接下来联盟将迎来"皇者"最猛烈的反击。

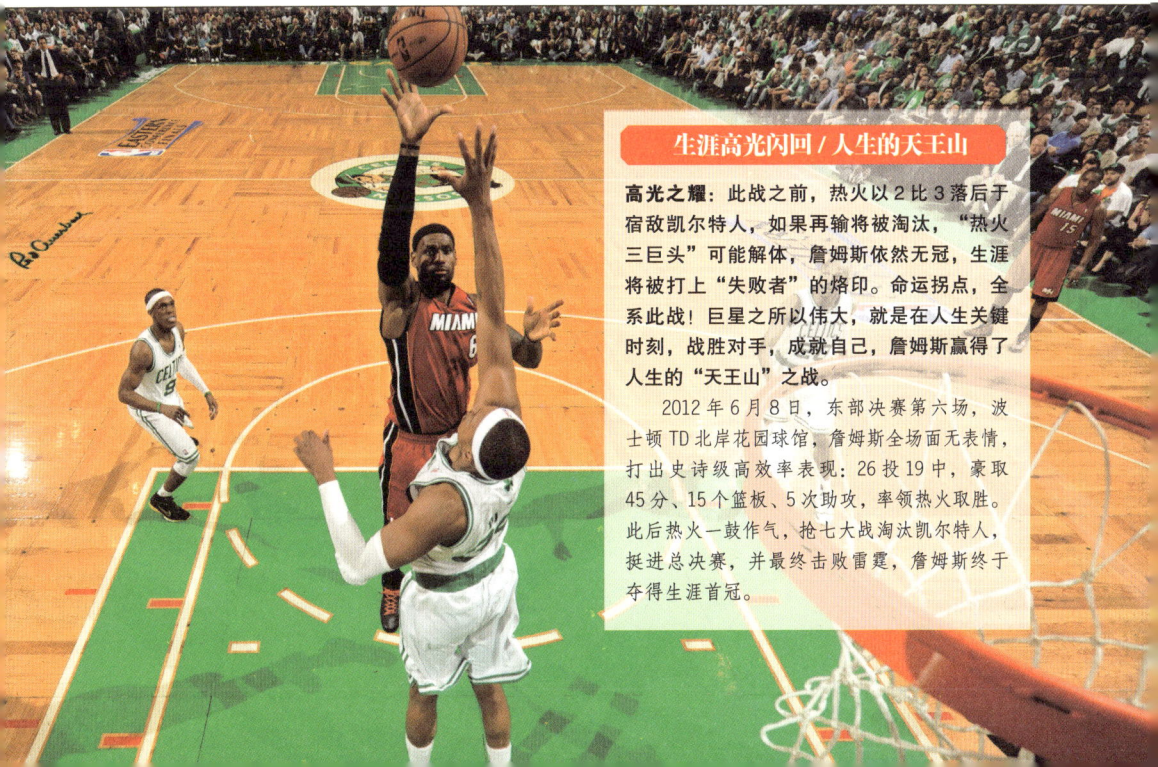

生涯高光闪回 / 人生的天王山

高光之耀：此战之前，热火以 2 比 3 落后于宿敌凯尔特人，如果再输将被淘汰，"热火三巨头"可能解体，詹姆斯依然无冠，生涯将被打上"失败者"的烙印。命运拐点，全系此战！巨星之所以伟大，就是在人生关键时刻，战胜对手，成就自己，詹姆斯赢得了人生的"天王山"之战。

2012 年 6 月 8 日，东部决赛第六场，波士顿 TD 北岸花园球馆，詹姆斯全场面无表情，打出史诗级高效率表现：26 投 19 中，豪取 45 分、15 个篮板、5 次助攻，率领热火取胜。此后热火一鼓作气，抢七大战淘汰凯尔特人，挺进总决赛，并最终击败雷霆，詹姆斯终于夺得生涯首冠。

科比虽然离去，但留下了永恒的曼巴精神。凌晨4点的约定，近乎偏执的自律，对于胜利的极度渴望，二十年终老一队的紫金忠魂，睥睨群雄的嶙峋傲骨……

黑曼巴

科比·布莱恩特

KOBE BRYANT

二十载湖人生涯，他荣耀满载：四届全明星 MVP、两届总决赛 MVP、五届总冠军、一届常规赛 MVP、两枚奥运会金牌。神迹无数：81 分屠龙，60 分绝唱，8 号与 24 号球衣同时退役……

科比是篮球史上最偏执、最坚韧、最倔强、最勤奋、最传奇的球员，在我们的青春时节曾恣意怒放。41 岁骤逝，科比为后人树立了光辉的典范，他的"曼巴精神"将会常存于每一个热爱他的人心中。

我们有幸活在科比的时代，他就是我们的篮球之神。

1978 年 8 月 23 日，科比·布莱恩特出生于费城。因为父亲乔·布莱恩特去欧洲打球的缘故，科比幼时就来到意大利这个足球的国度，却种下一颗篮球的种子。

在意大利，他是一群白人中的黑人，而 1984 年，当 6 岁的科比回到美国费城时，他又成了一群黑人中的"白人"。科比一直在努力突破由时空变化造成的隔离墙，寻求一种认同感，但他骨子里又有特立独行的特质，这也为科比的人生奠定了一种基调。

科比就读于劳尔梅里恩高中时，就显现出耀眼的篮球才华，1994/1995 赛季，高三时的科比场均得到 31.1 分、10.4 个篮板、5.2 次助攻，被选为"宾夕法尼亚年度运动员"。

1996 年，科比已成为冉冉升起的高中生新星，17 岁的他决定参加 NBA 选秀。于是他成为星光熠熠的"96 黄金一代"中第 13 号新秀，当时科比被夏洛特黄蜂选中后，旋即被交易到洛杉矶湖人，从此开启了波澜壮阔的 NBA 生涯。

1996/1997 赛季，科比还只是一个可有可无的替补，然后到了 1997/1998 赛季，他场均得分飙升至 18 分，成为 NBA 中第一位打全明星首发的替补球员。

1998/1999 赛季，科比成为湖人的首发后卫，他与"大鲨鱼"奥尼尔的"OK 组合"也日渐默契，这对天才后卫和超级中锋的二人组，开始了对 NBA 的王道统治。

2000 年至 2002 年，"OK 组合"带领湖人豪取三连冠，科比也迅速成长为联盟顶级的外线得分手。2002/2003 赛季，科比更是在季后赛场均豪取 32.1 分，超越奥尼尔，成为湖人最为倚重的得分点。那一年他 25 岁，也成为全明星票王。

年轻的科比迅速崛起，让年长的奥尼尔心存芥蒂，加上媒体好莱坞式的渲染，"OK 老大之争"经久不息。2004 年夏天，"大鲨鱼"东游迈阿密，"OK 组合"分道扬镳。

2004/2005 赛季，没有了奥尼尔，湖人罕见地缺席了季后赛，独自带队的科比一度饱受各种质疑与抨击，"小飞侠"以最迅猛的速度跌落谷底。

此后，科比在低谷中"小宇宙"爆发，用无比孤独而又不可阻挡的方式进球，开启了得分盛宴。单场 81 分、三节 62 分……科比用神魔级表现将湖人拉入季后赛的正轨。

2005/2006 赛季，科比以场均 35.4 分加冕得分王，并在季后赛双杀太阳。但科比的超强火力，却无法换来湖人在季后赛的胜利。而奥尼尔与韦德联手夺下 2006 年总冠军，这让心高气傲的"小飞侠"倍受刺激。于是，科比决意改变……

2006 年 11 月 4 日，科比首次身穿 24 号球衣登场亮相，从此告别了伴随 10 个赛季的 8 号"小飞侠"时代，开启了恢宏壮丽的 24 号"黑曼巴"征程。

从 2007 年 3 月 16 日到 23 日，科比连续砍下 65 分、50 分、60 分、50 分，创造一波连续四场 50+ 的得分狂潮。2008 年 2 月，保罗·加索尔加盟湖人，科比终于迎来冠军级搭档后，率领湖人夺得西部（57 胜）最佳战绩，并荣膺了 2007/2008 赛季常规赛 MVP。

2008 年总决赛，湖人以 2 比 4 不敌凯尔特人，痛失冠军后，科比说出："亚军是最大的失败者。"借酒浇愁之后，一切又从头再来。2008 年北京奥运会，科比成为美国"梦八队"夺金的"定海神针"，经过奥运会洗礼后，科比已经变得所向披靡。

2008/2009 赛季，湖人几乎兵不血刃地以 4 比 1 击败魔术。再次夺得总冠军的科比意犹未尽，因为他还没有击败凯尔特人。

2009/2010 赛季，科比将"黑曼巴"冷血致命的"毒性"淋漓展现，六次绝杀对手。2010 年夏天，湖人报了一箭之仇，以 4 比 3 击败凯尔特人，夺得总冠军，科比蝉联了总决赛 MVP，属于科比的五冠时代终于到来。

进入 2010 年代之后，科比的运动能力开始下滑，并且出现伤病隐患。但他在突破能力不复巅峰之时，依然能依靠各种中距离跳投来统治赛场，这一点很像后期的乔丹。

英雄迟暮本是正常的规律，但发生在神奇的科比身上，还是让人很难接受。2013 年 4 月 13 日，科比遭遇跟腱撕裂，依然坚持两罚全中后退场，离别时带着王者的倔强。

2014 年 12 月 15 日，湖人对阵森林狼，科比用两记罚球将自己的生涯总得分超过乔丹（32292 分），跻身 NBA 总得分榜的第三位，那一刻，他终于与神比邻。

科比·布莱恩特常规赛数据

赛季	球队	篮板	助攻	得分
1996/1997	湖人	1.9	1.3	7.6
1997/1998	湖人	3.1	2.5	15.4
1998/1999	湖人	5.3	3.8	19.9
1999/2000	湖人	6.3	4.9	22.5
2000/2001	湖人	5.9	5.0	28.5
2001/2002	湖人	5.5	5.5	25.2
2002/2003	湖人	6.9	5.9	30.0
2003/2004	湖人	5.5	5.1	24.0
2004/2005	湖人	5.9	6.0	27.6
2005/2006	湖人	5.3	4.5	35.4
2006/2007	湖人	5.7	5.4	31.6
2007/2008	湖人	6.3	5.4	28.3
2008/2009	湖人	5.2	4.9	26.8
2009/2010	湖人	5.4	5.0	27.0
2010/2011	湖人	5.1	4.7	25.3
2011/2012	湖人	5.4	4.6	27.9
2012/2013	湖人	5.6	6.0	27.3
2013/2014	湖人	4.3	6.3	13.8
2014/2015	湖人	5.7	5.6	22.3
2015/2016	湖人	3.7	2.8	17.6
场均数据		5.2	4.7	25.0

科比·布莱恩特季后赛数据

赛季	球队	篮板	助攻	得分
1996/1997	湖人	1.2	1.2	8.2
1997/1998	湖人	1.9	1.5	8.7
1998/1999	湖人	6.9	4.6	19.8
1999/2000	湖人	4.5	4.4	21.1
2000/2001	湖人	7.3	6.1	29.4
2001/2002	湖人	5.8	4.6	26.6
2002/2003	湖人	5.1	5.2	32.1
2003/2004	湖人	4.7	5.5	24.5
2005/2006	湖人	6.3	5.1	27.9
2006/2007	湖人	5.2	4.4	32.8
2007/2008	湖人	5.7	5.6	30.1
2008/2009	湖人	5.3	5.5	30.2
2009/2010	湖人	6.0	5.5	29.2
2010/2011	湖人	3.4	3.3	22.8
2011/2012	湖人	4.8	4.3	30.0
场均数据		5.1	4.7	25.6

● 档案

科比·布莱恩特 / Kobe Bryant
出生地：美国宾夕法尼亚州费城
出生日期：1978 年 8 月 23 日
身高：1.98 米 / 体重：91 公斤
效力球队：湖人 / 球衣号码：24、8
场上位置：得分后卫

● 荣耀

5 届总冠军：2000 年—2002 年、2009 年、2010 年
2 届总决赛 MVP：2009 年、2010 年
1 届常规赛 MVP：2007/2008 赛季
4 届全明星 MVP：2002 年、2007 年、2009 年、2011 年
18 届全明星：1998 年、2000 年—2016 年
2 届得分王：2005/2006 赛季、2006/2007 赛季
2 届奥运冠军：2008 年、2012 年
篮球名人堂：2020 年
NBA 75 大球星

科比清楚自己遭遇跟腱撕裂之后，很难恢复到以前的水平，但他只要踏上赛场，便全力以赴。2015 年 1 月 22 日，湖人对阵鹈鹕，科比撞伤肩膀，因肩袖撕裂而结束赛季。

进入 NBA 之后，"受伤不下火线"是科比的常态。手指、手腕、膝盖、腰腹、后背的伤病不胜枚举。进入而立之年后，科比本该注重保养，从而延长职业生涯，但对胜利极度渴望的他反而更加频繁地带伤上阵，透支身体的极限。

2015 年 11 月 30 日，科比宣布在 2015/2016 赛季结束后正式退役，这也意味着他的 20 载 "紫金" 生涯终将落幕。这一赛季科比的每一场比赛，都意味着告别，即便是在客场，球迷也报以最诚挚的掌声和欢呼。2016 年 1 月 8 日，科比用一个里程碑为自己的最后赛季添上一笔艳丽色彩：生涯总得分 33000 分，成为历史第三位 33000 分先生。

2016 年 4 月 14 日，斯台普斯球馆，科比的谢幕战。斯台普斯中心球馆的球场地板也特意换上了 8 号和 24 号字样，NBA 名宿、现役球员纷纷向科比表达了敬意，诸多名流也纷纷亲临现场，只为亲眼见证科比的最后一场 NBA 比赛。

科比每一次触球，每一次命中，斯台普斯中心都会掀起山呼海啸的声浪。

最终，科比 50 投 22 中，砍下 60 分。最后 9 分钟独得 23 分，率领湖人完成 15 分的逆转，以 101 比 96 击败爵士，这样的告别果然 "很科比"。

60 分是本赛季联盟个人最高得分，也是 NBA 所有球员告别战的最高得分。以 60 分完美结束 NBA 生涯，科比没有遗憾，因为他已经付出了全部。

终于要说再见，五冠在手、笑傲风云的画面仿佛就在昨日。偏执孤傲、坚韧强悍，这位以 "黑曼巴" 为名的男人击败过所有对手，无数次逆转战局，却无法逆转光阴。

科比虽然告别 NBA 的赛场，却并不意味着解甲归田。退役后的第二天，他就如同往常一样早早起床，按部就班地完成训练，搭乘私人直升机，在 8 点 30 分准时出现在 Kobe Inc（科比公司）办公室。从职业球员变身商业精英，科比的下半场才刚刚开始。对胜利的渴望和竞争者的姿态，让他始终对自己涉足的任何一个领域都保持着高昂的斗志，按照科比自己的话来说："退役生活充满了更多的挑战，我乐在其中。"

退役后的科比人气依然高涨，接连辗转各大颁奖礼现场，收获各种奖项：十年最佳运动员奖、ESPYS 偶像奖、体育传奇奖……对于科比而言，8 和 24 具有特殊意义，2016 年 8 月 25 日，洛杉矶决定将每年的 8 月 24 日命名为 "科比·布莱恩特日"。

2017 年 12 月 19 日，斯台普斯中心再一次见到科比那熟悉的身影，那一天，8 号与 24 号球衣同时退役，高悬在斯台普斯的穹顶，宛如战旗般指引着 "紫金军团" 前行。

值得一提的是，科比的跨届取得丰硕的成果：2018 年 3 月，他的退役动画短片《亲爱的篮球》(Dear Basketball) 荣膺第 90 届奥斯卡 "最佳动画短片奖"。

科比还成为 2019 年中国篮球世界杯的全球大使，并在比赛期间，频频飞赴中国，这是他热爱的国度，在这里也有无数热爱他的球迷，科比所到之处，便会引起阵阵欢呼。

驰骋篮坛，科比半生戎马，见惯了洛杉矶凌晨四点的时光，每天都在苦练不辍，而如今他退役了，为了延续自己的篮球理想，他将希望寄托在自己的二女儿吉安娜身上。

吉安娜打起篮球颇有其父之风，退役之后的科比也花了很多精力指导爱女。2018 年初，科比联合加州体育学校在千橡树市开设了曼巴体育学院。这里除了拥有非常科学的篮球训练方法之外，还是"曼巴精神"的传承之所。吉安娜成为这所学院女子篮球队的一员，而科比是这支球队的主教练，这对父女成为这支球队的"主力军"。

科比坚信吉安娜会成为最好的女篮运动员，并经常陪同爱女去 NBA 现场观看比赛。

2020 年 1 月 26 日，大洋彼岸传来令人无比震惊与心碎的消息，科比与他的二女儿吉安娜因为直升机事故而罹难，那曾如灯塔般照耀我们一代人青春航程的巨星陡然陨落。从 1978 年 8 月 23 日到 2020 年 1 月 26 日，科比的年龄永远定格在 41 岁。

2020 年 4 月 4 日，科比入选奈·史密斯篮球名人堂，他与邓肯、加内特联袂入选，作为无数球迷心中最亮的那颗星，科比入驻名人堂也是众望所归。

科比虽然溘然长逝，但"曼巴精神"将会常存于每一个热爱他的人心中。

"Mamba Out"，但曼巴永生！

生涯高光闪回／81 分之战

高光之耀： 科比 81 分的壮举之精彩程度尤胜张伯伦的 100 分。毫无疑问，81 分是当代 NBA 中最伟大的壮举，也是科比璀璨的 NBA 生涯中最闪亮的一刻。

2006 年 1 月 22 日，湖人以 122 比 104 击败猛龙。科比 46 投 28 中，罚球 20 投 18 中，三分球 13 投 7 中，狂砍 81 分，打破了由埃尔金·贝勒在 1960 年所创下的 71 分湖人队史得分纪录。乔丹的职业生涯最高分也只是 69 分，而此前 NBA 历史上只有四名球员得分过 70，27 岁的科比成为 70 分俱乐部第五人。

"'大鲨鱼'是最具有
统治力的球员,也是有
搞笑天赋的一位。"
——勒布朗·詹姆斯

● 档案
沙奎尔·奥尼尔 / Shaquille O'Neal
出生地:美国新泽西州纽瓦克
出生日期:1972 年 3 月 6 日
身高:2.16 米/体重:147 公斤
效力球队:魔术、湖人、热火、太阳、骑士、凯尔特人
球衣号码:32、33、34、36
场上位置:中锋

● 荣耀
4 届总冠军:2000 年—2002 年、2006 年
3 届总决赛 MVP:2000 年—2002 年
1 届常规赛 MVP:1999/2000 赛季
3 届全明星 MVP:2000 年、2005 年、2009 年
2 届得分王:1994/1995 赛季、1999/2000 赛季
15 届全明星:1993 年—1998 年、2000 年—2007 年、
2009 年
篮球名人堂:2016 年
NBA 75 大球星

大鲨鱼

沙奎尔·奥尼尔

SHAQUILLE O'Neal

NBA 历史上中锋辈出，奥尼尔无疑是其中最为霸道的一位。正是由于他无懈可击的个人能力，改变了整个联盟。三秒规则的应运而生，无疑都是为了针对他无法无天的进攻能力而做出的巨大改变。

作为 NBA 最伟大的强力中锋，奥尼尔在内线具有无坚不摧的杀伤力，主要得分方式为碾入内线的暴力扣篮和张飞绣花般的篮下小勾手，"大鲨鱼"形象地体现出了一个在内线翻江倒海的禁区霸主。

沙奎尔·奥尼尔全名 Shaquille O'Neal，Shaquille 发音类似 Shark（鲨鱼），身形庞大的奥尼尔常常在内线翻江倒海，这和大鲨鱼的身形特点都很符合，因而得名"大鲨鱼"。

奥尼尔嗜杀成性，拥有令人瑟瑟发抖的恐怖破坏力以及独霸篮下的禁区统治力，就是游弋在 NBA 赛场的"大鲨鱼"。和鲨鱼处在海中食物链顶层一样，奥尼尔在球场上是没有天敌的，没有人能一对一防住他。

1992 年，沙奎尔·奥尼尔以状元秀的身份被魔术选中。职业生涯 19 载，曾效力过魔术、湖人、热火、太阳、骑士、凯尔特人，是 NBA 史上最伟大的强力重型中锋。

1992 年一入联盟，奥尼尔就注定成为这个球场上的霸主。当年与哈达威搭档，使人们看到了一个崭新的奥兰多魔术，奥尼尔威武刚猛与哈达威的飘逸灵动，可谓天作之合，然而年轻总要付出成长的代价，总决赛中被另一个伟大的中锋奥拉朱旺率领的火箭横扫，这对年轻的组合面对失败必须做出抉择。

1996 年夏天，奥尼尔选择了"天使城"洛杉矶，科比也来到湖人。随着传奇教练——"禅师"菲尔·杰克逊入驻湖人，科比逐渐成长为联盟顶级外线巨星，"禅师"树立以

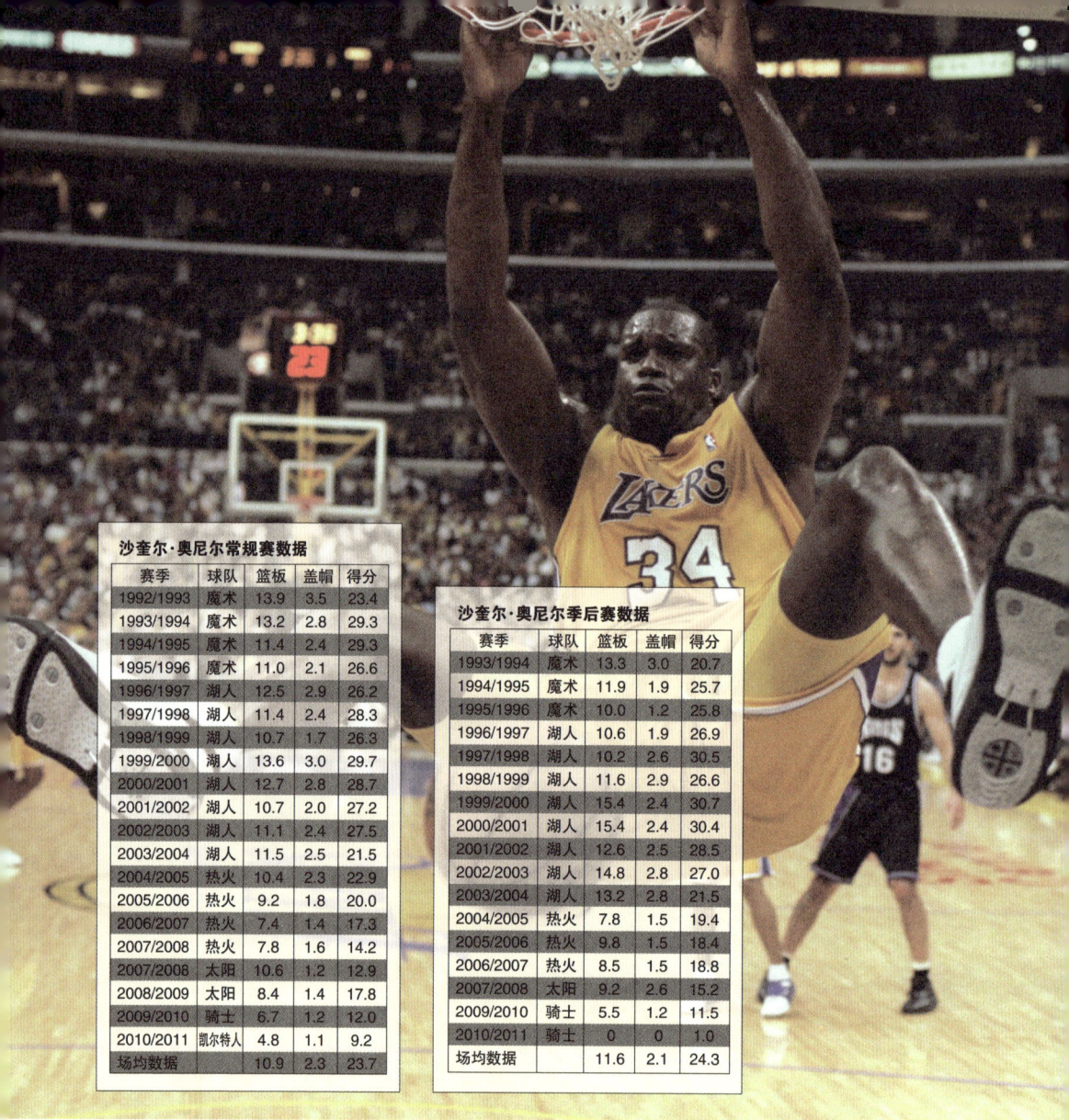

沙奎尔·奥尼尔常规赛数据			
赛季	球队	篮板	盖帽	得分
1992/1993	魔术	13.9	3.5	23.4
1993/1994	魔术	13.2	2.8	29.3
1994/1995	魔术	11.4	2.4	29.3
1995/1996	魔术	11.0	2.1	26.6
1996/1997	湖人	12.5	2.9	26.2
1997/1998	湖人	11.4	2.4	28.3
1998/1999	湖人	10.7	1.7	26.3
1999/2000	湖人	13.6	3.0	29.7
2000/2001	湖人	12.7	2.8	28.7
2001/2002	湖人	10.7	2.0	27.2
2002/2003	湖人	11.1	2.4	27.5
2003/2004	湖人	11.5	2.5	21.5
2004/2005	热火	10.4	2.3	22.9
2005/2006	热火	9.2	1.8	20.0
2006/2007	热火	7.4	1.4	17.3
2007/2008	热火	7.8	1.6	14.2
2007/2008	太阳	10.6	1.2	12.9
2008/2009	太阳	8.4	1.4	17.8
2009/2010	骑士	6.7	1.2	12.0
2010/2011	凯尔特人	4.8	1.1	9.2
场均数据		10.9	2.3	23.7

沙奎尔·奥尼尔季后赛数据			
赛季	球队	篮板	盖帽	得分
1993/1994	魔术	13.3	3.0	20.7
1994/1995	魔术	11.9	1.9	25.7
1995/1996	魔术	10.0	1.2	25.8
1996/1997	湖人	10.6	1.9	26.9
1997/1998	湖人	10.2	2.6	30.5
1998/1999	湖人	11.6	2.9	26.6
1999/2000	湖人	15.4	2.4	30.7
2000/2001	湖人	15.4	2.4	30.4
2001/2002	湖人	12.6	2.5	28.5
2002/2003	湖人	14.8	2.8	27.0
2003/2004	湖人	13.2	2.8	21.5
2004/2005	热火	7.8	1.5	19.4
2005/2006	热火	9.8	1.5	18.4
2006/2007	热火	8.5	1.5	18.8
2007/2008	太阳	9.2	2.6	15.2
2009/2010	骑士	5.5	1.2	11.5
2010/2011	骑士	0	0	1.0
场均数据		11.6	2.1	24.3

奥尼尔和科比为核心的 Inside—Out 战术，从此开启了"OK 组合"的湖人王朝。

"OK 组合"叱咤联盟，所向披靡。巅峰期的奥尼尔和发轫期的科比，一内一外，这种内线超级中锋加外线顶级后卫的组合成为联盟最时髦的组合，各个球队纷纷效仿，但唯有"OK 组合"最为经典，联手建立了湖人三连冠的丰功伟绩。

2000 年总决赛，奥尼尔场均得到 38 分、16.7 个篮板，夺得总决赛 MVP；2001 年总决赛，奥尼尔场均得到 33 分、15.6 个篮板，卫冕总决赛 MVP；2002 年总决赛，奥尼尔总决赛场均得到 36.3 分、12.3 个篮板，成就了总决赛 MVP 的三连霸。

"OK 组合"的主角却是奥尼尔，这似乎也符合湖人中锋当家的传统，从麦肯到张伯伦、贾巴尔，再到奥尼尔。

三连冠期间，作为三届总决赛 MVP 先生的奥尼尔，是湖人当之无愧的老大，然而随着科比光速崛起，渐渐威胁到"大鲨鱼"的老大位置，彼此之间关系微妙。

天下没有不散的筵席，"OK组合"同样如此。经历三连冠的辉煌以及两年的沉寂后，他们的矛盾似乎难以调和，分道扬镳成为彼此最好的出路，于是奥尼尔在2004年夏天，远赴迈阿密，去开拓一段新的热火传奇。

2004年的热火，因为奥尼尔的到来而实力陡增。来到迈阿密的奥尼尔，憋着一口气，想证明没有科比他一样可以拿总冠军，想让湖人看看自己的威力还在，放弃他是巨大的损失。奥尼尔做到了，2006年，他与韦德一起为热火赢得了首个总冠军。

2006年夺冠之后，热火迅速跌落到谷地，在2007年季后赛首轮被公牛横扫。随着年龄增长，奥尼尔已不复当年之勇。2008年，他来到西部的太阳，从此开始了辗转漂泊的流浪岁月。太阳、骑士、凯尔特人，奥尼尔始终无法融入球队，他的时代结束了。

奥尼尔曾是篮球世界的霸主，他带给这项运动更多的内涵，还有快乐。2011年6月2日，奥尼尔宣布，因为受到伤病的困扰，将选择退役。一个注定称霸联盟统治时代的巨人，在征战了19个赛季后，满载着荣誉和传奇，从容地离开了。

奥尼尔的退役是联盟的损失，更是球迷的损失。再也看不到奥尼尔的演出，看不到他扭动着硕大身躯跳着劲舞，看不到他迈着霸王步欢庆进球，看不到他憨态可掬的笑容。那条伟大的"大鲨鱼"游弋而去，游进了历史的画卷。

整个职业生涯中，奥尼尔4次捧起总冠军奖杯，15次入选全明星，并超过"篮球之神"迈克尔·乔丹，成为NBA历史上唯一一个集世锦赛金牌、世锦赛MVP、奥运会金牌、常规赛MVP、全明星赛MVP、总决赛MVP于一身的球员。

奥尼尔力大无穷，让人不寒而栗的是他甩着庞大身躯的暴力扣篮，他曾有三次拉坏篮板篮筐的经历。如果你翻看奥尼尔的数据，你就会发现各种难以超越的数据和各种神奇的纪录。不过，如果你能看上他几场比赛的话，你就会发现他是那样的肆虐无忌、纵横霸道，会真切地体会到远比描述还要恐怖的——现场摧毁力。

生涯高光闪回 / 三双之鲨

高光之耀：奥尼尔职业生涯只打过两次三双，24+28+15是他第一次品尝到大三元的滋味，但此后，他再也没能打出类似的数据。其中15记盖帽是奥尼尔走向顶级中锋的一次资格测试，是最具统治力中锋的认证证书。

1993年11月21日，二年级的奥尼尔在魔术对阵篮网的比赛中，砍下24分、28个篮板、15次盖帽。当时，可爱的奥胖只是个21岁的孩子，幼鲨出海，展现出了惊人的统治力和爆发力。在篮网禁区中，奥尼尔的每次出击都会掀起一片狂潮，在可查考的3×15的三双纪录中，奥尼尔的这次本色演出都会被拿来反复探讨。

"邓肯有着非凡的特质，
他为马刺树立了风格。"
——格雷格·波波维奇

● 档案

蒂姆·邓肯 / Tim Duncan
出生地：美属维尔京群岛圣克罗伊岛
出生日期：1976 年 4 月 25 日
身高：2.11 米 / 体重：113 公斤
效力球队：马刺 / 球衣号码：21
场上位置：大前锋

● 荣耀

5 届总冠军：1999 年、2003 年、2005 年、2007 年、
2014 年
3 届总决赛 MVP：1999 年、2003 年、2005 年
2 届常规赛 MVP：2001/2002 赛季、2002/2003 赛季
15 届全明星：1998 年、2000 年—2011 年、2013 年、
2015 年
最佳新秀：1997/1998 赛季
篮球名人堂：2020 年
NBA 75 大球星

石佛

蒂姆·邓肯

TIM DUNCAN

重剑无锋，大巧不工。马刺以质朴凝重的篮球哲学独步江湖，是因为他们拥有如石一样沉稳、似佛一样睿智的邓肯。邓式打板如机械动作一样刻板平实，但稳定精准。大智若愚、不苟言笑的他总给人以木讷、无趣的表象，但作为心理学博士的他实则睿智无比。

佛，不动声色，有着万事万物了然于心的睿智；石头，则代表沉稳朴实、岿然不动的气魄。为了留住帕克，他甘心降薪，为了战术需要，他也可以做挡拆配角。万事万物，无所萦怀，大智若愚而又稳如磐石的邓肯被中国球迷称作"石佛"。

1997 年选秀大会，圣安东尼奥马刺用蓄谋已久的"状元签"，摘得蒂姆·邓肯。

静默敦厚的邓肯和圣安东尼奥这座低调的城市相得益彰，充满默契，连他们缔造的王朝都是黑白色的。在篮球史上，这种低调到极致的华丽独一无二。

1999 年西部半决赛湖人对马刺，邓肯用四场比赛场均 29 分解决了对手。防守邓肯的罗伯特·霍里说道："蒂姆并不是'大鲨鱼'和科比那种随时可以在人群中扣篮的球员，但是他有很多无声的武器，无论在高低位，他都可以娴熟使用几乎失传的擦板投篮。"

马刺越过湖人进入总决赛，邓肯在第五场射中制胜一球，马刺以 4 比 1 夺冠。23 岁的邓肯则以场均 27 分、14 个篮板的现象级发挥加冕总决赛 MVP。

当邓肯再次回到总决赛时，已经是 2003 年了，这是他最巅峰的时代。他的马刺刚猛迅捷，不动如山，动如雷震。1997 年成型的"马刺双塔"，大卫·罗宾逊到了职业生涯的黄昏，邓肯抖擞出前所未有的王者风范，成为奥尼尔之后最具统治力的内线球员。

到了 2003 年，邓肯渐渐转向沉稳厚重，但仍然不失年轻时的轻捷锐利。

蒂姆·邓肯季后赛数据			
赛季	球队	篮板	盖帽	得分
1997/1998	马刺	9.0	2.6	20.7
1998/1999	马刺	11.5	2.6	23.2
2000/2001	马刺	14.5	2.7	24.4
2001/2002	马刺	14.4	4.3	27.6
2002/2003	马刺	15.4	3.3	24.7
2003/2004	马刺	11.3	2.0	22.1
2004/2005	马刺	12.4	2.3	23.6
2005/2006	马刺	10.5	1.9	25.8
2006/2007	马刺	11.5	3.1	22.2
2007/2008	马刺	14.5	2.1	20.2
2008/2009	马刺	8.0	1.2	19.8
2009/2010	马刺	9.9	1.7	19.0
2010/2011	马刺	10.5	2.5	12.7
2011/2012	马刺	9.4	2.1	17.4
2012/2013	马刺	10.2	1.6	18.1
2013/2014	马刺	9.2	1.3	16.3
2014/2015	马刺	11.1	1.4	17.9
2015/2016	马刺	4.8	1.3	5.9
场均数据		11.4	2.3	20.6

蒂姆·邓肯常规赛数据			
赛季	球队	篮板	盖帽	得分
1997/1998	马刺	11.9	2.5	21.1
1998/1999	马刺	11.4	2.5	21.7
1999/2000	马刺	12.4	2.2	23.2
2000/2001	马刺	12.2	2.3	22.2
2001/2002	马刺	12.7	2.5	25.5
2002/2003	马刺	12.9	2.9	23.3
2003/2004	马刺	12.4	2.7	22.3
2004/2005	马刺	11.1	2.6	20.3
2005/2006	马刺	11.0	2.0	18.6
2006/2007	马刺	10.6	2.4	20.0
2007/2008	马刺	11.3	1.9	19.3
2008/2009	马刺	10.7	1.7	19.3
2009/2010	马刺	10.1	1.5	17.9
2010/2011	马刺	8.9	1.9	13.4
2011/2012	马刺	9.0	1.5	15.4
2012/2013	马刺	9.9	2.7	17.8
2013/2014	马刺	9.7	1.9	15.1
2014/2015	马刺	9.1	2.0	13.9
2015/2016	马刺	7.3	1.3	8.6
场均数据		10.8	2.2	19.0

到了 2005 年，马刺变得端凝厚重，气象万千，邓肯在内恒定如山，帕克和吉诺比利在外翻云覆雨。他们精密得就像一台机器，每一个零件都经过精雕细琢。在这一年的总决赛中，邓肯在禁区对抗活塞的"双华莱士"，场均得到 20+14 的两双数据，马刺在七场比赛中笑到最后，邓肯也得以再度举起总决赛 MVP 奖杯。

2007 年，邓肯打出最后一个从常规赛坚挺到总决赛的精英赛季，整个季后赛场均得到 22 分、12 个篮板，命中率 51%。在总决赛中，他坐镇禁区阻挡詹姆斯的飞天坦克式火力，收集篮板长传，从骑士的三人夹击中分球助攻，然后淡定地看着帕克像跑车一样飞驰，戏耍骑士外线。当帕克举起总决赛 MVP 奖杯时，邓肯无比自然地站到了镜头之外。

从 2005 年起，邓肯达到随心所欲不逾矩的境界。2006 年的牛马大战，在马刺以 1 比 3 落后之后，他率队扳成 3 比 3 平，第七场砍下 40 分、15 个篮板，几乎迎来胜利。

2007 年之后，邓肯在进攻端的单打能力开始钝化，马刺逐渐失去强大的近筐威慑力。所有伟大的战术体系一样，无论多么繁华恢宏，都是核心架构决定一切。

2008 年到 2012 年，缺少邓肯稳定强大的内线输出，马刺始终无法冲出西部。

2013 年他们距离冠军只差一个防守篮板。

2014 年马刺狂扫热火完成复仇，写就童话般的总冠军，固然离不开伦纳德等新生力量的贡献，更是源于"GDP 组合"最后的爆发，此时的邓肯 39 岁，吉诺比利 37 岁，最小的帕克也 31 岁了，他们三人在总决赛中场均依然能得 15 分。

在这之后，马刺王朝的"GDP 组合"发动机全都老化，日臻成熟的伦纳德，以及新加盟的阿尔德里奇并不能弥补这种缺失。无论是抢七被保罗绝杀，还是被雷霆淘汰，马刺还是只能依靠帕克和吉诺比利来勉力驱动进攻，依靠他们偶尔灵犀闪现的神奇来赢球。当他们没有发挥时，马刺就陷入了双德的艰难单打。

2016 年 7 月 12 日，邓肯宣布退役，一如他内敛、沉静的性格，没有任何浮华和奢举，只是以一纸普通的通告宣布退役，留给亿万球迷无限感慨与怀念。邓肯归隐，轻轻合起一段波澜壮阔的五冠史诗，1997 年入主马刺，2016 年退出江湖。征战联盟 19 载，19 次进入季后赛，邓肯率马刺 5 夺总冠军，3 夺总决赛 MVP，蝉联常规赛 MVP。

十九年如一日，邓肯似一尊石佛般矗立在圣安东尼奥城，在如此漫长的时间跨度下，带领"银黑军团"创建了一个震古烁今的马刺王朝！

2021 年 5 月 16 日，邓肯出现在 2020 奈·史密斯的颁奖典礼上。许久不见，昔日的"石佛"如今变成了一头脏辫的叛逆大叔，但在演讲时还是妙语如珠，其冷幽默风格丝毫未变。帕克、吉诺比利以及波波维奇教练悉数到场，"GDP 组合"重聚，让人不禁追忆起那个铁马冰河的马刺时代。2020 名人堂被誉为史上星光最盛，其中包括科比、邓肯、加内特三位"大神"。三人累计夺得 11 座总冠军、4 届常规赛 MVP、5 届总决赛 MVP，累计入选 48 次全明星阵容、39 次最佳阵容、39 次最佳防守阵容。其中每一位都足以在 NBA 封神。

生涯高光闪回 / 准四双先生

高光之耀：邓肯的整个职业生涯都在波澜不惊中度过，但他毕竟也曾有过意气风发的少年时光，群峰连绵不断有如一线，但其最高处，依然上接云气高不可攀。

2003 年 6 月 15 日，总决赛第六场，马刺主场以 88 比 77 战胜篮网。此前肆虐东部内线的肯扬·马丁的斗志已经被"石佛"彻底摧毁，邓肯无情地统治了禁区，他打出了 21 分、20 个篮板、10 次助攻、8 次盖帽的"准四双"数据，打得篮网内线毫无还手之力。

"杜兰特就是现役最强球员，他的天赋百年难遇。"
——"字母哥"阿德托昆博

死神

凯文·杜兰特

KEVIN DURANT

> 他是凌空踏虚、幽暗阴森的死神，拥有无与伦比的投射手感和技巧，漂移如风，加上 2.08 米身高和 2.28 米臂展带来的高出手点，几乎无法封盖，于是"大鸟"和诺维茨基之后最可怕的高个射手诞生了。
>
> 杜兰特的得分造诣显然已高过两位前贤，可以无视任何防守而得分。对于他而言，唯有率队夺冠，才能匹配上那无双的天赋。

1988 年 9 月 29 日，凯文·杜兰特出生在华盛顿哥伦比亚特区，他的童年在马里兰州的苏特兰。父亲韦恩·普莱特在杜兰特 8 个月时离开家庭，杜兰特由母亲完达·普莱特和外祖母芭芭拉·戴维斯抚养长大。

杜兰特从小就比别的孩子高，这副鹤立鸡群的身板给他带来了好运。8 岁那年，杜兰特被查尔斯·克雷格教练相中，于是从 8 岁起，杜兰特每天都会步行 15 分钟来到这块最喜欢的球场练球，有时甚至在这里吃饭、过夜。11 岁那年，他在这个场馆里，打了第一场正式比赛，小杜兰特第一次上场便轰下 25 分，其中下半场砍下了 18 分。

少年时代，杜兰特每天要投中 1000 个球，不是出手 1000 次。夜深人静时，他还得在一座小山上进行体能训练——50 个上山下山的冲刺跑，直到精疲力竭。

小时候，杜兰特的世界里只有篮球，就像一个清教徒一样封闭了自己的社交空间，他不再跟朋友们一起出去混，也不去看电影，甚至从来没去逛过商场。

高二时杜兰特猛长了十几厘米，身高从 1.85 米变成 2.01 米。随着身高猛增，他的篮球之路开始如他的投篮般顺滑，他的无球跑动和接球投篮不可阻挡。

那年，国家基督学校的战绩是 27 胜 3 负。此后，属于他的时代到来了，高四那年，杜兰特场均得到 23.6 分、10.2 个篮板，已经是全美第二的高中生（第一是奥登）。

高中毕业后，杜兰特加盟了得克萨斯大学。在 NCAA，这是属于他的时代，在一共只有 35 场比赛的赛季中，他有 4 次砍下单场 37 分，有 11 场比赛超过了 30 分。

2007 年 3 月，杜兰特被选为 NABC 赛区年度最佳球员，荣获奥斯卡·罗伯特森奖和阿道夫·F.鲁普奖，要知道此前这些奖从来没有垂青过任何一名一年级生。3 月 30 号，他被美联社选为年度最佳大学生运动员。4 月 7 日，又获得了约翰·伍登奖。

2007 年 NBA 选秀大会，杜兰特被超音速第 2 顺位摘走。菜鸟赛季的杜兰特场均得到 20.3 分，在所有新秀中得分排名第一，并当选了最佳新秀。

2008 年，超音速改名雷霆，从西雅图搬到俄克拉荷马。2008 与 2009 年选秀大会，雷霆分别将威斯布鲁克、哈登招致麾下。集齐"雷霆三少"（杜兰特、威斯布鲁克、哈登）的雷霆在 2009/2010 赛季取得 50 场胜利，杜兰特连续 29 场比赛得到 25+，成为史上最年轻的得分王，并入选了第一阵容。

2010 年夏天，杜兰特参加了伦敦世锦赛，在半决赛中，杜兰特砍下 38 分，打破了安东尼创造的 35 分得分纪录。世锦赛决赛中，杜兰特砍下 28 分，率领美国队战胜土耳其队，16 年后重夺世锦赛冠军。杜兰特荣获世锦赛 MVP。

2010/2011 赛季，杜兰特场均得到 27.7 分，蝉联得分王。季后赛他们走得更远，一路高歌猛进杀到西部决赛，却败给当年的总冠军小牛。一年之后，雷霆卷土重来，击败了湖人、小牛、马刺这三大豪强，却在总决赛中以 1 比 4 不敌拥有"三巨头"的热火。

2012 年夏天，哈登去了休斯敦火箭，"雷霆三少"时代结束。

2013/2014 赛季，杜兰特场均得到 31.5 分、7.8 个篮板，命中率为 51%，其中得分、助攻均创生涯最高，缔造了连续 41 场得分 25+ 的 NBA 新纪录，加冕了常规赛 MVP。虽然雷霆在西部决赛中六场不敌马刺，但杜兰特通过这一赛季的卓越表现，已经成为可以与科比和詹姆斯并驾齐驱的新一代巨星，未来是他的。

2014/2015 赛季，杜兰特深陷伤病阴霾，很多时候，他只能坐在场下看着好兄弟威斯布鲁克为了季后赛而拼搏。此时的杜兰特不是金刚狼，他也会受伤，也会失落。

2015/2016 赛季杜兰特场均得到 27.7 分、8.1 个篮板和 4.5 次助攻，投篮命中率为 51.7%，三分球命中率为 40.4%，得分非常高效稳定。那个无所不能的杜兰特似乎又回来了，可惜此时的联盟已是库里独领风骚的时代了。2016 西部决赛，雷霆以 3 比 1 领先后，被勇士连扳三局强势逆转，杜兰特似乎深深陷入无限的无助与失落中。

2016 年夏天，雷霆交易了内线防守核心伊巴卡，换来轻灵后卫奥拉迪波，少了内线屏障，多了一个持球手，这不是杜兰特想要的篮球哲学，于是他决定离开。

杜兰特选择加盟勇士，一时间引起轩然大波。"打不过就加入""懦夫、叛徒"的斥责之声甚嚣尘上，但沉默如金的 KD 不屑辩解，因为他的世界里只有篮球，为了追求

凯文·杜兰特常规赛数据

赛季	球队	篮板	助攻	得分
2007/2008	超音速	4.4	2.4	20.3
2008/2009	雷霆	6.5	2.8	25.3
2009/2010	雷霆	7.6	2.8	30.1
2010/2011	雷霆	6.8	2.7	27.7
2011/2012	雷霆	8.0	3.5	28.0
2012/2013	雷霆	7.9	4.6	28.1
2013/2014	雷霆	7.4	5.5	32.0
2014/2015	雷霆	6.6	4.1	25.4
2015/2016	雷霆	8.2	5.0	28.2
2016/2017	勇士	8.3	4.8	25.1
2017/2018	勇士	6.8	5.4	26.4
2018/2019	勇士	6.4	5.9	26.0
2020/2021	篮网	7.1	5.6	26.9
场均数据		7.1	4.2	27.0

凯文·杜兰特季后赛数据

赛季	球队	篮板	助攻	得分
2009/2010	雷霆	7.7	2.3	25.0
2010/2011	雷霆	8.2	2.8	28.6
2011/2012	雷霆	7.4	3.7	28.5
2012/2013	雷霆	9.0	6.3	30.8
2013/2014	雷霆	8.9	3.9	29.6
2015/2016	雷霆	7.1	3.3	28.4
2016/2017	勇士	7.9	4.3	28.5
2017/2018	勇士	7.8	4.7	29.0
2018/2019	勇士	4.9	4.5	32.3
2020/2021	篮网	9.3	4.4	34.3
场均数据		7.8	4.0	29.5

● **档案**

凯文·杜兰特 / Kevin Durant
出生地：美国华盛顿哥伦比亚特区
出生日期：1988 年 9 月 29 日
身高：2.08 米 / 体重：109 公斤
效力球队：雷霆、勇士、篮网
球衣号码：35、7
场上位置：小前锋

● **荣耀**

2 届总冠军：2017 年、2018 年
2 届总决赛 MVP：2017 年、2018 年
1 届常规赛 MVP：2013/2014 赛季
2 届全明星 MVP：2012 年、2019 年
11 届全明星：2010 年—2019 年、2021 年
4 届得分王：2009/2010—2011/2012、2013/2014 赛季
最佳新秀：2007/2008 赛季
3 届奥运冠军：2012、2016、2020 年
1 届世锦赛冠军 &MVP：2010 年
3 届奥运冠军：2012 年、2016 年、2020 年
NBA 75 大球星

篮球的真谛，实现自我的突破，他义无反顾地来到金州。

杜兰特欣赏勇士人动球动、精妙无私的战术体系，欣赏库里的个人能力和团队精神。从篮球的角度看，杜兰特的能力和特点注定能与这支球队无缝对接。

杜兰特加盟后，完全弥补了勇士在外线失准后攻坚乏力的缺点。KD 是联盟中最无解的单打高手，也成为勇士在关键时刻持球攻击的不二之选。而之前在雷霆，杜兰特与威斯布鲁克轮流单打，极大地消耗了 KD 得分的稳定与连续性，以至于联盟中流传着"威少是联盟中唯一能防住杜兰特的球员"的笑谈。

库里因为身高和对抗的问题，在高强度的比赛中受困于对手的强力包夹，当身边有杜兰特这样的持球高手时，对手焉敢肆意包夹？"杜库"成为摆在对方面前的两瓶毒药，也是继"詹韦"之后，联盟中出现的又一对"王炸"组合。

有了杜兰特的加盟，勇士更是成为联盟中"独一档"的存在，除了火箭，他们在季后赛中几乎没有遇到太多挑战。2017 年、2018 年，勇士两次在总决赛上击败骑士，杜兰特两次荣膺总决赛 MVP。其中杜兰特在 2017 年总决赛，交出场均 35.2 分、55.6% 的投篮命中率，47.4% 的三分球命中率，以及 92.7% 的罚球命中率的超级答卷。

2018 年总决赛面对老对手詹姆斯的骑士，同样的第三场，杜兰特同样射出杀人诛心的三分，外加砍下总决赛个人新高的 43 分。面对勇士，你躲得过库里那箭箭穿心的三分，防得住汤普森那暗星夜袭的闪击，却再也避不开"死神"那收割亡灵的镰刀。

2019 年的勇士遭遇伤病潮，曾经那支横扫联盟的"宇宙勇"变得危机四伏。杜兰特提前开启"六月死神"模式，季后赛首轮第六战半场轰下 38 分、总决赛第五战带伤上阵 10 分钟，强行续命勇士的结果是，自己伤上加伤直到跟腱断裂。

2019 年总决赛不敌猛龙后，勇士王朝轰然倒塌。杜兰特选择加盟篮网，因为布鲁克林人愿意用 4 年 1.41 亿美元的长约以及一年的等待期，来得到重赏未愈、未来难测的杜兰特。2020 年 12 月 14 日，经过 522 天的漫长蛰伏期之后，杜兰特终于从断腱的阴霾中傲然走来，宛如冲出地狱的"死神"，拿起镰刀来收割比赛。

杜兰特、欧文以及后来加盟的哈登，组成联盟中最强"三巨头"，率领篮网一路杀至东部半决赛。杜兰特堪称进攻效率之王，当"死神"亮出镰刀，足以摧毁任何对手；哈登在个人进攻与助攻队友两种模式间自由切换；欧文是进攻万花筒，三人联手让篮网有着澎湃不竭的得分动力。

2021 年季后赛第四战，篮网击败凯尔特人，杜兰特砍下 42 分，他与哈登、欧文联手呈现 BIG 3 的终极形态，他们合砍 104 分、20 个篮板、25 次助攻。

可惜由于欧文、哈登接连受伤，让篮网的夺冠之路戛然停止。杜兰特虽然孤军奋战且神勇无匹，"天王山"一役，他豪取 49 分、17 个篮板、10 次助攻，抢七大战又砍下 48 分，打光了最后一颗子弹，却依然不能挽回篮网失利的命运。

2021 年 8 月，杜兰特带着依旧滚烫的手感，率领美国梦之队在东京奥运上成功卫冕，夺得金牌的 KD 霸气怒吼，睥睨天下，因为他一个人对抗了全世界，用无解的"死神中投"横扫群雄，打开了通向胜利的大门。

篮网"三巨头"在合作的首个赛季就给球迷带来无限惊喜，但他们还远未达到上限，只要保持健康，他们引领下的篮网，就是夺冠的最大热门。

杜兰特拥有超凡入圣的得分能力，堪称历史最强级别的得分手。如今的他早已超越得分的境界，唯有不断收获胜利以及总冠军，才能配得上他那盖世才情。

生涯高光闪回/连续 41 场 25+

高光之耀：纵观 NBA 历史，在连续得分 25+ 的成就上，只有两人比杜兰特高。在威尔特·张伯伦得分视如草芥的年代，"大北斗"曾连续 106 场 25+，另外奥斯卡·罗伯特森曾连续 46 场 25+。得分持久力强如乔丹，在该领域的表现为连续 40 场，同样以砍分著称的科比不过区区 19 场。杜兰特完成了超越前辈的壮举。

从 2014 年 1 月 8 日面对爵士砍下 48 分，到同年 4 月 7 日不敌太阳得到 38 分，期间连续 41 场比赛，凯文·杜兰特的个人得分场场 25+。在这段疯狂的飙分秀中，杜兰特有 28 场比赛得分突破 30，11 场比赛 40+，更有两场 50+ 的劲爆演出。在杜兰特启动无解得分模式的这 41 场比赛中，雷霆战绩为 28 胜 13 负。

"我并不在乎身体的伤痛，因为我是在用心打球，而且我拥有全世界最坚强的一颗心脏。"

——阿伦·艾弗森

K
♥

答案

阿伦·艾弗森

ALLEN IVERSON

一出道就如流星般璀璨，如落叶飞花般绝美，一辈子都是凌空的舞蹈者，即便只有一瞬间，也会在世间口口相传。AI 就是空中之音，相中之色，水中之月，镜中之像，人们不习惯他在地面上变成斯托克顿的样子，他就是那桀骜不驯的烈焰流星，就该是那无拘无束的脱缰野马，就该是那目中无人、锋芒毕露的鱼肠短剑。

阿伦·艾弗森是篮球场上最矮的巨人，当他第一次踏上 NBA 赛场时，听到的不是鼓励而是怀疑。每个人在打量他的身高后都说："你最终的目标就是每场得 10 分和 5 次助攻，因为你的身高只有 1.83 米，你永远无法主宰这里。"但艾弗森不信这个邪。

时光荏苒，十七载 NBA 生涯过后，艾弗森不仅留下场均 26.7 分、6.2 次助攻，还留下四届得分王、一届常规赛 MVP、两届全明星 MVP，以及一系列耀眼的荣耀与数据。当然最重要的是留下了一种精神：不畏强敌、永不退缩的精神。

1975 年 9 月 5 日，艾弗森出生在弗吉尼亚的汉普顿，在母亲的呵护下成长，在充满暴力和犯罪的街头生存。幼年的艾弗森原本更喜欢充满冲撞和对抗的橄榄球，他认为那才是男人的运动。9 岁那年，母亲把他生拉硬拽拖进篮球场，并冲他怒吼："这玩意儿能让你出人头地！"于是，他把对橄榄球场的热血和斗志带到了篮球场。

1992 年，他在高中篮球联赛砍下场均 32 分、9 个篮板和 9 次助攻。艾弗森最终选择了篮球，那橙红色的精灵，才是与他相伴一生的知音。艾弗森进入乔治城大学时显现出卓越的篮球天赋，大一时他场均得到 20.4 分、4.5 次助攻，大二时场均得到 25 分、4.7 次助攻，俨然成为 NCAA 全美第一后卫。

　　贫寒的家庭、从小耳闻目睹的暴力和危险，让艾弗森养成了不断向上抗争的性格。乔治城大学的汤普森常常拉着他说："孩子，让我们一起对抗全世界吧！"——这成了艾弗森一生的信条。他的世界里没有妥协和臣服，没有人能够凌驾于他的命运之上。1993年的街头斗殴事件和牢狱之灾也未能将他击倒，反倒成了他继续抗争的动力。

　　1996年是选秀大年，当时实力超群的新秀们齐聚NBA。艾弗森、科比、马布里、雷·阿伦、纳什、小奥尼尔……他们汇聚成为"黄金一代"。在这届选秀大会上，艾弗森被费城76人在首轮第1顺位选中，以"状元"的身份踏上了篮球最高圣殿。

　　1996/1997赛季，艾弗森开启了惊世骇俗的菜鸟之旅，为了方便行走江湖，艾弗森用了他的第一个文身"The Answer"作为绰号，而中国球迷更习惯叫他"答案"。

　　艾弗森在处子秀上便独得30分，之后又把全明星新秀挑战赛MVP收入囊中。在1997年4月12日对阵骑士的比赛中，艾弗森全场比赛狂砍50分。那个赛季，更著名的一件事是艾弗森在对阵公牛的比赛中，用一连串穿花蝴蝶般的交叉变线晃过了乔丹，在

"篮球之神"面前命中一记跳投。面对罗德曼的关于"尊重"的批评，他回应："在球场上，我不需要尊重任何人。"最终，艾弗森夺得了"黄金一代"的最佳新秀。

　　1997/1998赛季，艾弗森和76人迎来了拉里·布朗教练。这位慈父、严师，这位和他恩恩怨怨纠缠一生的老帅。在这个赛季，艾弗森入选联盟最佳阵容第一队，并且在拉里·布朗的帮助下，第一次杀进了季后赛。1998年4月18日，76人挑战猛龙，艾弗森高高弹起，在2.11米的同届"探花"坎比头顶上完成爆扣，顿时技惊四座。

　　1998/1999赛季，他场均得到26.8分，斩获生涯第一个得分王。艾弗森在2000/2001赛季到达顶峰，那一年76人战绩达到56胜26负，艾弗森场均得到31分和2.5次抢断，加冕得分王与抢断王，他的光芒压倒了同时代的科比、奥尼尔、加内特、麦迪等一干顶级巨星，荣膺了常规赛MVP和全明星MVP。

● 档案

阿伦·艾弗森 / Allen Iverson

出生地：美国弗吉尼亚州汉普顿

出生日期：1975 年 6 月 7 日

身高：1.83 米 / 体重：75 公斤

效力球队：76 人、掘金、灰熊、活塞

球衣号码：3、1

场上位置：控球后卫

● 荣耀

1 届常规赛 MVP：2000/2001 赛季

2 届全明星 MVP：2001 年、2005 年

11 届全明星：2000 年—2010 年

4 届得分王：1998/1999 赛季、2000/2001 赛季、
2001/2002 赛季、2004/2005 赛季

3 届抢断王：2000/2001 赛季—2002/2003 赛季

最佳新秀：1996/1997 赛季

篮球名人堂：2016 年

NBA 75 大球星

AI 就像一颗呼啸而过
的子弹，在我们青春
岁月中凌厉穿行。

阿伦·艾弗森常规赛数据

赛季	球队	篮板	助攻	得分
1996/1997	76人	4.1	7.5	23.5
1997/1998	76人	3.7	6.2	22.0
1998/1999	76人	4.9	4.6	26.8
1999/2000	76人	3.8	4.7	28.4
2000/2001	76人	3.8	4.6	31.1
2001/2002	76人	4.5	5.5	31.4
2002/2003	76人	4.2	5.5	27.6
2003/2004	76人	3.7	6.8	26.4
2004/2005	76人	4.0	7.9	30.7
2005/2006	76人	3.2	7.4	33.0
2006/2007	76人	2.7	7.3	31.2
2006/2007	掘金	3.0	7.2	24.8
2007/2008	掘金	3.0	7.1	26.4
2008/2009	掘金	2.7	6.7	18.7
2008/2009	活塞	3.1	4.9	17.4
2009/2010	灰熊	1.3	3.7	12.3
2009/2010	76人	3.0	4.1	13.9
场均数据		3.7	6.2	26.7

阿伦·艾弗森季后赛数据

赛季	球队	篮板	助攻	得分
1998/1999	76人	4.1	4.9	28.5
1999/2000	76人	4.0	4.5	26.2
2000/2001	76人	4.7	6.1	32.9
2001/2002	76人	3.6	4.2	30.0
2002/2003	76人	3.8	7.4	31.7
2004/2005	76人	2.2	10.0	31.2
2006/2007	掘金	0.6	5.8	22.8
2007/2008	掘金	3.0	4.5	24.5
场均数据		3.8	6.0	29.7

2001 年季后赛，变成了艾弗森的独角戏。无论是雄鹿的"三个火枪手"，还是多伦多的"半人半神"，乃至于洛杉矶的"OK 组合"，都被他抢去了风头。东部半决赛，艾弗森率领 76 人和卡特的猛龙鏖战七场，艾弗森在第二场、第五场分别砍下 54 分和 52 分，最终率队屠龙，挺进东巅。东部决赛 76 人对阵雄鹿，艾弗森带伤出战。又是七场苦战，艾弗森在第六场、第七场分别砍下 46 分和 44 分，送雷·阿伦的雄鹿回家。

2001 年总决赛，76 人对阵"OK 组合"领军的湖人。在开赛前，没有人想到艾弗森的球队能赢下一场比赛，但在 6 月 7 日总决赛第一战，艾弗森全场独砍 48 分，率领 76 人以 107 比 101 击败湖人，送给湖人此次季后赛的唯一一场失利。虽然 76 人最终五战力竭而败，但艾弗森赢得了全世界的掌声。

巅峰之后的艾弗森，传奇还在继续，但命运却开始飘零，他和恩师布朗矛盾逐渐开始激化，艾弗森渐渐从费城的英雄变成了一个令人难以理解的怪杰。

2005 年，艾弗森依旧能单场轰下 60 分；2006 年，他远赴丹佛，再回费城时，艾弗森身穿掘金球衣，跪在地板上亲吻 76 人的队标；2008 年、2009 年他辗转活塞、灰熊，然后重回费城；2010 年初，为了照料患病的女儿，艾弗森再次离开 76 人；2010/2011 赛季，艾弗森一度漂泊到土耳其的赛场。

当艾弗森在篮球场上找不到自己的"答案"时，他决定离开了。

2014 年 3 月 1 日，艾弗森在自己的球衣退役仪式上，罕见地穿上了正装，面对冉冉升起的 3 号球衣以及山呼海啸的现场球迷，艾弗森眼含热泪，露出孩提般纯真的笑容。

四届得分王、一届常规赛 MVP、一次总决赛、21 世纪初最具观赏性的后场大师，最勇猛的矮个子斗士，18 年的职业生涯仿佛只是他生命中一次奇幻而惊险的突袭，雷隆隆开场，风飒飒收尾，游龙翻凤一瞬间，雪泥鸿爪求不得。

艾弗森不只是一位曾经奋斗在球场的球员，而是一个时代的符号和标签，代表着天才、叛逆、勇气和对抗，以及我们每个人都炽烈燃烧过的青春。

生涯高光闪回 /48 分巅峰独舞

高光之耀：没有人认为费城可以战胜湖人，但艾弗森半场 30 分，湖人优势全失，直到加时赛也没有回过神来。最后，艾弗森晃翻如影随形的泰伦·卢，弯弓射出夺命箭，然后跨马扬鞭而去。他终于战胜了那支不可战胜的湖人——虽然只有这一场，但已然足够成为经典。

在 2001 年总决赛开始前，没有人想到艾弗森和他率领的 76 人能在洛杉矶赢下一场比赛，但是当 6 月 7 日总决赛第一场比赛结束后，专家、媒体和球迷都为艾弗森的神勇震惊。奥尼尔轰下 44 分、20 个篮板，菲尔·杰克逊克隆出一个山寨版的艾弗森——泰伦·卢，结果还是抵挡不住艾弗森。艾弗森上半场就砍下 30 分，加时结束前 47 秒艾弗森底线跳投为 76 人锁定胜局，76 人最终以 107 比 101 取得总决赛首战胜利。但由于整体实力上的差距，76 人在首战后连输 4 场，无缘总冠军。

他用精准无双的
三分球给篮球世
界带来了划时代
变革，并开启了
一个新时代。

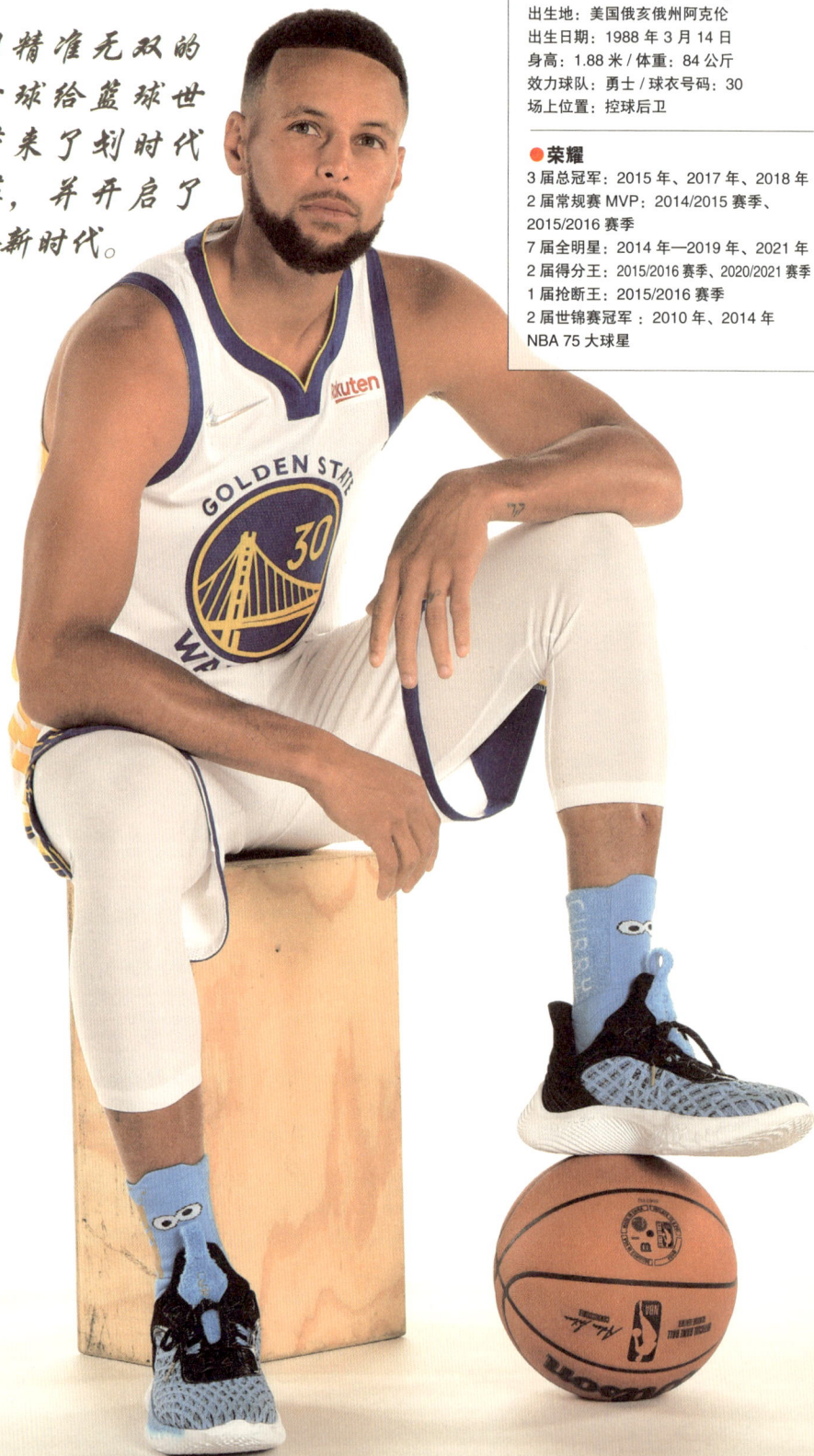

● 档案
斯蒂芬·库里 / Stephen Curry
出生地：美国俄亥俄州阿克伦
出生日期：1988 年 3 月 14 日
身高：1.88 米 / 体重：84 公斤
效力球队：勇士 / 球衣号码：30
场上位置：控球后卫

● 荣耀
3 届总冠军：2015 年、2017 年、2018 年
2 届常规赛 MVP：2014/2015 赛季、
2015/2016 赛季
7 届全明星：2014 年—2019 年、2021 年
2 届得分王：2015/2016 赛季、2020/2021 赛季
1 届抢断王：2015/2016 赛季
2 届世锦赛冠军：2010 年、2014 年
NBA 75 大球星

萌神

斯蒂芬·库里

STEPHEN CURRY

三分球给整个 NBA 带来颠覆性的变革，谁能想到，带来如此巨变的竟然是一个身材纤细、容貌俊秀的一号位。

是的，库里凭借一手出神入化的精准三分球，就让一个外线主导、攻防兼备的现代篮球体系围绕着自己运转起来了。

他不仅得分如探囊取物，还有着拈叶飞花般雅致的风格，外表文静弱小，内里却强大无比。他的出现充满着无数未知，能让每一个爱篮球的人产生共鸣，原来不需要高大强壮，也能统治球场。

1988 年 3 月 14 日，斯蒂芬·库里诞生在俄亥俄州阿克伦的城市医院，而 3 年零 72 天以前，在这个普通的医院里诞生了另外一位 MVP 球员——勒布朗·詹姆斯。

库里出自名门，父亲戴尔·库里曾是 NBA 的一代名射手、最佳第六人，退役时留下命中 1245 记三分球的佳绩以及超过 40% 的三分球命中率。母亲桑娅·库里也曾是一名排球运动员。即便如此，小时候的库里纤细瘦弱，没有人认为他将来能打 NBA。

作为昔日的名射手，德尔·库里实在看不下去小库里模仿马里昂去投篮，于是在 2004 年夏天，他亲自出马，矫正了小库里的投篮姿势。

高中毕业那年，斯蒂芬·库里才长到了 1.83 米，体重 72 公斤，父亲到处帮他找球探，联系大学，可惜没有人能看出这位眉目清秀的孩子身上有什么超凡脱俗的篮球天赋。

篮球是个很高、很快、很有力量的运动，库里除了很快，其他方面一点都不占优。

戴维森文理学院接受库里，教练鲍勃·麦凯洛普谈到库里的 NCAA 处子秀："他第一场比赛表现很糟糕，有 13 次失误，但第二场他砍下了 32 分。"

大三结束前，库里已经成为全美第一阵容的球员。2008 年 3 月，连詹姆斯都赶过来看他的比赛，库里在下半场的三分如雨，让詹姆斯为这位老乡起身鼓掌，"皇帝"当时没有想到这个瘦弱清秀的神射手，将来会是自己的劲敌。

2009 年选秀大会，斯蒂芬·库里在首轮第 7 位被金州勇士选中。

2009 年 10 月 29 日，在勇士与火箭的比赛中，库里首发出场，12 投 7 中，拿到 14 分、2 个篮板、7 次助攻和 4 次抢断，完成 NBA 首秀。

2010 年 2 月 11 日，对阵快船，库里得到 36 分、10 个篮板、13 次助攻，刷新自己在 NBA 生涯得分和助攻纪录的同时，也首次收获三双，这是 2009 届新秀的第一个三双。

2011 年 2 月 20 日，在全明星技巧挑战赛中，库里用时 28.2 秒，最终夺冠。

2011/2012 赛季，库里持续受到伤病困扰，仅出战了 26 场比赛，场均只有 14.7 分、5.3 次助攻和 3.4 个篮板。在常规赛还未结束之前，即宣布赛季结束。

2012/2013 赛季，库里伤愈归来，4 年 4400 万美元续约勇士。从此开启了一条神奇瑰丽的勇士之路。在此赛季，库里蜕变成为超级巨星，单赛季命中 272 个三分球，超越雷·阿伦（2005/2006 赛季 269 个）成为联盟历史单赛季三分王。季后赛中库里更是大发神威，半决赛第一场对阵马刺，砍下 44 分和 11 次助攻。

2014/2015 赛季是库里真正王者登基的一季，他成为全明星票王，并以全票的佳绩加冕常规赛 MVP，最终库里率领勇士在总决赛上击败骑士，夺得总冠军。

2015/2016 赛季，勇士成功打造出史上最流畅、最完备的远射体系，将库里的灵动与精准发挥到极致。于是有了创纪录的 73 胜，库里更是缔造单赛季命中 402 记三分球的神迹。勇士与骑士再战总决赛，克利夫兰人进行无限换防、压缩库里的空间，在绝境下连扳三局并夺冠。那一夜，詹姆斯与库里，两位来自阿克伦的男人悲喜两重天。

2016 年 7 月，杜兰特加盟勇士。杜兰特最大的意义和作用，就是可以让勇士有一个在生死时刻出阵单挑，有能力一对一解决问题的超级巨星。但这意味着，勇士那个集全队之力，成全库里精灵炫舞的时代结束了。今后的勇士，将是库里和杜兰特共同主导的球队——因为你没法否认杜兰特超强的实力和巨大的存在感。

杜兰特是一个百搭型射手，融入勇士的战术体系没有任何问题，唯一的疑惑在于怎么把这一群人捏合起来，以及怎么在替补球员大量流失的情况下确保阵容厚度。

库里只差一步就在万神殿中修成了正果，他有了一个总冠军，但没拿到那尊总决赛MVP。然后第二年带着 73 胜的勇士最终功亏一篑——限制他的，也许只是他不够强壮、健康的身体。但是，凡事无绝对，面对这样一位旷世天才，我们不应以常理待之。

2016/2017 赛季，勇士并没有出现赛前所疑虑的问题，库里与杜兰特都是无私的球员，配合得默契无间。库里是最善于制造空间的控球后卫；杜兰特是最善于在开阔空间下杀伤对手的得分王，当他们发动挡拆时，没有人能防，"库杜挡拆"堪称王牌的撒手锏。

库里仍然是勇士的基石，虽然数据不如以往那么精艳，但他依旧是联盟中的三分王。

斯蒂芬·库里常规赛数据

赛季	球队	篮板	助攻	得分
2009/2010	勇士	4.5	5.9	17.5
2010/2011	勇士	3.9	5.8	18.6
2011/2012	勇士	3.4	5.3	14.7
2012/2013	勇士	4.0	6.9	22.9
2013/2014	勇士	4.3	8.5	24.0
2014/2015	勇士	4.3	7.7	23.8
2015/2016	勇士	5.4	6.7	30.1
2016/2017	勇士	4.5	6.6	25.3
2017/2018	勇士	5.1	6.1	26.4
2018/2019	勇士	5.3	5.2	27.3
2019/2020	勇士	5.2	6.6	20.8
2020/2021	勇士	5.5	5.8	32.0
场均数据		4.6	6.5	24.2

斯蒂芬·库里季后赛数据

赛季	球队	篮板	助攻	得分
2012/2013	勇士	3.8	8.1	23.4
2013/2014	勇士	3.6	8.4	23.0
2014/2015	勇士	5.0	6.4	28.3
2015/2016	勇士	5.5	5.2	25.1
2016/2017	勇士	6.2	6.7	28.1
2017/2018	勇士	6.1	5.4	25.5
2018/2019	勇士	6.0	5.7	28.2
场均数据		5.4	6.3	26.5

在 2016/2017 赛季，库里能单场命中 13 记三分球，来突破上限；也可以 10 投不中，去触及下限……虽然如浪涛浮沉不定，但库里却能驭浪而行，成为主宰命运的王者。

勇士在库里与杜兰特引领下，一路势如破竹，并在总决赛上以 4 比 1 击败骑士，完成复仇，捧起 2017 年的总冠军奖杯。库里在总决赛场均得到 26.8 分、8 个篮板、9.4 次助攻、2.2 次抢断，其表现可谓异常优异。

杜兰特的到来，似乎撼动了库里在勇士的领袖地位。对于此，库里选择包容，他向杜兰特表明心迹：不在意谁是老大，只要能为球队带来胜利。至于"刺头"格林，对库里更是心服口服，视其为莫逆之交。库里有着海纳百川的气魄与胸襟，让一干大佬为之耳提面命，库里用虚怀若谷的心胸，为我们展现了"勇士之王"的魅力。

对于这样的库里，勇士也愿意倾囊而出，2017 年 7 月，库里与勇士完成了 5 年 2.01 亿美元的续约合同，成为 NBA 首位"两亿先生"。

2017/2018 赛季，勇士在总决赛以 4 比 0 击败老对手，成功卫冕总冠军。相对于总决赛的波澜不惊，西部决赛勇士与火箭的七场大战更为精彩。库里在这个赛季将三分球纪录（投进 200 多记三分球）延续至第六个赛季，并在总决赛第三场命中创纪录的 9 记三分球。

事实证明，库里还是勇士的源泉，一旦库里打顺了，勇士就能势如破竹结束比赛。一旦库里打不好，勇士没有行云流水的快节奏进攻，那就得靠杜兰特这个超级单打手阵地战去一球一球解决问题，所以比赛看起来艰难而且滞涩。

2018/2019 赛季，勇士打出梦幻般的开局。"水花兄弟"中的克莱·汤普森率先开挂，在对阵公牛的比赛中轰进 14 记三分球，刷新 NBA 历史新纪录。而作为"水花兄弟"之一的库里也不遑多让，以一场独得 51 分以及命中 11 记三分球的比赛为起点，连续 7 场命中 5 记三分球，体现出极致的精准与稳定。

如果没有伤病，那么勇士建立"三连冠"王朝几乎是板上钉钉！但总决赛杜兰特因伤缺阵、汤普森受伤退赛，成为压垮勇士的主要原因，其次才是伦纳德与猛龙的挑战。库里成为勇士最后的支撑，并在第三场砍下 47 分。然而纵然他依旧神勇，但孤掌难鸣。

2019 年总决赛，最终勇士以 2 比 4 不敌猛龙，他们失去的不仅仅是一个总冠军，而是一个时代的落幕。那支骑射如风、横扫天下的金州勇士将不复存在……

2019/2020 赛季，杜兰特远走纽约加盟篮网，汤普森重伤未愈，缺席整个赛季。

库里在该赛季初便遭遇了左手骨折，"追梦"带着一帮杂牌军创下了勇士近年来的最差战绩，整个赛季都是灰蒙蒙的基调。2020 年年初，科比猝然离世，让整个世界都为之伤悲，库里悲痛不已，并穿上紫金 24 号球衣以缅怀科比。

2020/2021 赛季，开赛之前勇士再遇噩耗：汤普森跟腱断裂，赛季再度完结。库里只能再次独自带队出征，去直面新赛季的各种挑战，而这种逆境也逼出了最强库里。

2021 年 1 月 4 日对阵开拓者，库里在利拉德的头上轰下职业生涯最高的 62 分。之后他的三分球总数又超越雷吉·米勒，晋升为历史第二。进入 4 月之后，库里火力全开，连续 11 场得分 30+ 超越科比。最终，库里场均砍下 32 分，加冕本赛季的得分王。

已经 33 岁的库里，在 2020/2021 赛季场均能得到 32 分、5.5 个篮板、5.8 次助攻，投篮命中率高达 48.1%，三分球命中率达到 42.1%，依然矗立在巅峰。

2021 年 8 月，勇士与库里拟定了一份 4 年 2.15 亿美元的提前续约合同，这将意味着库里将终老金州。在当今这个功利主宰的商业时代，能择一城终老，几近童话。

2021/2022 赛季，库里率领勇士一度打出联盟最佳战绩，再现巅峰"宇宙勇"的风采。"萌神"将三分球演绎到一个新的维度：他面对老鹰，豪取 50 分并命中 9 记三分球；对阵篮网，库里再将 9 记三分球入账，自此，他的职业生涯（常规赛 + 季后赛）三分球总命中数达到 3366 个，超越雷·阿伦升至 NBA 历史第一。值得一提的是，库里只用了 886 场就达成如此成就，比雷·阿伦少用了 585 场。此外，库里的三分球命中率高达 42.76%，高居历史十大三分射手榜的首位。

仅凭一手三分球，库里就能开启了一个云蒸霞蔚、变幻无限、目眩神迷的"射手王道"新时代，他的本身就像童话，是那支骑射如风"梦幻勇士"的创造之源。

生涯高光闪回 / 单场 62 分

高光之耀：库里狂砍 62 分，力压利拉德的 32 分，赢得"镜像对决"。利拉德曾面对勇士砍下生涯最高的 61 分，如今库里以彼之道，还施彼身，用一场荡气回肠的个人得分表演击溃对手。

2021 年 1 月 4 日，勇士主场迎战开拓者，面对来势汹汹的"波特兰双枪"，库里给予最劲爆的得分回应。他全场 31 投 18 中，三分球 16 投 8 中，罚球 19 罚 18 中，狂砍 62 分，一举创造个人职业生涯单场得分最高，率领勇士以 137 比 122 大胜开拓者。

在"大梦"最巅峰的时代，他把其他三大中锋都轮流羞辱了一遍。

K

大梦
哈基姆·奥拉朱旺
HAKEEM OLAJUWON

他曾迈着梦一样飘忽神秘的步伐夺得了乔丹时代仅仅旁落的两座总冠军奖杯。有时候他的存在对于现在的球迷如梦一样虚无缥缈，但当某位球员在场上秀出华丽步伐时，我们还是会情不自禁地说出他的招牌动作——大梦舞步，来致敬那个如梦如幻的艺术中锋。

他具有巨人们所不具备的灵活性、运动能力和投篮手感；他的到来开创了火箭队历史上最光辉的时代；他在 1993/1994 赛季成为 NBA 首位在单赛季集常规赛 MVP、最佳防守队员、总决赛 MVP 为一身的球员；他曾砍下 18 分、16 个篮板、10 次助攻、11 次盖帽的四双神迹；他拥有科比、詹姆斯等顶级球员竞相学习的内线脚步。

1980 年，17 岁的哈基姆·奥拉朱旺在全非运动会的一场篮球比赛中，夺得 60 分和 15 个篮板，名动大洋彼岸，被休斯敦大学招募，受教于名帅刘易斯的门下。

17 岁的奥拉朱旺在刘易斯的严格训练下，进步神速。因为他的脚步动作灵活敏捷，假动作逼真多变，世人观之，不由得惊叹："看上去像一场梦。"于是，奥拉朱旺的"大梦"绰号便不知不觉地传开了。

1984 年夏季，在选秀制度尚未完善的年代，两支成绩最烂的球队（火箭和开拓者）需要用猜硬币的方式争夺状元签，那枚幸运的硬币让休斯敦提前预订了奥拉朱旺。

火箭拿到状元签，选秀当天毫不犹豫地在首轮第 1 顺位选中奥拉朱旺，为此休斯敦人不惜错过迈克尔·乔丹。在 NCAA 奥拉朱旺早已扬名立万，换到 NBA，他的开局依然梦幻。新秀赛季，奥拉朱旺场均贡献 20.6 分、11.9 个篮板，率领火箭一跃成为 48 胜的季后赛球队。尽管如此，奥拉朱旺还是未能力压乔丹，加冕最佳新秀。

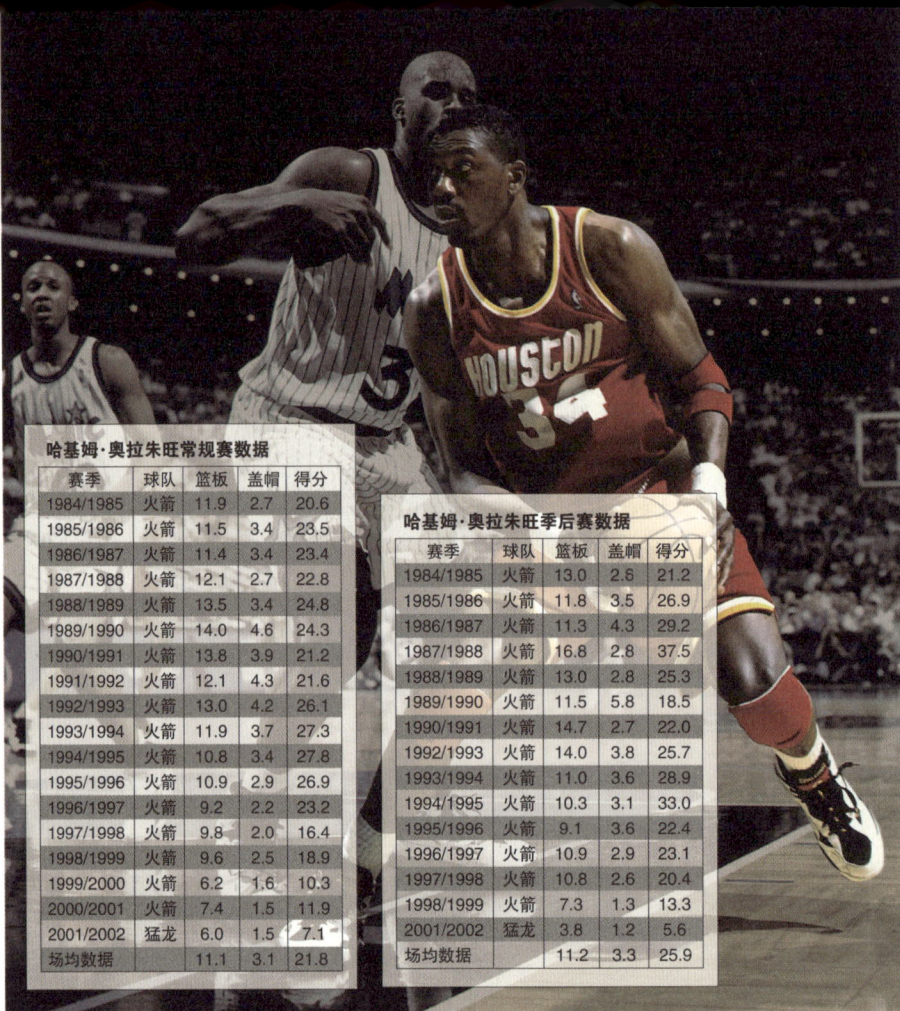

哈基姆·奥拉朱旺常规赛数据				
赛季	球队	篮板	盖帽	得分
1984/1985	火箭	11.9	2.7	20.6
1985/1986	火箭	11.5	3.4	23.5
1986/1987	火箭	11.4	3.4	23.4
1987/1988	火箭	12.1	2.7	22.8
1988/1989	火箭	13.5	3.4	24.8
1989/1990	火箭	14.0	4.6	24.3
1990/1991	火箭	13.8	3.9	21.2
1991/1992	火箭	12.1	4.3	21.6
1992/1993	火箭	13.0	4.2	26.1
1993/1994	火箭	11.9	3.7	27.3
1994/1995	火箭	10.8	3.4	27.8
1995/1996	火箭	10.9	2.9	26.9
1996/1997	火箭	9.2	2.2	23.2
1997/1998	火箭	9.8	2.0	16.4
1998/1999	火箭	9.6	2.5	18.9
1999/2000	火箭	6.2	1.6	10.3
2000/2001	火箭	7.4	1.5	11.9
2001/2002	猛龙	6.0	1.5	7.1
场均数据		11.1	3.1	21.8

哈基姆·奥拉朱旺季后赛数据				
赛季	球队	篮板	盖帽	得分
1984/1985	火箭	13.0	2.6	21.2
1985/1986	火箭	11.8	3.5	26.9
1986/1987	火箭	11.3	4.3	29.2
1987/1988	火箭	16.8	2.8	37.5
1988/1989	火箭	11.5	5.8	18.5
1989/1990	火箭	11.5	5.8	18.5
1990/1991	火箭	14.7	2.7	22.0
1992/1993	火箭	14.0	3.8	25.7
1993/1994	火箭	11.0	3.6	28.9
1994/1995	火箭	10.3	3.1	33.0
1995/1996	火箭	9.1	3.6	22.4
1996/1997	火箭	10.9	2.9	23.1
1997/1998	火箭	10.8	2.6	20.4
1998/1999	火箭	7.3	1.3	13.3
2001/2002	猛龙	3.8	1.2	5.6
场均数据		11.2	3.3	25.9

　　职业生涯第二个赛季，奥拉朱旺率领火箭打出 51 胜的队史最佳战绩，季后赛一路过关斩将，西部决赛以 4 比 1 击败上届冠军湖人，震惊联盟。总决赛惜败凯尔特人并没有让休斯敦球迷太过失望，毕竟 1986 年的"绿衫军"被视作史上最伟大的球队之一。

　　奥拉朱旺继承了以往中锋在攻防两端统治内线的传统技术，同时又重新定义中锋。从事足球和手球的丰富经历让奥拉朱旺具备超越常人的机动性和速率，当后卫传球时，他会跳起接球，落地之前任意一只脚都可以作为轴心脚，对手不知道他会从哪边突破，因此也迷惑了对手，这就是梦幻舞步的诀窍。

　　奥拉朱旺如日中天，他的火箭却开始不断陷入麻烦。1986 年总决赛之后，卢卡斯、劳埃德和威金斯因滥用药物被禁赛，1987/1988 赛季，汤普森因为与主帅比尔·费奇不睦被清洗出队。1988 年季后赛首轮对阵小牛，奥拉朱旺有如神助，场均砍下 37.5 分、16.8 个篮板，却独木难支，火箭遗憾出局。

　　1989/1990 赛季，奥拉朱旺堪称内线球员中最闪耀的数据达人，成为 1973/1974 赛季以来首位场均贡献 14 个篮板和 4.6 个盖帽的球员，也是贾巴尔和沃顿之后又一位包揽篮板王和盖帽王的中锋，此外还打出一次惊世的四双。

　　奥拉朱旺光鲜亮丽的数据背后是球队尴尬的季后赛魔咒，火箭连续四年止步首轮，停滞不前的战绩让他失去了耐心。汤姆贾诺维奇走马上任成为剧情的转折点,第一个完整执教的赛季就率队冲破首轮羁绊,他为火箭量身打造的内外结合逐渐显现出威力。

1993/1994 赛季,在乔丹归隐、四大中锋鼎足而立的时代背景下,巨人之间的决斗恰恰成为最动人的主旋律。1994 年总决赛,奥拉朱旺与尤因狭路相逢,两人彼此之间却满怀敬意。奥拉朱旺说:"当尤因站在球场另一端时,你就知道自己面对的是最难对付的敌人。"尤因如此回应:"与奥拉朱旺对位时,我想打出最佳水准,他也如此。"

1994 年总决赛,奥拉朱旺和尤因就像和镜子里的自己对打。这是一轮势均力敌的较量,第六场奥拉朱旺最后时刻对斯塔克斯的封盖才为火箭赢得抢七的机会。

抢七战的场面堪比斯大林格勒保卫战,双方寸土必争,《纽约时报》如此描述当时的状况:"每进一球,就像射出的一颗子弹。"比赛直到最后一刻才分出胜负,奥拉朱旺面对尤因一次成功单挑最终打破了胜负的平衡。

奥拉朱旺一战封神,不仅登上了冠军之巅,也成为历史上第一位单季包揽常规赛MVP、年度最佳防守球员和总决赛 MVP 的球员。

1994/1995 赛季,踏上卫冕征途的火箭对阵容做出调整,换来奥拉朱旺的老朋友德雷克斯勒,重新磨合阵容让火箭的战绩左右摇摆,常规赛结束仅列西部第六。

火箭最终还是杀进了西部决赛,第一场开始之前,领取常规赛 MVP 奖杯的"海军上将"罗宾逊并不知道这是一个噩梦的开始。奥拉朱旺用系列赛场均 35.3 分、12.5 个篮板、5 次助攻,56% 的投篮命中率以及"梦幻舞步"教训了新科 MVP。

整个系列赛,奥拉朱旺全面压制了罗宾逊。在总决赛魔术面对火箭一筹莫展,看着奥拉朱旺出神入化的迷踪步,年轻气盛的奥尼尔被晃得晕头转向:"他先移动 5 步,再反方向移动 4 步,看起来好像移动了 20 步。"最终,火箭横扫魔术,卫冕总冠军。

真正无敌的只有时光老人,奥拉朱旺从 35 岁开始慢慢走下神坛,在 39 岁的高龄完成第一次转会,2001/2002 赛季为猛龙效力 39 场之后正式宣布退役。

也许,奥拉朱旺宣布退役时,遥望着休斯敦的方向,因为那里是他梦开始的地方。从遥远的尼日利亚来到休斯敦,奥拉朱旺几乎将整个职业生涯都奉献给了休斯敦。

奥拉朱旺跟休斯敦这座城市紧紧交织在一起。

而这一切就像一个梦。

生涯高光闪回／四双壮举

高光之耀:翻开 NBA 的史册,你会发现:奥拉朱旺就是无所不能的神人,这场"四双"的神奇壮举足以印证!

1990 年 3 月 30 日,火箭以 120 比 94 大胜雄鹿。奥拉朱旺得到 18 分,外加 16 个篮板、10 次助攻以及惊人的 11 次盖帽。他在防守端和进攻组织上,展示了惊人的统治力,完成了一场"四双"的壮举。

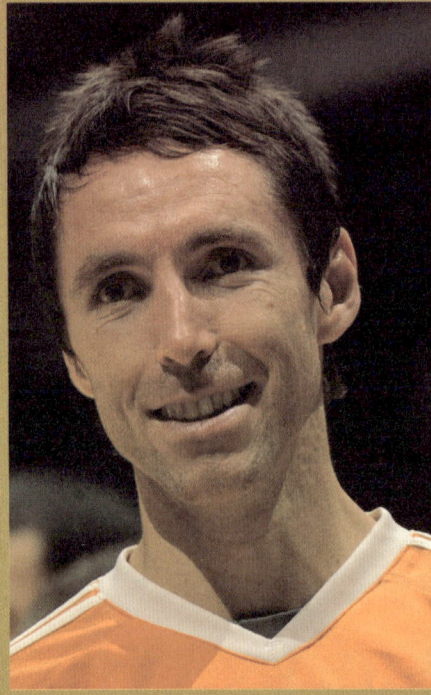

Q-10

Q

伯德 / 韦德 / 威斯布鲁克 / 托马斯
BIRD/WADE/WESTBROOK/THOMAS

J

诺维茨基 / 麦迪 / 保罗 / 哈登
NOWITZKI/MCGRADY /PAUL / HARDEN

10

欧文 / 加内特 / 纳什 / 马龙
IRVING/GARNETT/NASH/ MALONE

伯德用实践证明，
原来篮球也可以打
得如此从容和优雅，
而且充满智慧。

● 档案
拉里·伯德 / Larry Bird
出生地：美国印第安纳州西巴顿镇
出生日期：1956 年 12 月 7 日
身高：2.06 米 / 体重：100 公斤
效力球队：凯尔特人 / 球衣号码：33
场上位置：小前锋

● 荣耀
3 届总冠军：1981 年、1984 年、1986 年
2 届总决赛 MVP：1984 年、1986 年
3 届常规赛 MVP：1983/1984 赛季—1985/1986 赛季
1 届全明星 MVP：1982 年
12 届全明星：1980 年—1988 年、1990 年—1992 年
最佳新秀：1979/1980 赛季
1 届奥运冠军：1992 年
篮球名人堂：1998 年
NBA 75 大球星

大鸟

拉里·伯德

LARRY BIRD

伯德是凯尔特人荣誉的化身。他是一名集优雅、自信、勤奋于一身的球员，喜欢在压力下迎接挑战，同时帮助队友们做到最好。

"大鸟"拉里·伯德虽然没有过人的身体素质，没速度、没弹跳、没爆发力、没力量而且还有背伤，但伯德是个靠脑子打球的球员，他具备了所有小前锋的技巧，是典型的篮球高智商型球员。作为小前锋，教科书般的他依然可以成为联盟的王者，得益于他超凡脱俗的篮球智慧和出神入化的球技，还有强大的自信和执着。

1979 年，密歇根州立大学与印第安纳州立大学的 NCAA 冠军争夺战，电视收视率高达 24.1%，创下当时美国大学篮球历史上的最高纪录。这是球迷期待已久的巅峰对决，只因为一个主题——"魔术师"埃尔文·约翰逊对决"大鸟"拉里·伯德。

印第安纳州立大学最终以 64 比 75 输给了密歇根州立大学，尽管没有成功登顶，伯德的出色表现还是引起了 NBA 的高度关注，只是他坚持要完成大学学业。

当时人们对伯德的身材、速度和脾气尚存疑问。坊间传言伯德是一位极度忠诚、罕见顽固、脾气火爆又酷爱喝啤酒的家伙。早在 1978 年选秀当天，由于开拓者对于伯德心存顾虑，所以用头号选秀权摘下了米切尔·汤普森。他们本来计划用 7 号签挑选伯德，但手握第六顺位的凯尔特人捷足先登，开拓者错失良机。

凯尔特人总经理"红衣主教"奥尔巴赫之所以选中伯德，还是通过球探约翰·基里利亚的报告。基里利亚对奥尔巴赫滔滔不绝地说："我想我已找到下一个里克·巴里，伯德能从任何地方投篮得分，而且你无法相信这孩子是一个多么出色的传球手。"

伯德在大四期间的一场垒球比赛中，食指被球击中，严重变形，主治医生无法保证他的手指可以完全复原。奥尔巴赫特意为伯德安排了一次特殊的测验，"大鸟"最终征服了奥尔巴赫。30年后，伯德谈及往事，承认当年医生的诊断是正确的。"我的投篮的确无法像那次受伤前那么出色了。"尽管伯德已成为NBA最伟大的投手之一。

伯德加盟凯尔特人后，奥尔巴赫总会喋喋不休："成为凯尔特人球员是件光荣的事情，你永远都不要忘记这一点。"而伯德没有让"红衣主教"失望，他几乎以光速征服了队内的老大，1981年他率队杀入了总决赛，而对手并不是他期待已久的湖人。面对火箭，伯德的篮板和传球依然高效，然而前5场他的命中率只有38%。几场较量下来，火箭前锋罗伯特·里德被冠以"大鸟终结者"的名号，这激怒了伯德。

"试试终结我这记投篮。"他在第六场第三节投中一记4.5米外跳投的同时对里德说，"你倒是终结我呀！"第四节命中自己在这轮总决赛中唯一一记三分球后，他再次挑衅里德。伯德全场20投11中，贡献26分，带领凯尔特人拿下第六场，赢得了自己的第一个总冠军。赛后，他像奥尔巴赫那样点燃雪茄庆祝，和队友在酒店里彻夜狂欢。

1981年总决赛之后，"大鸟"凭借超强的个人魅力打破了肤色的楚河汉界。

1984年，10岁的德里克·费舍尔从头至尾观看了湖人与凯尔特人的总决赛，结束后他就跑出家门，模仿"魔术师"的动作。与此同时，在美国的另一端，9岁的雷·阿伦在自家的车道上模仿伯德的高弧度投篮。

1984年总决赛前两场两队互有胜负，然而第三场以104比137惨败之后，伯德再也坐不住了，他用尖锐的语言抨击了队友，他的原则很简单：要么好好打球，要么离开。"如果我们找不到自己的脑袋就麻烦了，"伯德说，"我们打得就像娘们一样。"就在那天深夜，伯德的朋友凯尔特人副主席斯蒂夫·莱利打来电话："你们完蛋了，彻底没戏了。"伯德回应："鬼扯，我们走着瞧。"

第四场，麦克海尔晾衣绳式的犯规改变了局势，最后时刻，伯德发现协防过来的是"魔术师"，拼命张手要球。"在那一瞬间，"伯德说，"我知道必须把球投中。"他做到了，伯德在"魔术师"头上命中了一记优雅的后仰跳投，那是凯尔特人的致命一击。"绿衫军"扳平了总比分，重新掌握了主动权。第五场，伯德上演了职业生涯中最精彩的一场比赛，全场20投14中，砍下34分，抢下17个篮板。"我几乎百发百中，"伯德说，"那是一名球员梦想的节奏，感觉太妙了，而我们的球迷也有着梦幻般的表现。打完第五场，我感觉冠军拿定了。"

1984年，凯尔特人最终夺冠。总决赛后第二天，参加完庆祝活动的巴克驱车来到伯德家想要继续狂欢，却发现老大不在家。"他出去跑步了，"巴克纳回忆，"等到他回来，我问他，'伙计，你在干什么？'"伯德瞥了他一眼："我在为明年做准备。"

1985年3月12日，伯德对阵老鹰砍下60分，然而这并非一次单纯的得分表演，而

赛季	球队	篮板	助攻	得分
1979/1980	凯尔特人	10.4	4.5	21.3
1980/1981	凯尔特人	10.9	5.5	21.2
1981/1982	凯尔特人	10.9	5.8	22.9
1982/1983	凯尔特人	11.0	5.8	23.6
1983/1984	凯尔特人	10.1	6.6	24.2
1984/1985	凯尔特人	10.5	6.6	28.7
1985/1986	凯尔特人	9.8	6.8	25.8
1986/1987	凯尔特人	9.2	7.6	28.1
1987/1988	凯尔特人	9.3	6.1	29.9
1988/1989	凯尔特人	6.2	4.8	19.3
1989/1990	凯尔特人	9.5	7.5	24.3
1990/1991	凯尔特人	8.5	7.2	19.4
1991/1992	凯尔特人	9.6	6.8	20.2
场均数据		10.0	6.3	24.3

拉里·伯德季后赛数据

赛季	球队	篮板	助攻	得分
1979/1980	凯尔特人	11.2	4.7	21.3
1980/1981	凯尔特人	14.0	6.1	21.9
1981/1982	凯尔特人	12.5	5.6	17.8
1982/1983	凯尔特人	12.5	6.8	20.5
1983/1984	凯尔特人	11.0	5.9	27.5
1984/1985	凯尔特人	9.1	5.8	26.0
1985/1986	凯尔特人	9.3	8.2	25.9
1986/1987	凯尔特人	10.0	7.2	27.0
1987/1988	凯尔特人	8.8	6.8	24.5
1989/1990	凯尔特人	9.2	8.8	24.4
1990/1991	凯尔特人	7.2	6.5	17.1
1991/1992	凯尔特人	4.5	5.3	11.3
场均数据		10.3	6.5	23.8

是给队友麦克海尔做示范。但在 1985 年的总决赛上，凯尔特人输给了老对手湖人。

1986 年，伯德率领凯尔特人卷土重来，然而让他失望的是湖人没有从西部突围。宿敌不在，伯德的目的依然不变——击败任何一个企图阻挡他们夺冠的对手。最终，凯尔特人在总决赛上以 4 比 2 击败火箭，伯德场均得到 24 分、9.7 个篮板、9.5 次助攻，荣膺了总决赛 MVP。"大鸟"拥有强大的实力，更展现出绝对的自信。

1986 年全明星首届三分球大赛开始前，伯德冲着其他选手来了一句："你们是来争第二的吗？"之后伯德成为第一届全明星大赛的冠军。在接下来的 1987 年和 1988 年，他连续卫冕，包揽全明星三分大赛的冠军。

1987 年东部决赛，伯德用那记著名的抢断改变了球队的命运，帮助凯尔特人与湖人再度会师，然而恶化的背伤让"绿衫军"救世主再也无力回天，经过长达八年的恩怨情仇之后，两位巨星开始用相互欣赏的眼光来看待彼此之间的激烈竞争。"我知道，没有

任何人像他那样逼迫我使出浑身解数，"伯德说，"然而我的身体也告诉我，这种激烈对抗没有办法永远持续下去。"

1987年总决赛之后的每一个新赛季，都被伯德视作新的机会，他希望带领凯尔特人重新杀回总决赛，再战湖人，然而残酷的事实是他们之间的距离越来越远，凯尔特人的王朝结束了。1991/1992赛季过后，伯德决定退役："浑身上下都是伤痛，甚至再也不想打篮球了。"伯德的背部僵硬得像一堵砖墙，每天都为不能弯腰系鞋带而苦恼，他已经35岁，是时候结束了。

伯德在发布会上向波士顿人民表示，自己很珍视为这支球队从一而终的球员生涯，并保证永远不会复出。发布会后，伯德有些依依不舍，但如释重负的感觉更强烈。

1993年2月5日，凯尔特人为伯德举行球衣退役仪式，"魔术师"也来见证宿敌的里程碑时刻，有趣的是这位湖人名宿竟然在里面穿上一件凯尔特人的T恤。

"魔术师"给观众爆料，伯德在效力凯尔特人这么多年里只撒过一次谎。"你知道那是什么吗？"约翰逊问伯德，"你说过以后将出现第二个拉里·伯德，但我要告诉你，永远不会有另一个拉里·伯德。"来自对手的逆向赞美，让"大鸟"倍感温馨。

在由黑人球员主宰的NBA世界里，伯德被人们称为"白人的希望"。作为最全能的球员之一，伯德不仅是优秀的得分手、传球手、篮板手、防守专家、团队作业者，更是关键先生。他优雅自信，打球时充满睿智。

因名而定的"大鸟"这个绰号与伯德完美契合。虽然速度和弹跳都不出众，但作为优雅而自信的王者，在场上的伯德总有一种翩若惊鸿的感觉。

生涯高光闪回 / 黑白争霸

高光之耀: 20 世纪 70 年代末,NBA 坠入低谷,20 世纪 80 年代如若没有改善,很有可能在美国体育版图上消失。正在这生死存亡之时,1978 年"大鸟"和 1979 年"魔术师"的相继出现拯救了联盟,湖人的 32 号和凯尔特人的 33 号联袂开启了"黑白双雄"的对峙时代。

作为一对伟大的对手,在很多层面,"魔术师"约翰逊和"大鸟"伯德都是截然相反的两面。譬如他们的肤色,譬如他们的球风,伯德理性、冷峻,如同莽原里一个老辣的猎人;约翰逊奔放、华丽,俨然好莱坞夜场里激扬的 DJ。

人称"大鸟"的拉里·伯德虽然没有过人的身体素质,没速度、没弹跳、没爆发力、没力量而且还有背伤,但伯德是个靠脑子打球的球员,具备了所有小前锋的技巧,是典型的篮球高智商型球员。小前锋教科书般的他依然可以成为联盟的王者,这得益于他超凡脱俗的篮球智慧和出神入化的球技,还有强大的自信和偏执。

他是一名集坚韧、自信、勤奋于一身的球员,喜欢在压力下迎接挑战,同时帮助队友们做到最好。

1978 年第一轮第 6 位伯德被凯尔特人选中,在波士顿效力的 13 个赛季中,伯德在球场上的各个方面都表现得相当完美,成为一位团队核心和关键先生。伯德的完美源于自信,这位老兄在大战前常常会跳着华尔兹告诉对手他将轰下 40 分,没人敢把这当作是一句戏言。

伯德是一位致命的射手,而传球也很精彩,也许只有"魔术师"在传球上比他更出色一点。他们是伟大的对手,也是一生的挚友,二人携手在 20 世纪 80 年代共同上演了"黑白争雄"经典。

相比伯德,"魔术师"更加华丽。作为 2.06 米的高个子控卫,埃尔文·约翰逊是一个具有革命性的球员,他将更多的理念、智慧和技巧带到了篮球场,使得篮球运动更具观赏性和竞争性。

在"魔术师"千变万化的神奇助攻下,湖人打出了光芒万丈的 SHOWTIME(表演时间)。约翰逊特别擅长 No—Look Pass(不看人的传球)。不管是快攻的背传,还是横越半场的长传,又或是迷人的微笑,都足以动人心弦。一旦他踏上那块场地,所有人都在期待:他又将做出哪些匪夷所思的动作来?!

1979 年,约翰逊率领密歇根大学击败伯德领军的印第安纳大学队,获得当年的 NCAA 冠军,也从此拉开了"黑白双雄"旷世相争的序幕。

身披湖人紫色战袍的"魔术师"和穿着绿色凯尔特人队衣的"大鸟"成为 20 世纪 80 年代最伟大的对手。"大鸟"作为新人入选赛季第一阵容,约翰逊在 1980 年夏天率领湖人拿下冠军,以 20 岁之龄成为历史上最年轻的总决赛 MVP。

1981 年,"大鸟"的凯尔特人击败火箭夺冠;1982 年,"魔术师"再次夺冠;1984 年,"大鸟"夺冠;1985 年,"魔术师"夺冠;1986 年,"大鸟"……他们梅花间竹般的渐次登顶,几乎垄断了 20 世纪 80 年代的总冠军。微妙的是,越到职业生涯后期,他们就越相似。"魔术师"的视野、想象力、长传功力,"大鸟"全面到毫无瑕疵的进攻技巧、精准的预判力和绝佳意识,这些不属于身体天赋的才华,却让他们可以打一手统治赛场的篮球。

在他们职业生涯后期,"魔术师"展现出越来越优秀的得分能力,而伯德则开始像一个组织后卫一样调度球队。他们越来越像彼此,一如伯德所说:"我们尊重,并且喜爱彼此的比赛方式。"

"他在篮球场上宛如一道闪电。"
——沙奎尔·奥尼尔

闪电侠

德怀恩·韦德

DWYANE WADE

速度是他冲锋陷阵的最好利器，当第一步跨出后，也许联盟近八成的对手已经被他远远甩在身后，强壮的身体让他在与内线队员碰撞时完全不处下风。急速追飞燕，破敌首当先；身轻体敏健，闪电永往前。纵横捭阖、身经百战，不愧"闪电侠"的称号。

巅峰期的韦德，一如他的"闪电侠"称号，所有人都在为他的速度叹为观止。直到他慢了下来，人们才看清楚他的技术究竟有多么完整，完全可以说，除射程和身高以外，他拥有二号位上的一切。当他专注于篮球本身的时候，意与神会，随手挥洒，便是浑然天成。

3 号的江湖就是这样，如烈焰天风般夭矫不群，炽热闪耀，纵情挥洒，永远充满才气和张力，德怀恩·韦德尤其如此。科比说过，韦德是来自地狱的球员。

2006 年总决赛的后四场，韦德完成最具传奇性的个人表演：场均砍下 34.7 分，率领热火连扳四场，逆转小牛夺得总冠军，并荣膺了总决赛 MVP。有人表示，如果不考虑迈克尔·乔丹的历史地位，这就是一个后卫所能打出的最伟大的总决赛。

在那届总决赛，韦德让全世界见证了其突破的无穷威力。他收发自如，突入禁区后腾空而起，每次上篮，似乎都迎着对手的防守去碰撞，然后借势得分。

但那次总决赛，韦德的血气和能量受到了致命的损耗，在那之后，他开始和伤病战斗，直到 2007 年那次重伤之前，他依然是联盟中屈指可数的切入大师。

如果故事到 2006 年夏为止，这就是一个完美的职业生涯。24 岁，完美无缺的形象，灿烂的微笑，韦德打出了史上最耀眼的总决赛系列个人表演之一。可惜的是，即便在他夺冠的年份，他依然是一件不完全的杀伐之器。他的不要命切入打法，注定他走的是一条遍布荆棘之路，冠军的代价是伤病的魔障。

2005/2006 赛季，韦德以 49.5% 的命中率场均得到 27.2 分，并送出 6.7 次助攻。2006/2007 赛季，他在 2007 年全明星周末之前，也有着场均 29 分的不错数据。

2007/2008 季，在第 51 场常规赛之后，韦德因为伤病被迫高挂免战牌。

2008 年北京奥运会，人们发现巅峰的"闪电侠"回来了，他在奥运赛场上拥有超越一切的速度和能量。加速、超越，然后灌篮。一直在快攻的韦德，场均得到 18 分，以替补身份成为众星云集"梦八"队的得分王。

之后的那两个赛季，韦德独自扛起球队。迈阿密几乎 2/3 的进攻由他发动，他曾加冕得分王，与当初的乔丹一样，对位防守时的缠人劲头如偏执狂。他也成为那个时代继艾弗森、科比之外最伟大的孤胆英雄。

2010 年夏天热火输给凯尔特人，韦德说："这是我最后一次首轮出局。"之后詹姆斯与波什来到迈阿密，热火迎来"三巨头"时代。"三巨头"中自我牺牲最大的正是韦德，他让出了球权，一再重申詹姆斯的核心位置，让热火秩序分明，也成就了两连冠。

2011 年总决赛，韦德场均得到 26.5 分、7 个篮板、5.2 次助攻，命中率高达 54.6%，依然处在世界之巅。但 2012 年后，他已过而立之年，原本失去半月板的膝盖过度磨损后影响了他的速度。那时的韦德还是一名依赖速度的球员，失去快速的优势令他无所适从。

2014 年夏天，热火三连冠梦碎，詹姆斯转身远赴克利夫兰，韦德和波什继续留守，于是质疑的声音更大了：韦德同时失去了爆发力和詹姆斯，怎么办呢？

我们从来都不担心站在赛场上的韦德，即使他只是凡人之躯。经历了赛季初期的低迷之后，韦德强势反弹，场均得到 23.3 分、送出 5.5 次助攻，命中率高达 51.3%，连他一向为人诟病的三分球命中率，也达到了职业生涯最高的 38%！但韦德之后深陷伤病阴霾，迈阿密热火失去"闪电侠"的攻击力，冲击季后赛的目标变得有些渺茫。

伤病缠身的韦德依然可以得分，但不再是那个随意撕裂对手防线的创造者。热火还有两位大合同球员波什和德拉季奇，但一位诡异地患上肺部血栓，另一位不复"小纳什"之勇。2014/2015 赛季，热火最终无缘东部前八，韦德第二次无缘季后赛。

2015/2016 赛季，韦德相较于前两赛季的低迷有所复苏，在常规赛中，又看到昔日那个无所不能的"闪电侠"。一路坎坎坷坷之后，最终韦德还是率领热火重返季后赛，在 2016 年，"闪电侠"更是打出了自己职业生涯的又一个史诗级季后赛。

整个季后赛，韦德效率惊人。在最后 5 分钟相差 5 分的关键时刻，韦德的得分高居全联盟第一；在单打得分榜，韦德排名全联盟第一；在关键 2 分钟内的抢断和封盖数上，韦德排名全联盟第一。韦德一个人率领热火走到东部决赛。

2016 年夏天，帕特·莱利并没有给韦德提供一份与之匹配的顶薪合同。为争一口气，韦德决定告别热火，13 年的迈阿密岁月就此告一段落。公牛以两年 4700 万美元的报价

德怀恩·韦德常规赛数据				
赛季	球队	篮板	助攻	得分
2003/2004	热火	4.0	4.5	16.2
2004/2005	热火	5.2	6.8	24.1
2005/2006	热火	5.7	6.7	27.2
2006/2007	热火	4.7	7.5	27.4
2007/2008	热火	4.2	6.9	24.6
2008/2009	热火	5.0	7.5	30.2
2009/2010	热火	4.8	6.5	26.6
2010/2011	热火	6.4	4.6	25.5
2011/2012	热火	4.8	4.6	22.1
2012/2013	热火	5.0	5.1	21.2
2013/2014	热火	4.5	4.7	19.0
2014/2015	热火	3.5	4.8	21.5
2015/2016	热火	4.1	4.6	19.0
2016/2017	公牛	4.5	3.8	18.3
2017/2018	骑士	3.9	3.5	11.2
2017/2018	热火	3.4	3.1	12.0
2018/2019	热火	4.0	4.2	15.0
场均数据		4.7	5.4	22.0

德怀恩·韦德季后赛数据				
赛季	球队	篮板	助攻	得分
2003/2004	热火	4.0	5.6	18.0
2004/2005	热火	5.7	6.6	27.4
2005/2006	热火	5.9	5.7	28.4
2006/2007	热火	4.8	6.3	23.5
2008/2009	热火	5.0	5.3	29.1
2009/2010	热火	5.6	6.8	33.2
2010/2011	热火	7.1	4.4	24.5
2011/2012	热火	5.2	4.3	22.8
2012/2013	热火	4.6	4.8	15.9
2013/2014	热火	3.9	3.9	17.8
2015/2016	热火	5.6	4.3	21.4
2016/2017	公牛	5.0	4.0	15.0
2017/2018	热火	4.2	3.6	16.6
场均数据		5.2	4.9	22.3

和满满的诚意打动了韦德，这位"风城"的孩子决定回到自己的家乡——芝加哥。

当时的芝加哥公牛的一到三号位分别是隆多、韦德、巴特勒。首先，这是三个强悍的防守者；隆多是上赛季的助攻王，巴特勒延续了 2014/2015 赛季的飞跃，保持场均得分 20+，俨然已是公牛王牌。至于韦德，刚刚过去的季后赛，还不足以说明问题吗？这样的组合，在东部除了骑士再无可媲美者。

2017 季后赛，"闪电侠"依旧闪耀，他场均得到 15 分、5 个篮板和 4 次助攻，这个已经 35 岁的老将，依旧能释放炽热的能量，倾其所有，在家乡父老面前捍卫尊严。

2017 年 9 月，韦德以 1 年 230 万美元加盟骑士，久违的"詹韦连线"似乎又要重现。

　　"詹韦组合"在 2010 年至 2014 年第一次合作时，他们就成为 NBA 历史上攻防两端最具爆炸力的外线组合，两位当时正值当打之年，身体天赋正在巅峰。如今相聚，岁月催人老，詹姆斯也已不再是不知疲倦的"钢铁侠"，而韦德只是拿着底薪的角色球员，来到克利夫兰的韦德，甚至没有继续以前的 3 号，而是改穿 9 号战袍。

　　2018 年的骑士，成为明争暗斗的场所，韦德既不想参与，也无力参与。2018 年 2 月，骑士将韦德送回热火，从情感角度而言，落叶归根，恰恰是非常圆满的。韦德在为骑士出战的 49 场中，场均得到 11.2 分，詹姆斯陷入争斗的旋涡中，也无力挽留这位好友。

　　韦德打完了 2017/2018 赛季剩下的 21 场比赛，在场均 22 分钟里，以 41% 的投篮命中率场均得到 12 分。数据无关紧要，正是因为韦德归来，如定海神针般坐镇热火，引领着青年军们一鼓作气冲杀，才让迈阿密重燃战火，最终排名第六，时隔三个赛季重返季后赛。

　　韦德离他的巅峰已经很远了，大学时便摘去了半月板的膝盖更加伤痕累累，使得他不再像从前那样来去如风、突击如电。他失去了赖以成名的速度和爆发力，不再是那个风驰电掣的"闪电侠"，但热火依旧无比信任韦德。

　　2018 年迈阿密热火的季后赛对手，是天赋炸裂的"费城青年军"。2018 年 4 月 15 日，季后赛首轮第二场，韦德替补出场，第二节单节砍下 15 分，带领球队压制 76 人，最终热火以 113 比 103 战胜 76 人，取得季后赛首胜，两队 1 比 1 战平。

　　此役韦德 16 投 11 中，只用了 25 分钟就砍下 28 分，决胜时刻更是弹不虚发四投全中。在他的嗜血刺杀下，热火拿下了系列赛唯一一场胜利。在其他场次，只要韦德一哑火，热火就全面处于下风，疲于奔命，最终被 76 人以 4 比 1 淘汰出局。

　　也许就在被淘汰的那一刻，"闪电侠"已经萌生退意……

　　2018 年 9 月 19 日，36 岁的韦德与热火续签了一份 240 万美元的老将合同，这也是他职业生涯的"最后一舞"，因为 2018/2019 赛季结束，他要告别 NBA 赛场。

　　2018 年 12 月 11 日，斯台普斯球馆，詹姆斯和韦德 NBA 的最后一战，此前他们 30 次交手打成 15 比 15，平分秋色。最终湖人以 108 比 105 险胜热火，詹姆斯砍下 28 分、11 次助攻，韦德砍下 15 分、10 次助攻，此时胜负早已不再重要。

　　赛后詹姆斯与韦德兄弟相拥，并交换球衣以作纪念，一时间又唤起回忆。他们携手夺得两座总冠军奖杯，彼此默契，而他们也曾执戈相向，演绎出荡气回肠的巅峰对决。

　　2019 年 2 月 28 日，韦德在星光熠熠的金州勇士头上投中的那记天外飞仙般的三分压哨绝杀球，成为他告别赛季最为炫目、最为耀眼的一道高光。

　　2019 年 3 月 21 日，马刺主场迎战热火，最终因为韦德的关键两分和致命抢断，热火以 110 比 105 险胜马刺，终结马刺九连胜，

　　2019 年 4 月 11 日，韦德"最后一舞"抵达终点，在纽约巴克莱中心球馆，热火客

场挑战篮网。韦德砍下 25 分、11 个篮板和 10 次助攻的豪华三双数据，为自己的谢幕战画上圆满句点。在韦德的职业生涯里，从来不缺少巅峰之上的炽热和闪耀，但同时也穿插着漫长的痛苦和冷寂。论顶峰，他不比同时代的任何人逊色。

作为迈阿密的王者，韦德转身归隐，却留下诸多热火队史纪录。

他保持着热火队史出场时间第一（32915 分钟），总得分第一（21556 分），总助攻数第一（5310 次）以及总抢断数第一（1492 次）。此外韦德率热火 12 次挺进季后赛，并豪取过 27 连胜，5 次杀入总决赛，3 次问鼎总冠军。

韦德是继乔丹、科比之后，历史前三的得分后卫。作为三冠王与总决赛 MVP，闪电已在 NBA 划过 16 个年头，最后一舞，他依旧气象万千、笑看风云。

韦德的伟大也改变了固执的帕特·莱利："我这辈子最大的错误就是在詹姆斯离开之后没有给韦德顶薪，如果当时给了顶薪，他绝对不会离开，会留到最后一刻。"

这就是我们心中永远的"闪电侠"。当他别离之际，一定会昂首离去，NBA 那道划破长空的闪电必将永存。再见了，德怀恩·韦德。

生涯高光闪回 /This is my house

高光之耀：双加时，独砍 48 分，在乔丹曾经纵横的地面上，在自己的家乡，纵贯全场，命中超远绝杀球。之后韦德跳上技术台，并留下那句 "This is my house"。

2009 年 3 月 10 日，芝加哥联合中心，热火与公牛鏖战两个加时赛！第四节还剩 11 秒，韦德命中一记三分球将比赛拖入加时。而在第二个加时还剩最后 3 秒时，热火与公牛战成 127 比 127 平，韦德又从萨尔蒙斯手中成功抢断，纵贯全场，骑马射箭命中三分球。

抢断、推进、出手、命中，红灯亮起，皮球直穿篮筐中心，一气呵成！绝杀实现！热火终于艰难地赢下比赛。韦德全场豪取 48 分、12 次助攻、4 次抢断和 3 次盖帽，并用关键绝杀为巅峰之战画上完美的句点。

"威斯布鲁克是联盟
中最像我的球员。"
——科比·布莱恩特

拉塞尔·威斯布鲁克 / Russell Westbrook
出生地：美国加利福尼亚州长滩市
出生日期：1988 年 11 月 12 日
身高：1.91 米 / 体重：91 公斤
效力球队：雷霆、火箭、奇才、湖人
球衣号码：0、4 / 场上位置：控球后卫

● 荣耀
9 届全明星：2011 年—2013 年、2015 年
—2020 年
2 届全明星 MVP：2015 年、2016 年
1 届常规赛 MVP：2016/2017 赛季
2 届得分王：2014/2015 赛季、2016/2017 赛季
3 届助攻王：2017/2018 赛季、2018/2019 赛季、
2020/2021 赛季
2 届最佳阵容一阵：2015/2016 赛季、
2016/2017 赛季
1 届世锦赛冠军：2010 年
1 届奥运冠军：2012 年
NBA 75 大球星

威少

拉塞尔·威斯布鲁克
RUSSELL WESTBROOK

威斯布鲁克开创了一个全能劲爆控卫的新时代，他天赋绝伦、球风彪悍，在攻守两端充满侵略性。他至快、至勇、至刚、至飒，宛如旋风般掠过赛场，豪取三双如探囊取物。他用四个赛季场均三双的壮举，将三双这个"数据明珠"变成寻常之物。

随着时间与伤病的累积，那位侵略如火的 0 号先生虽然淡出视野，但那种死战不休、雄奇澎湃的"大威少"精神却刻下永恒！

1988 年 11 月 12 日，拉塞尔·威斯布鲁克出生于加利福尼亚州的长滩。老威斯布鲁克为了避免儿子误入歧途，决定让他栖身篮球场，因为那里是长滩最安全的地方。

威斯布鲁克加入卢金格高中时只有 1.83 米，当时身材矮小的他直到 18 岁才完成人生第一次扣篮，大部分时间里他只是球队的吉祥物。高三时威斯布鲁克场均贡献 25.1 分、8.7 个篮板，但依然无法进入全美高中生 TOP100 的榜单。

当年杜兰特已经成为高中篮球界的超级明星，在那份榜单中位列第二位，威斯布鲁克却籍籍无名，斯坦福的主教练特伦特·约翰逊当时给他的建议是改练田径。

威斯布鲁克的好友巴尔斯在一场业余比赛中休克猝死，这对威斯布鲁克产生了巨大的影响，自此他在篮球上投入的时间和精力成倍增长，因为他代表着两个人打球。

2006 年，威斯布鲁克进入了加利福尼亚州洛杉矶分校（UCLA），尽管这支球队的后卫线人满为患，但他要完成巴尔斯的理想，带着好兄弟的灵魂在那里打球。

威斯布鲁克在大学期间，每次登场之前都会戴上两个腕带，一个印有巴尔斯的名字简写"KB3"，另一个印着他的座右铭"Why Not"。

2008 年，雷霆出乎意料以第 4 顺位选中威斯布鲁克，面对记者的长枪短炮，他再度吼出了那句经典台词："Why Not？"

作为劲爆型控卫的代言人，威斯布鲁克用更前卫的方式掌控比赛，他的集锦中充斥着攻击篮筐的暴力镜头。对手更忌惮他的切入和突破，而不是传球。2010/2011 赛季，威斯布鲁克场均得到 21.9 分以及 7.7 次罚球，提高了控卫的攻击上限。

雷霆在 2007 年选秀大会上摘下杜兰特，2008 年得到威斯布鲁克，2009 年又将哈登招致麾下。杜兰特、威斯布鲁克、哈登组成日后名动江湖的"雷霆三少"。

杜兰特有无数种得分利器；威斯布鲁克动力澎湃，杀伤性十足；哈登则拥有非凡的大局观和球场视野。三人在球场上一旦形成合力，确实鲜少有人能够匹敌。

2012 年，"雷霆三少"率队先斩小牛，再退湖人，最后击败马刺，连克三支昔日总冠军球队。虽然总决赛惜败热火，无缘总冠军，但却收获了宝贵经验与信心。

2014/2015 赛季，杜兰特陷入伤病阴霾，威斯布鲁克独自率领雷霆征服一切，攻城拔寨之势如摧枯拉朽，对手的防线一次次被他凌厉地撕裂。

2015 年 2 月的全明星赛，威斯布鲁克轰下 41 分，荣膺 MVP。全明星赛后，威斯布鲁克继续保持火爆的攻击力。2015 年 3 月 5 日，刚刚做完颧弓骨折修复手术，威斯布鲁克戴上面具火线复出，砍下 49 分、16 个篮板、10 次助攻，率领雷霆主场击败 76 人。

2014/2015 赛季威斯布鲁克以场均 28.1 分加冕得分王，单赛季总出手数（1471 次）为联盟第一。科比对此不禁叹道："威斯布鲁克是联盟中最像我的球员！"

作为控卫的首要任务是助攻队友，而威斯布鲁克的撒手锏是依靠速度和爆发力去攻击篮筐。人们认为他太过黏球，出手糟糕，更被戏谑为杜兰特的"最佳防守者"。

然而失去才会珍惜，2015 年季后赛威斯布鲁克因伤缺阵，雷霆因此威力大减。

2015/2016 赛季，全联盟最火爆的表现者当属威斯布鲁克。雷霆在常规赛揭幕战以 112 比 106 战胜马刺，威少得到 33 分、10 次助攻。紧接着第二场面对魔术又轻松写意地砍下 48 分、11 个篮板和 8 次助攻。

2016 年全明星赛，威斯布鲁克拿到西部最高的 31 分，卫冕全明星 MVP，成为 1959 年之后首个卫冕全明星 MVP 的球员。

2015/2016 赛季常规赛，威少凭创纪录的 18 次三双冠绝联盟。季后赛雷霆一路杀入西部决赛，并一度把创造常规赛 73 胜神话的勇士逼上绝路。但 3 比 1 之后惨遭逆转，让雷霆大伤元气，当杜兰特远赴他乡，昔日雷霆"双少"只剩威斯布鲁克。

2016/2017 赛季，杜兰特离去之后，威斯布鲁克打出一个光彩夺目的赛季。轰下了单赛季 42 次"三双"，其中包括 3 次 50+ 的"三双"。赛季场均得到 31.6 分、10.7 个篮板、10.4 次助攻，达成赛季场均"三双"的壮举，还打破了奥斯卡·罗伯特森的"三双"纪录。在 2016/2017 赛季之前，人们还将三双视作 NBA 的"珍珠"，和足球场上的"帽

拉塞尔·威斯布鲁克常规赛数据

赛季	球队	篮板	助攻	得分
2008/2009	雷霆	4.9	5.3	15.3
2009/2010	雷霆	4.9	8.0	16.1
2010/2011	雷霆	4.6	8.2	21.9
2011/2012	雷霆	4.6	5.5	23.6
2012/2013	雷霆	5.2	7.4	23.2
2013/2014	雷霆	5.7	6.9	21.8
2014/2015	雷霆	7.3	8.6	28.1
2015/2016	雷霆	7.8	10.4	23.5
2016/2017	雷霆	10.7	10.4	31.6
2017/2018	雷霆	10.1	10.3	25.4
2018/2019	雷霆	11.1	10.7	22.9
2019/2020	火箭	7.9	7.0	27.2
2020/2021	奇才	11.5	11.7	22.2
场均数据		7.4	8.5	23.2

拉塞尔·威斯布鲁克季后赛数据

赛季	球队	篮板	助攻	得分
2009/2010	雷霆	6.0	6.0	20.5
2010/2011	雷霆	5.4	6.4	23.8
2011/2012	雷霆	5.5	5.9	23.1
2012/2013	雷霆	6.5	7.0	24.0
2013/2014	雷霆	7.3	8.1	26.7
2015/2016	雷霆	6.9	11.0	26.0
2016/2017	雷霆	11.6	10.8	37.4
2017/2018	雷霆	12.0	7.5	29.3
2018/2019	雷霆	8.8	10.6	22.8
2019/2020	火箭	7.0	4.6	17.9
2020/2021	奇才	10.4	11.8	19.0
场均数据		7.1	7.9	24.6

子戏法"同等珍贵，经过威斯布鲁克的神迹之后，三双似乎变成寻常之事。

2017 年 6 月 27 日，威斯布鲁克力压群雄，加冕了常规赛 MVP。

2017/2018 赛季，雷霆引进卡梅隆·安东尼和保罗·乔治，与威斯布鲁克凑齐"三巨头"，以其阵容来看，足以撼动金州勇士的统治地位。但随着雷霆 2018 季后赛以 2 比 4 输给爵士，首轮令人大跌眼镜地出局，所有的遐想都只好搁置起来了。

2017/2018 赛季，威斯布鲁克虽然在常规赛依然可以砍下场均三双（场均 25.4 分、10.1 个篮板、10.3 次助攻），成为 NBA 史上唯一能连续两季获得场均三双成绩的球员，但年仅 30 岁的他依旧沿袭着爆发式打法，所谓"刚不可久"，如刀锋一样锐利的威斯布鲁克，离总冠军似乎越来越远。

2018/2019 赛季，安东尼离开，乔治留守雷霆，与威斯布鲁克组成"豪华双枪"，那位雷霆 0 号先生依旧侵略如火、攻掠似风。2018 年 12 月 6 日，雷霆以 114 比 112 险胜篮网，威斯布鲁克砍下 21 分、15 个篮板、17 次助攻，生涯第 108 次砍下三双，超越基德（107 次），仅排在"魔术师"约翰逊之后，名列 NBA 历史三双榜的第二位。

2018/2019 赛季，威斯布鲁克将三双提升到新高度，他连续 11 场得到三双之后，又在 2019 年 4 月 3 日，爆砍 20 分、20 个篮板、21 次助攻的"3×20"大三双。

2018/2019 赛季，威斯布鲁克场均得到 22.9 分、11.1 个篮板、10.7 次助攻，篮板与助攻均创下生涯新高，连续 3 个赛季场均三双成就达成，成为 NBA 历史第一人。

2019 年季后赛首轮，利拉德的超远压哨绝杀送雷霆回家，也拆散了威斯布鲁克和乔治这对"苦命"的组合。2019 年 7 月 17 日，威斯布鲁克离开了效力 11 年之久的雷霆，加盟火箭，联手哈登，昔日"雷霆三少"的二哥与三弟，在休斯敦再次相聚。

2019/2020 赛季，威斯布鲁克在火箭首秀就砍下 24 分、16 个篮板、7 次助攻。进入 2020 年 1 月份，威斯布鲁克在 18 场比赛中 15 次拿到 30+。2 月 7 日，火箭对阵湖人，威斯布鲁克砍下 41 分，生涯总得分突破 20000 分，成为 2008 届的首位两万分先生。

威斯布鲁克状态火爆，但临近季后赛之际，他的股四头肌受伤，季后赛仓促复出后状态不佳，导致火箭以 1 比 4 倒在湖人的脚下。兵败之后，二哥与三弟各自离散。

2020 年 12 月 3 日，威斯布鲁克加盟奇才。2021 年 1 月 15 日，哈登加盟篮网，三弟与大哥在布鲁克林相会。昔日"雷霆三少"全部来到东部，令人不禁感叹命运的奇妙。

2021 年 2 月 1 日，篮网对阵奇才，三弟哈登没有出战，二弟威斯布鲁克面对昔日的大哥杜兰特，砍下 41 分，并命中逆转乾坤的三分球，率领奇才逆转篮网。杜兰特得到 37 分，篮网豪取 146 分，但他们"大意失荆州"。最后 7.6 秒篮网领先 2 分并拥有发球权，却鬼使神差地抢发底线球，遭到马修斯抢断并助攻威斯布鲁克，后者命中制胜三分球。

刘备曾说"我二弟天下无敌"，如今在 NBA 得以奇妙印证。

2021 年 5 月 11 日，奇才对阵老鹰，威斯布鲁克斩获职业生涯第 182 次三双，超越"大

O"奥斯卡·罗伯特森，成为 NBA 历史三双王。2020/2021 赛季，威斯布鲁克场均 22.2 分、11.5 个篮板、11.7 次助攻，生涯第 4 次得到赛季场均三双数据。在威斯布鲁克和比尔的带领下，奇才强势逆袭杀入附加赛，并最终抢到东部最后一张季后赛门票。

奇才在季后赛面对强大的 76 人，实力相差悬殊。威斯布鲁克在第四场砍下 19 分、21 个篮板、14 次助攻，率领奇才取得唯一一场胜利，避免被 76 人横扫的尴尬结局。

2021 年休赛期，威斯布鲁克回到家乡洛杉矶，与詹姆斯、戴维斯组成"湖人三巨头"。对此威少霸气宣布："我迫不及待地要拿到第一枚总冠军戒指了。"

威斯布鲁克固然勇猛依旧，得三双如探囊取物，但他作为统帅，还缺少变化与调度；作为主攻手，还缺少精准与稳定。他喜欢直冲禁区，但随着年龄与伤病的增加，他逐渐失去凌厉与霸道。在詹姆斯与"浓眉"的身边，一向以打法彪悍、球风劲爆而著称的威斯布鲁克将以何种方式存在，这将是一个有趣的问题。

随着时间的流逝，逐渐成熟的威斯布鲁克，如果不再贪恋盲目出手以及全面的数据，那么他将是一位出色的将佐之才，但如果是那样，他还是我们熟悉的威少吗？

人间万物的开端往往都充满着奇妙的悖论，但往往最后都能和谐共生……

生涯高光闪回／三双封神

高光之耀： 2016/2017 赛季威斯布鲁克场均得到 31.6 分、10.7 个篮板、10.4 次助攻，成为继"大 O"奥斯卡·罗伯特森后第二位赛季场均得到三双的球员。威少在该赛季一共 42 次三双，也超越"大 O"（41 次）创造 NBA 单赛季三双最多的新纪录，包含 3 次 50+ 三双。

2017 年 4 月 10 日，最后 2.9 秒，雷霆落后 1 分，此后皮球划过彩虹般的弧线坠入网窝，威斯布鲁克用一记超远三分球绝杀掘金，为这个伟大赛季画上完美的句点。

如果托马斯能够再长高10厘米，他比乔丹更优秀。

伊赛亚·托马斯常规赛数据

赛季	球队	篮板	助攻	得分
1981/1982	活塞	2.9	7.8	17.0
1982/1983	活塞	4.0	7.8	22.9
1983/1984	活塞	4.0	11.1	21.3
1984/1985	活塞	4.5	13.9	21.2
1985/1986	活塞	3.6	10.8	20.9
1986/1987	活塞	3.9	10.0	20.6
1987/1988	活塞	3.4	8.4	19.5
1988/1989	活塞	3.4	8.3	18.2
1989/1990	活塞	3.8	9.4	18.4
1990/1991	活塞	3.3	9.3	16.2
1991/1992	活塞	3.2	7.2	18.5
1992/1993	活塞	2.9	8.5	17.6
1993/1994	活塞	2.7	6.9	14.8
场均数据		3.6	9.3	19.2

伊赛亚·托马斯季后赛数据

赛季	球队	篮板	助攻	得分
1983/1984	活塞	3.8	11.0	21.4
1984/1985	活塞	5.2	11.2	24.3
1985/1986	活塞	5.5	12.0	26.5
1986/1987	活塞	4.5	8.7	24.1
1987/1988	活塞	4.7	8.7	21.9
1988/1989	活塞	4.3	8.3	18.2
1989/1990	活塞	5.5	8.2	20.5
1990/1991	活塞	4.2	8.5	13.5
1991/1992	活塞	5.2	7.4	14.0
场均数据		4.7	8.9	20.4

● 档案

伊赛亚·托马斯 / Isiah Thomas
出生地：美国伊利诺伊州芝加哥
出生日期：1961 年 4 月 30 日
身高：1.85 米 / 体重：84 公斤
效力球队：活塞 / 球衣号码：11
场上位置：控球后卫

● 荣耀

2 届总冠军：1989 年、1990 年
1 届总决赛 MVP：1990 年
2 届全明星 MVP：1984 年、1986 年
12 届全明星：1982 年—1993 年
1 届助攻王：1984/1985 赛季
篮球名人堂：2000 年
NBA 75 大球星

微笑刺客

伊塞亚·托马斯

ISIAH THOMAS

在 20 世纪 80 年代，伊塞亚·托马斯是唯一能与"魔术师"相提并论的控卫，这位身高 1.85 米的小个子之所以成为伟大的球员，不仅是因为有坚忍不拔的意志，还拥有随心所欲接管比赛的技术。

他的微笑能融化冰雪，而他的杀气令人噤若寒蝉。

但他露出迷人的笑容，令对手放松戒备，只能引颈就戮，等待他的致命一击，因为他是一名微笑的"刺客"。

他是乔丹痛恨一生的对手，有资格与飞人分庭抗礼的人绝非是等闲之辈。

场上的托马斯如同一个永不停歇的陀螺，他在得分、助攻、抢断上至今名列活塞榜首。他微笑着扼杀敌人的咽喉，然后潇洒地拂袖而去。刺客那眼花缭乱的娴熟运球技术，那出其不意的各种投篮姿势，那杂技般的切入和闪电般的速度让球迷十分欣赏。

托马斯被誉为 NBA 历史上控球技术最精湛的人，他球风硬朗，越到关键时刻越来劲儿，他是活塞在场上说一不二的领军人物。在 1989 年和 1990 年，活塞在托马斯的带领下实现了两连冠，并 3 次挡住乔丹公牛的夺冠之路。

在伊赛亚·托马斯还不是"刺客"的时候，他就已经有了那标志性的微笑。

他的家在芝加哥最危险的西部地区，那里充斥着犯罪、暴力和毒品。他家里有 9 个孩子，他是最小的一个。芝加哥的风永不止息，在风里长大的伊赛亚·托马斯如岩石般坚强，如猎鹰般好战——这似乎是芝加哥系后卫的通用基因：后来的德文·韦德、德里克·罗斯，一个个突袭如电，杀人如麻，顺带还能掌控全局，每场送出 8 次助攻。

托马斯率领高中球队打进伊利诺伊州冠军决赛后开始引人注目，马奎特大学将他收入门下。大学第二年，托马斯率领马奎特成为 NCAA 冠军。大学时代的梦想提前成真，为了庞大却贫寒的家庭，托马斯决定进军 NBA。

1981 年的 NBA 选秀大会，托马斯在首轮第 2 顺位被底特律活塞选中。这支老牌球队此时正处在水深火热之中，上一个赛季只拿到 17 胜 65 负的战绩。

托马斯在新秀赛季，场均就得到 17 分、7 次助攻，合计还有 150 个抢断，活塞比上一个赛季多赢了 18 场。刺客诡谲精湛的身手被联盟瞩目，就此开始了连续 12 年的全明星之旅。托马斯迅速成名立万，但活塞的复兴之路依旧漫长。

此时的王座被"魔术师"和"大鸟"轮流占据，"紫金""绿衫"牢牢地统治着各自的分区。刚刚回到季后赛的活塞则输给尼克斯、雄鹿、老鹰，在艰苦的通关之路上，他们还未遇到终极 BOSS 就已经血尽而亡，然后从头再来。

而这段时间恰恰是托马斯的个人鼎盛时期，他连续三年入选最佳阵容一队，连续四年实现得分助攻 20+10 的超级控卫数据。他从"魔术师"手中抢下一届助攻王，在全明星赛上三年里两次成为 MVP，并导演了 1984 年那次全明星史上最传奇的逆转，顺便一提的是，那载入史册的最后 2 分钟逆转 16 分。

1987 年，活塞终于在东区决赛挑战凯尔特人。"天王山之战"最后 2 秒，拥有球权的活塞领先 2 分，几乎胜券在握，但托马斯的边线发球被伯德抢断，在未卜先知的截击之后，伯德发现了跟进的亨德森，于是一记妙传助攻后者上篮打平比分——这太神奇了，NBA 史上最伟大的抢断加绝平就此诞生了。最终波士顿抢七淘汰活塞，去总决赛再战湖人。然而波士顿终于在 1988 年经过六场鏖战之后败给活塞，伯德搂住托马斯说："请替我们干掉湖人。"

1988 年总决赛，面对好友"魔术师"，托马斯毫不手软。湖人在前三场以 2 比 1 领先，活塞在主场连胜两局，然后是悲壮的第六场。上半场湖人顺风顺水，第三节前 7 分钟，托马斯便 8 投 6 中席卷了 14 分，但之后他在一次快速反击中崴伤了脚。

湖人逐渐掌握胜势，以 74 比 66 领先。托马斯一瘸一拐地坚持比赛，在受伤之后的三分半钟时间里，他 5 投 5 中连得 11 分，成就了带伤单节 25 分的总决赛壮举，凭借他的强悍发挥，活塞以 81 比 79 迅速反超比分。

第四节最后 1 分钟，托马斯一记跳投得到个人第 43 分，助活塞以 100 比 99 重夺领先，随后杜马斯突击篮下造成犯规，两罚全中，102 比 99。解说员激动了："距离戴利老爹的第一个总冠军只剩下 40 秒！"但拜伦·斯科特 4.2 米外射中，然后贾巴尔面对兰比尔使出了"天勾"，那球没进，兰比尔被判犯规，贾巴尔两罚全中，湖人在悬崖边上逃过一劫。刺客在第七场无力再战，大场面先生詹姆斯·沃西大爆发，豪取 36 分、16 个篮板、10 次助攻，湖人成功卫冕。

当洛杉矶在为 20 年中的唯一蝉联总冠军而满城狂欢时，托马斯从湖人的更衣室顺走一瓶香槟，并留下了男人的约定："我们明年一定是冠军！"

1989 年总决赛，湖人活塞再度相逢。此前湖人 11 战全胜，但此刻突然好运用尽，斯科特、"魔术师"先后受伤，詹姆斯·沃西六犯离场，活塞的复仇波澜不惊，直落四局击灭湖人，就此结束了湖人与凯尔特人轮番统治的时代。

1990 年，面对西部的新贵开拓者，托马斯场均得到 27 分、7 次助攻，活塞以 4 比 1 轻取总冠军，值得一提的是，托马斯在第一场再度上演总决赛单节 20+ 的表演。

活塞也实现了蝉联总冠军！他们先后灭掉波士顿和洛杉矶两大豪门，托马斯、兰比尔、罗德曼、萨利、维尼·约翰逊、杜马斯，他们以粗野彪悍的球风让一个时代遍体鳞伤，他们将 80 年代的圆月清风打进了故纸堆，成为天下厌之惧之的"坏孩子军团"。

活塞不但掀翻了统治者，也镇压着崛起者。迈克尔·乔丹天下无双，德雷克斯勒惊才绝艳，号称东西部两大飞人。但活塞连续三年禁锢着即将鹏抟九霄的乔丹，并在总决赛击败了德雷克斯勒。底特律的丰功伟业，至此达于巅峰。

1991 年，托马斯开始在伤病中老去，新老交替的兴衰戏码再度上演，迈克尔·乔丹在东部决赛横扫活塞，伊赛亚·托马斯则将他对公牛和乔丹的仇恨保留到了最后，他和队友们提前离场，留给即将君临天下的飞人一个永不屈服的背影。他自己也知道，已经快到结束的时候了。1994 年 5 月 11 日，活塞的又一个赛季结束了，托马斯的小腿、足弓、膝盖满是伤病，又新添了跟腱撕裂，于是他的职业生涯也就此终结。

第一代"坏孩子军团"就此风吹云散，但在底特律体育史上，他们永远留了名号。时至今日，他们仍是被"汽车城"疯狂崇拜的英雄，其中最受欢迎的，当然是那位永远微笑着的"刺客"。他的杀气、他的斗志、他音乐般流畅的控球、他神鬼莫测的投篮，都将和他的微笑一起，被 NBA 历史永远封存。

生涯高光闪回 / "刺客"独行

高光之耀：这个永远一脸微笑，长着一张娃娃脸的"微笑刺客"是多么的可怕。一道蹒跚踉跄的黑影，在洛杉矶大西部论坛球馆驰骋，让湖人防线形同虚设。那年跛腿驰骋，单节力砍 25 分的纪录，成为永不褪色的亮点。

1988 年总决赛第 6 场，活塞的经典战役之一，但主角只有一个——"微笑刺客"伊塞亚·托马斯。第六战之前，活塞以总比分 3 比 2 领先湖人，第六场，他们只要战胜对手就将捧起队史第一座冠军奖杯。所以托马斯从一开始就全力以赴，即便是在第三节右脚踝严重扭伤后。最终，他全场拿下了 43 分，其中第三节拖着一条伤腿砍下 25 分，创造了总决赛史上单节最高得分。不过遗憾的是，活塞最终以 102 比 103 憾负湖人。

"我保证为你做一个
史上最大的雕像，就
放在球馆的门口。"
——马克·库班

● 档案

德克·诺维茨基 / Dirk Nowitzki
国籍：德国
出生地：维尔茨堡
出生日期：1978 年 6 月 19 日
身高：2.13 米 / 体重：108 公斤
效力球队：小牛 / 球衣号码：41
场上位置：大前锋

● 荣耀

1 届总冠军：2011 年
1 届总决赛 MVP：2011 年
1 届常规赛 MVP：2006/2007 赛季
14 届全明星：2002 年—2012 年、2014 年—
2015 年、2019 年
1 届世锦赛冠军 &MVP：2002 年
1 届欧锦赛冠军 &MVP：2005 年
NBA 75 大球星

J
♠

德国战车

德克·诺维茨基

DIRK NOWITZKI

> 诺维茨基秉承着德国人的稳定、高效、精准、严谨，如一辆轰鸣向前的钢铁战车无法阻挡，此外他又手感柔和、射术精湛，以其独特的"金鸡独立"投篮与优美的投篮弧线在 NBA 赛场独树一帜。
>
> 他单核率队力压三巨头的热火夺冠，他还是常规赛 & 总决赛双料 MVP、唯一一位 30000 分外籍先生，"诺天王"四海名扬。
>
> 此外他 21 年坚守达拉斯，做到一生一队，忠魂刻骨，青史留名。

1978 年 6 月 19 日，德克·诺维茨基生于德国维尔茨堡的一个运动世家，父亲是手球运动员，诺维茨基从小总是被老爸拉到手球场。随着小诺维次基个子不断飙高，他慢慢对篮球产生了兴趣。父亲也不再强求诺维茨基玩手球。

诺维茨基对篮球上手很快，遗传的优秀基因、天生的运动底子，以及打手球的经历，都让诺维茨基在德国篮球圈里早早闻名，但德国是一个足球氛围过于浓烈的国度。

千里马常有，伯乐不常有，但诺维茨基是幸运的，他遇到了一个伯乐霍尔格·格希维德纳，一位前德国男篮球员。格希维德纳把刚刚 15 岁的诺维斯基纳入了 DJK 球队。在观看了 DJK 一场比赛之后，时任德国国家队教练的迪尔克·鲍尔曼对全场砍下 24 分的诺维茨基赞不绝口。他说："诺维茨基是德国未来十年最优秀的篮球人才！"

1997 年，诺维茨基被邀请参加一场名为"Hoop Heroes Tour"的表演赛，同场竞技的为 NBA 全明星队。初生牛犊不怕虎，诺维茨基竟然在表演赛里颜扣了巴克利。

如果说这只是一个垫场赛，那么真正让德克一举成名的是 1998 年他奔赴圣安东尼奥参加的 NIKE hoop Summit 比赛。他在面对拉沙德·刘易斯时，以 50% 的命中率拿下

33 分、14 个篮板，彻彻底底迷倒了在场的 NBA 球探们。

1998 年 NBA 选秀大会，诺维茨基在首轮第 9 顺位被密尔沃基雄鹿选中，之后立刻被交换到小牛。在达拉斯，诺维茨基开始了 NBA 的逐梦之旅。

新秀赛季，他交出了场均 8.2 分、3.4 个篮板以及 8 次两双的成绩单。

小牛主教练唐·尼尔森观察到诺维茨基是一个颇有潜质的小伙子，但在新秀赛季里诺维茨基表现得不尽如人意，赛季结束后，诺维茨基回到德国刻苦训练。

1999/2000 赛季，夏季苦练后的诺维茨基出任小牛先发球员，场均得到 17.5 分、6.5 个篮板和 2.5 次助攻，展现出巨星潜质，并进入最佳阵容三队。

在诺维茨基的第三个赛季，他打出了全明星的表现，场均得到 21.8 分、9.2 个篮板。对小牛来说，2000/2001 赛季是一个突飞猛进的赛季，他们重返季后赛，并且在第一轮淘汰爵士挺进次轮。诺维茨基在季后赛里场均 23.4 分，在与马刺的最后一场比赛中，更是疯狂轰下了 42 分、18 个篮板。

在 2002 年的季后赛首轮，诺维茨基场均砍下 33.3 分、15.7 个篮板，横扫了当时拥有加内特的森林狼，在这之后，疯狂的"科学家"老尼尔森说道："我还记得当我们选中诺维茨基的时候，加内特还是大前锋的标准，我们知道德克会成为一个和'KG'很不一样的球员。加内特的运动天赋太好了，但当我们看到诺维茨基能在比赛中打出这样的成绩时，就明白小牛拥有一名非常特别的球员。"

在诺维茨基的职业生涯初期，他是小牛"三巨头"（纳什以及芬利）的一员。但是，小牛在 2004 年让纳什加盟太阳，并且在 2005 年特赦了芬利后，诺维茨基挺身而出。

2006 年西部半决赛，经典的"牛马大战"。哈里斯和帕克闪电对击，神光竞走，快到风驰电掣，令观众头晕目眩。诺维茨基则从容地展示着精湛的面筐技艺：晃动，瞄准，迈开长腿强行突破，然后用 90% 的罚球命中率令对手欲哭无泪。

第七场的最后时刻，诺维茨基在吉诺比利不痛不痒的犯规之后，怒吼着将球砸进篮筐，并加罚命中，把比赛拖入加时赛。加时赛最后时刻，诺维茨基命中一记令马刺绝望的三分球，昂首进入西部决赛，六战之后杀入总决赛。但随后却是 NBA 历史上罕见的剧情：总决赛大比分 2 比 0 领先，但是他们最终败给了韦德、裁判和迈阿密热火。

2006/2007 赛季，诺维茨基场均砍下 24.6 分、8.9 个篮板，率领小牛打出 67 胜 15 负的联盟最佳战绩，加冕了常规赛 MVP。但在季后赛首轮，小牛惨遭勇士"黑八"，被淘汰出局后，开始无限沉寂，诺维茨基也开始了在达拉斯的坚守和煎熬。

之后的那几年间，不论诺维茨基取得什么样的数据，都会被认为是一个欧洲软蛋，无视他多少次带伤上场，无视他季后赛场均 25+10 的表现。他们将他视作一个在总决赛 2 比 0 领先却惨遭翻盘的球队老大，直到诺维茨基赢得了自己的总冠军戒指。

2011 年季后赛，小牛在首轮送给开拓者一个 4 比 2。西部半决赛小牛又以 4 比 0 爆

德克·诺维茨基常规赛数据

赛季	球队	篮板	助攻	得分
1998/1999	小牛	3.4	1.0	8.2
1999/2000	小牛	6.5	2.5	17.5
2000/2001	小牛	9.2	2.1	21.8
2001/2002	小牛	9.9	2.4	23.4
2002/2003	小牛	9.9	3.0	25.1
2003/2004	小牛	8.7	2.7	21.8
2004/2005	小牛	9.7	3.1	26.1
2005/2006	小牛	9.0	2.8	26.6
2006/2007	小牛	8.9	3.4	24.6
2007/2008	小牛	8.6	3.5	23.6
2008/2009	小牛	8.4	2.4	25.9
2009/2010	小牛	7.7	2.7	25.0
2010/2011	小牛	7.0	2.6	23.0
2011/2012	小牛	6.7	2.2	21.6
2012/2013	小牛	6.8	2.5	17.3
2013/2014	小牛	6.2	2.7	21.7
2014/2015	小牛	5.9	1.9	17.3
2015/2016	小牛	6.5	1.8	18.3
2016/2017	小牛	6.5	1.5	14.2
2017/2018	独行侠	5.7	1.6	12.0
2018/2019	独行侠	3.1	0.7	7.3
场均数据		7.5	2.4	20.7

冷击败上届冠军湖人，西部决赛对阵雷霆，诺维茨基第一场砍下 48 分，第四场又得到 40 分，率领小牛完成 15 分大逆转，最终以 4 比 1 击败天赋无限的雷霆。

2011 年总决赛，面对"三巨头"领衔的热火。第一场热火击溃小牛，第二场最后 6 分钟小牛落后 15 分——然后诺维茨基开始攻击，最后一记三分追魂，一记左手上篮绝杀，率领小牛完成逆转。第四场，诺维茨基又是用一记上篮得分，敲定局面。

六场总决赛战罢，小牛以 4 比 2 爆冷击败热火，夺得总冠军。

六场第四节，诺维茨基合计得到 66 分，超越乔丹成为总决赛史上最强第四节先生，于是所有人都闭嘴了。这一年的诺维茨基正式封神，彻底摘下"软蛋"帽子。

2011 年夏天，小牛在停摆中拆散了冠军阵容，随即在 2012 年首轮被横扫出局。诺维茨基不再是以前那个主宰比赛的"诺天王"，小牛的比赛也因此起伏不定。

接下来的几个赛季，诺维茨基率领小牛偶有惊喜，甚至在 2014 季后赛的"牛马大战"中，短暂效力达拉斯小牛的卡特，还扔进时光轮回般的底线三分绝杀，但"诺天王"还是与这支球队在岁月流逝中一同老去。

2016 年夏天，小牛两年 5000 万美元续约诺维茨基。作为老板，库班为这位征战 19 年的功勋核心提供了一份诚意满满的薪水，而诺维茨基还想着为球队奉献全部的余热。

2017 年 3 月 8 日，诺维茨基面对比自己小了 14 岁的拉里·南斯，用标志性的"金鸡独立"拿到职业生涯的第 30000 分。他成为 NBA 历史上第六位 30000 分先生，也是唯一一位拿到 30000 分的国际球员。

NBA 历史上，终生效力一队且总得分破 3 万的球员只有两个，年轻的科比已于 2016 年夏天挥手告别，带着谢幕战 60 分的非凡表演，永远将传奇写进了历史。而年长的诺维茨基仍在战斗，像他过去 20 年来所做的那样：腰位拿球，背身单打，金鸡独立，周而复始。

2018 年 1 月 4 日，达拉斯小牛更名为达拉斯独行侠。而此前已效力小牛长达 20 年之久的诺维茨基也成为达拉斯的建队元勋。2018 年 6 月，独行侠将超级新秀卢卡·东契奇招至麾下。诺维茨基也欣慰地看到达拉斯终于有了自己的接班人。

2018 年 7 月，诺维茨基以一年 500 万美元的合同续约独行侠，这位老天王将为达拉斯再效力一个赛季，2018/2019 赛季也成为他的告别季。

2019 年 4 月 10 日，独行侠迎来本赛季的最后一个主场比赛，这也是诺维茨基 NBA 生涯的最后一个主场比赛。在无比熟悉的达拉斯的美航中心球馆，诺维茨基似乎再回巅峰，砍下个人赛季新高的 30 分，率领独行侠以 120 比 109 击败太阳。赛后，当诺维茨基哽咽着说出"这是我的最后一个主场比赛"时，整个美航中心球馆的球迷都为之动容。

身披 41 号，征战 21 年，一生一队，2011 年率领小牛夺冠，年近 41 岁的"诺天王"为达拉斯奉献一切。他 14 次入选全明星，夺得 1 次总决赛 MVP& 常规赛 MVP，职业生

德克·诺维茨基季后赛数据			
赛季	球队	篮板	助攻	得分
2000/2001	小牛	8.1	1.4	23.4
2001/2002	小牛	13.1	2.3	28.4
2002/2003	小牛	11.5	2.2	25.3
2003/2004	小牛	11.8	1.4	26.6
2004/2005	小牛	10.1	3.3	23.7
2005/2006	小牛	11.7	2.9	27.0
2006/2007	小牛	11.3	2.1	19.7
2007/2008	小牛	12.0	4.0	26.8
2008/2009	小牛	10.1	3.1	26.8
2009/2010	小牛	8.2	3.0	26.7
2010/2011	小牛	8.1	2.5	27.7
2011/2012	小牛	6.3	1.8	26.8
2013/2014	小牛	8.0	1.6	19.1
2014/2015	小牛	10.4	2.4	21.2
2015/2016	小牛	4.8	1.6	20.4
场均数据		10.0	2.5	25.3

涯共得到 31560 分，排名 NBA 总得分榜第 6 位。

至此，丰碑已筑，当"诺天王"转身离去，关于他的一切已成传奇。看到相伴 21 年的爱将退役，老板库班眼含热泪地发表了一番情真意切的演讲，言语中更多的是感谢。遇到诺维茨基，是库班的幸运，而遇到库班，更是诺维茨基的幸运！

"遇知己之主，言必行，计必从，祸福共之。"如果遇到明主，可谓人生一件幸事，诺维茨基只一生效力达拉斯，写就忠诚神话。而库班就是那个神话的策划人。

生涯高光闪回／战车前行

高光之耀：2011 年之前，没有证明自己的诺维茨基饱受诟病，但在 2011 年总决赛，诺维茨基达到"遇神杀神"的巅峰境界，率领小牛击败热火，不仅报了 2006 年总决赛的一箭之仇，还险些让迈阿密"三巨头"沦为笑柄。

2011 年总决赛首战，诺维茨基左手手指韧带撕裂，但他未受伤病影响，反而发挥愈发稳定。2011 年 6 月 3 日，小牛与热火总决赛的第二战，诺维茨基在最后时刻带领小牛打出 20 比 2 的攻击波，以 95 比 93 逆转取胜。决战时刻最后 28 秒，"诺天王"先是在顶弧命中三分球将比分扳平，而后在比赛还剩 3.6 秒结束时，突破波什后面对哈斯勒姆上篮绝杀得手，锁定胜局。

"我叫 T-mac，这不仅仅是一个名字，我希望有朝一日能成为 NBA 的一段传奇。"
——特雷西·麦格雷迪

● 档案
特雷西·麦格雷迪 /Tracy McGrady
出生地：美国佛罗里达州巴托
出生日期：1979 年 5 月 24 日
身高：2.03 米 / 体重 101 公斤
效力球队：猛龙、魔术、火箭、尼克斯、活塞、老鹰、马刺
球衣号码：1、3
场上位置：得分后卫

● 荣耀
7 届全明星：2001 年—2007 年
2 届得分王：2002/2003 赛季、2003/2004 赛季
进步最快球员：2000/2001 赛季
篮球名人堂：2017 年

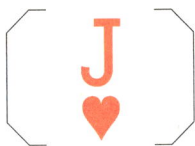

T–MAC

特雷西·麦格雷迪

TRACY MCGRADY

　　麦迪有着傲视同侪的盖世才华，但高处不胜寒，俯瞰众生的他倍感孤独。在魔术，孤独是 T–MAC 成就梦想的原动力；在火箭，拐角处，麦迪用深邃迷离的双眼，静观着波诡云谲的现实。麦迪的惊才绝艳没有带来与之匹配的荣耀，华丽过后，落寞成殇，15 年跌宕起伏的 NBA 岁月，在他转身离去的一刻，却发现一切皆成传奇。

　　21 世纪 00 年代，新生代锋卫摇摆人最愿意模仿的不是科比，而是麦迪！

　　身高臂长、灵动飘逸、无与伦比的启动速度、卓然不群的创造力，麦迪拥有傲人的天赋，巅峰时期他的得分如同性能优良的冲锋枪，可以在一串音色清脆的扫射后，伴随着记分牌上的数字欢快地跳动，同时还有对手那瑟瑟发抖的神情。

　　麦迪就像上帝的杰作般为篮球而生，然而，上帝又嫉妒自己的作品如此完美，邪恶地埋下阿喀琉斯之踵。伤病成了麦迪唯一的羁绊、生涯挥之不去的梦魇。

　　即便在职业生涯的最后时刻，他丢掉了所有的爆发力、速度和灵巧，但是总有那么一瞬间，他的洞察力，他行云流水的协调，他骨子里闲庭信步的随意和从容，会让大家忽然发现，那个穿黑白球衣、懒洋洋、睡眼惺忪的胖子是从前的麦迪。

　　1996 年阿迪达斯训练营，麦迪只是个瘦削青涩的毛头小子高中生，名不见经传，默默无闻。当时的训练营中，有着被称为未来之星的天才少年拉马尔·奥多姆和詹姆斯·费尔顿。那时候的麦迪是个无所顾忌的愣头青，一次防守反击中，麦迪抢下篮球单人快下，费尔顿回防准备封盖，麦迪特意等了费尔顿一下，然后几个大步跨进罚球线高高跃起，在费尔顿头上重重地用左手将球扣进，力道之狠几乎要把地板砸穿。全场一片死寂，场上的球员都惊呆了，费尔顿无奈地摇了摇头，努力让自己看上去不像一个受害者，但是伤害已经造成了。奥多姆说道："那是我生命中最美妙的篮球回忆之一。"

追忆 2000 年那一次已经成为绝唱的扣篮大赛，人们也许只记得卡特那一连串如梦如幻的表演，360 度大风车、挂臂扣篮、接表弟麦迪传球胯下扣篮，却难以想起瘦削的麦迪 99 分进决赛，那一记转身双手大风车，几乎让时间静止，像极了巅峰时期的"人类电影精华"。观众席的奥尼尔张大了嘴巴，凯文·加内特躺倒在座位上，瞪大眼睛摇着头。

在猛龙的岁月，麦迪静静地藏在表哥卡特的光环之下，他有着更好的防守、更好的组织传球、惊人的弹速、超长的臂展、迅猛的第一步、与生俱来的嗅觉和协调性。在皮蓬之后，在詹姆斯之前，他就是天生的侧翼小前锋。

他在猛龙的时候，大家都觉得他会变成卡特大人的皮蓬爵士，因为他出众的身体素质和强悍的防守。在猛龙的最后一年，他场均 15.4 分、6.3 个篮板、1.9 次盖帽。

然而麦迪转会到了奥兰多魔术的 4 年，却完全换了一个人，打出了惊人数据：场均 26.8 分、7.5 个篮板、4.6 次助攻；场均 25.6 分、7.9 个篮板、5.3 次助攻；场均 32.1 分、6.5 个篮板、5.5 次助攻；场均 28 分、6 个篮板、5.5 次助攻。

那个时候，麦迪蝉联两届得分王，他身体轻盈，步履迅捷，充满着无限的斗志和能量，除了后期的腰伤，他是一个无懈可击的完美运动员。他一对一单防的时候，令所有人头疼，出色的身高、臂展和弹速令得分手们出手艰难，时刻防备他轻而易举的盖帽和抢断。

那时候他灵气四溢，那些看起来疯狂的事情，他居然能信手拈来随心所欲地完成。我们常常感觉，那些匪夷所思的一步突破、篮板后大拉杆、雷霆万钧的劈扣、大幅 CROSSOVER（急速变向过人）后举重若轻的干拔跳投，似乎不是来自训练，而是他随随便便的灵感突发，赏赐给我们的只鳞片爪，"文章本天成，妙手偶得之"，古人诚不欺我！

2001 年入选全明星，他对科比如影随形地封锁，封盖了飞侠的后仰跳投。2002 年全明星第二节，他一个人全场运球杀向篮筐，面前挡着青春的德克·诺维茨基和史蒂夫·纳什，他像挥毫泼墨一样把皮球从纳什和德克中间抛起，身体如一缕清风一般腾起到空中，打板自抛自扣，这被 NBA 官网誉为"全明星历史上最精彩的扣篮之一"，而他依旧一副事了拂衣去的神情。2004 年，他又穿上了一红一蓝颜色不同的球鞋。

2004 年麦迪驾临火箭时，姚明 24 岁，麦迪 25 岁，一个是联盟状元中锋，一个是联盟连庄得分王，两人联手第一年就帮助火箭获得 51 场胜利，上一回获此佳绩还要追溯到奥拉朱旺时代。35 秒 13 分的旷世之杀成功暖场后，麦迪将神奇演绎到极致！

骑扣布拉德利的豪迈和绝杀小牛的凛冽让麦迪登上了生涯的巅峰，然而这竟是转角。麦迪的天赋过于出色，以至于对训练并不热衷，这令他极少如乔丹、科比、詹姆斯一样，经历一些残暴自虐式夏天。

特雷西·麦格雷迪常规赛数据

赛季	球队	篮板	助攻	得分
1997/1998	猛龙	4.2	1.5	7.0
1998/1999	猛龙	5.7	2.3	9.3
1999/2000	猛龙	6.3	3.3	15.4
2000/2001	魔术	7.5	4.6	26.8
2001/2002	魔术	7.9	5.3	25.6
2002/2003	魔术	6.5	5.5	32.1
2003/2004	魔术	6.0	5.5	28.0
2004/2005	火箭	6.2	5.7	25.7
2005/2006	火箭	6.5	4.8	24.4
2006/2007	火箭	5.3	6.5	24.6
2007/2008	火箭	5.1	5.9	21.6
2008/2009	火箭	4.4	5.0	15.6
2009/2010	火箭	0.8	1.0	3.2
2009/2010	尼克斯	3.7	3.9	9.4
2010/2011	活塞	3.5	3.5	8.0
2011/2012	老鹰	3.0	2.1	5.3
场均数据		5.6	4.4	19.6

特雷西·麦格雷迪季后赛数据

赛季	球队	篮板	助攻	得分
1999/2000	猛龙	7.0	3.0	16.7
2000/2001	魔术	6.5	8.3	33.8
2001/2002	魔术	6.3	5.5	30.8
2002/2003	魔术	6.7	4.7	31.7
2004/2005	火箭	7.4	6.7	30.7
2006/2007	火箭	5.9	7.3	25.3
2007/2008	火箭	8.2	6.8	27.0
2011/2012	老鹰	2.8	1.0	4.2
2012/2013	马刺	1.3	1.2	0.0
场均数据		5.8	5.0	22.2

　　在火箭的 5 年时光本应是麦迪证明自己的最好机会，休赛期没有系统训练的后果是没有足够的体能和状态来应付接下来的赛季，而且在比赛中频繁地受伤。伤病就这样毁掉了这位天赋异禀的奇才。

　　从 2005 年开始饱受伤病困扰的麦迪状态开始起伏，每次赛季开始，他都会经历这样一段低潮、不稳定的时期。赛季深入，他才会逐渐进入状态，每年进入到春天都会火力全开。然后是季后赛第一轮，其间他偶尔令人惊艳，但是似乎仅此而已。

　　2004 年来到休斯敦后，四季中的三季，麦迪都进入了联盟前三阵容，常规赛 MVP 选票前 8 名。2007 年 1 月姚明缺阵时，他用自己的卷切、分球和跳投，使火箭维持在西部前四之列，单月场均 29 分、7 次助攻；2008 年 2 月，当姚明受伤后，他带领着球队完成了 22 连胜的后 10 场，场均 6.4 次助攻。他是球队的实际组织者，这时你才发现，他的大局观，在联盟摇摆人中同样出类拔萃。

　　第五个赛季，麦迪整整缺阵了 47 场比赛，并不得不在赛季末作壁上观，姚明独自率队杀入了西部半决赛。迄今，麦迪仍在为季后赛第二轮奋斗，他也是当年第一阵容五人组中唯一从未入选最佳防守阵容的球员，常规赛 MVP 票选中，亦从未跻身前三。

　　2010 年初被交易至尼克斯之后，渐渐沦为配角的麦迪在纽约、底特律依然发挥自己的一切作用：不能得分了，他会传球；不能突破了，他能无球切入；他在老鹰的时候，居然能在季后赛中封盖勒布朗，打出关键表现。

　　2013 年麦迪在经历一个 CBA 赛季后，火线加盟马刺，但圣安东尼奥人总决赛的意外败北，让麦迪的命运又多了一重悲怆，他依然能如 16 年前一样柔顺地运球，但脚步看起来拖沓笨重，他的膝盖经历过微创手术，大概是失去了所有的爆发力。

　　2013 年 8 月 27 日，麦迪在做客 ESPN 的《First Talk》节目时，宣布自己的 NBA 生涯正式结束。麦迪退役了，一切是那么的出人意料，却又在情理之中。

　　他轻轻挥一挥手，不带走一片云彩。云淡风轻的初秋，适合离别。

　　麦迪辗转尼克斯、活塞、老鹰那几年，即使是沦为边缘替补，也偶露峥嵘，让我们依稀看到那个神采飞扬的巅峰 T-mac，然后他很快沉寂，甚至没有谢幕的表演。

　　我们也许还在纠结麦迪为何过早宣布退役，让开篇炫美无比的 T-mac 华章没有一个响亮的句点，可如今，一切都不再重要，也无须纠结。

　　因为我们见证过青涩质朴的雏龙少年，见证过睥睨群雄的魔术王子，见证过挥斥方遒的驭箭之帅，见证过仗剑天涯的落拓游侠，以及他那无数精彩绝伦的激情瞬间。

　　英雄迟早会白发，没有不老的战神，但他们留下的记忆之花却永不凋落。那些记忆伴随一代人的少年时光、青春岁月，成为永恒的印迹。

在当代篮球世界里，麦迪的 35 秒 13 分就是奇迹的象征。35 秒的时间，最匪夷所思的微电影，一眼万年。

2004 年 12 月 10 日，火箭在新主场丰田中心迎战马刺。最后时刻火箭落后 10 分，麦迪命中第一记三分球后，还剩 35 秒，分差 7 分。之后麦迪撞着邓肯的手臂命中了第二记三分球，加罚！波波维奇坐不住了，派上鲍文贴防麦迪。

麦迪运球推进，鲍文控制了下盘，但麦迪直入云端，命中第三记三分球！马刺如钢铁般的防御堡垒，在麦迪强大火力的持续攻击下，显得有些摇摇欲坠。

之后马刺的德文·布朗遭到麦迪的抢断，在全场的欢呼声中，麦迪运球直驱前场，在左翼陷入三人合围后，他一飞冲霄汉，在最高点射出了最后一颗子弹，投进最后的一记干拔三分球！火箭最终 81 比 80 成功反超，绝杀马刺！

麦迪在（该赛季总冠军）马刺面前完成了史上最伟大、最不可思议的逆转，35 秒 13 分，力挽狂澜，永载史册！

"保罗是现役最好的控卫，也将是历史最伟大的控卫之一。"
——《SLAM》

● 档案
克里斯·保罗 / Chris Paul
出生地：美国北卡罗来纳州温斯顿—塞勒姆
出生日期：1985 年 5 月 6 日
身高：1.83 米 / 体重：79 公斤
效力球队：黄蜂、快船、火箭、雷霆、太阳
球衣号码：3
场上位置：控球后卫

● 荣耀
11 届全明星：2008 年—2016 年、2020 年、
2021 年
2 届助攻王：2007/2008 赛季、2008/2009 赛季
3 届抢断王：2007/2008 赛季、2008/2009 赛季、
2011/2012 赛季
1 届最佳新秀一阵：2005/2006 赛季
4 届最佳阵容一阵：2007/2008 赛季、
2011/2012 赛季—2013/2014 赛季
7 届最佳防守一阵：2008/2009 赛季、
2011/2012 赛季—2016/2017 赛季
2 届奥运冠军：2008 年、2012 年
NBA 75 大球星

CP3

克里斯·保罗

CHRIS PAUL

保罗球风灵巧而聪慧，早早洞悉一切玄机，在控制比赛节奏和形势上，现役控卫中无人能出其右。作为公认的控卫标杆，保罗拥有审时度势、运筹帷幄的大将风范，也有鬼神莫测、令人击节的绝妙传球。稳健、睿智，无比出色的大局观，以及阅读比赛的杰出能力让 CP3 成为任何一支球队都梦寐以求的核心基石。"宇宙第一控卫"这个名头，对于保罗而言，实至名归。

1985 年 5 月 6 日，克里斯·保罗出生于美国北卡罗来纳州的温斯顿—塞勒姆。在孩童时代，橄榄球才是保罗最热衷的体育项目，虽然他不够强壮，但速度快、很聪明。

在刚进入维克森林高中时，身高只有 1.70 米的保罗在篮球场上对抗那些高大强壮的对手。到了高三，保罗身高长到 1.80 米，而且保持着惊人的速度和灵敏，率领维克森林篮球队以 26 胜 4 负的战绩进入北卡罗来纳州 "4-A 冠军赛" 四强，他场均得到 25 分、5.3 次助攻、4.4 次抢断，最佳球员、北卡州先生等荣誉纷至沓来。

高三时期，保罗的外祖父纳撒尼尔·琼斯遭遇抢劫、不幸遇难。噩耗传来，保罗悲恸不已，他在一场比赛中砍下 61 分，以此来告慰（享年 61 岁）外祖父的在天之灵。

2003 年，保罗进入维克森林大学，两年的大学生涯让保罗脱颖而出，他打破了 "白巧克力" 贾森·威廉姆斯保持的该校抢断纪录，成为维克森林大学历史上最强的大一生，而且你要知道，他有位维克森林大学的学长叫——蒂姆·邓肯。

2005 年 NBA 选秀大会，保罗在首轮第 4 顺位被新奥尔良黄蜂选中。保罗的新秀报告里写道："场均得到 15 分不足以说明他卓越的篮球天赋，他通晓一切关于胜利的秘密。"

2005/2006 赛季，保罗场均得到 16.1 分、5.1 个篮板、7.8 次助攻，最终毫无悬念地当选最佳新秀。之后的两个赛季，保罗率领黄蜂逐渐成为西部的一支劲旅。

2007/2008 赛季，23 岁的保罗从纳什这位大师级组织后卫手中，接过助攻王的荣誉。他完成场均 21 分、11.6 次助攻的赛季两双，手握助攻王和抢断王两个头衔。

看一下当时的黄蜂阵容，还未成名的韦斯特、早就滑落的佩贾、尚显稚嫩的钱德勒，但他们打出了西部第二的优异战绩，这都是保罗将大家捏合成一个整体的功劳。

在场外，保罗的微笑迷人而甜美，因此也收获了无数球迷，可谓人人都爱克里斯。

真正让保罗名扬天下的，是 2008 年的季后赛之旅。第一场面对老迈的基德，保罗风驰电掣，送出 10 次助攻的同时砍下 31 分，率领黄蜂以 104 比 92 击败小牛，保罗也赢得了职业生涯首场季后赛的胜利。在达拉斯偷走一场胜利之后，黄蜂回到主场顺利晋级，保罗在晋级战中得到 24 分、15 次助攻、11 个篮板的大号三双。

西部半决赛黄蜂对卫冕冠军马刺前两战，黄蜂大比分 2 比 0 领先，场均净胜 18.5 分。第一场，保罗轻松得到 17 分、13 次助攻，第二场贡献 30 分、12 次助攻。

虽然马刺在主场连扳两场，保罗在第三场又一次得到 35 分，同时送出 9 次助攻。回到主场之后，保罗的 14 次助攻盘活全队的同时，还砍下 22 分。虽然马刺最终凭借老辣的经验和强大的耐力赢下了系列赛的最后两场，但保罗在那一年赢得了尊重。

黄蜂这支绚丽多姿的小球队如同昙花流星，迅速度过最绚丽的时光。

2011 年季后赛首轮第一场，黄蜂客场爆冷击败上届冠军湖人，保罗得到 33 分、14 次助攻。保罗表现得无可挑剔，但黄蜂已经到了分崩离析的边缘，最终以 2 比 4 不敌湖人之后，"蜂王"保罗决定改变。

2011 年 11 月，保罗前往洛杉矶，加盟的球队不是湖人，而是快船。虽然之前联盟中盛传保罗将联手科比，但这个计划还未开始就被 NBA 叫停，当时的联盟第一人与第一控卫合作成为一个美丽的泡影，瞬间幻灭后，只留下风中的一声叹息。

保罗与格里芬、小乔丹组成"快船三巨头"，用一次次完美空接惊艳联盟，从此"空接之城"名动天下。所有人对快船的期待都不再是每场比赛 10 次空接扣篮那么简单，更期待他们能改变洛杉矶 50 年来湖人独大的恒定格局，进而逐鹿天下。

2009/2010 赛季大伤之后，保罗的冲击力被削弱，但他的跳投日渐精进。他有着单场 40 分的得分盛宴，手握 3 个助攻王和历史第一的 6 个抢断王。

在星光闪耀的"天使之城"，保罗一次次向着总冠军发起冲击，然而结果却是一次次的倒下，甚至那个"西决梦"都变得遥不可及。2012 年，快船在首轮艰难淘汰灰熊，然后被当年老辣的马刺横扫出局，或许那时的他们还没有准备好。

2013 年，在灰熊的复仇之战中，尽管保罗发挥出色，但面对灰熊逼他投篮得分的策略，他常常无法做出回应，由此陷入了单打独斗的窘境，快船也最终败北。

　　2014年，在快船对阵雷霆的那轮西部半决赛，保罗场均得到22.5分、11.8个助攻，命中率达到50%，几乎付出自己的一切，但快船还是被雷霆以4比2无情淘汰。

　　2015年季后赛，首轮快船与马刺鏖战七场，"抢七"大战最后时刻，保罗拖着受伤的腿迎着邓肯的防守投入了那制胜的一球，将上届冠军马刺淘汰出局。

　　接下来的西部半决赛，快船在3比1大比分领先对手的情况下，被火箭逆转。纵然保罗场均贡献21分、10次助攻，也无奈地成了休斯敦人晋级西部决赛的垫脚石！

　　悲情的故事依然在保罗身上延续，2016年季后赛首轮，库里膝盖扭伤，缺席两周，快船看到登顶西部之巅的希望。可就在同一天，保罗的手骨骨折，格里芬的腿伤恶化，二人几乎同时赛季完结。快船的希望之窗在打开了24小时后，就彻底关上了。

　　2016/2017赛季，无数疯狂的表演令人目不暇接，而保罗似乎远离了舞台的中央，不争名、不夺利，独自一人带着洛城的那艘巨轮向前航行，向着最初的梦想继续进发。

　　2017年季后赛首轮，在大比分2比1领先的情况下，快船最终还是被爵士淘汰，这是他们连续第6年季后赛被淘汰出局。在强烈的好胜心驱动下，32岁的保罗决定做出改变，他拒绝了快船5年2.1亿美元的大合同，毅然选择加盟休斯敦火箭。

　　保罗化身御箭大师，有他在场的火箭三分命中率也由34%拔高到41%。作为顶级的控球大师和中距离高手，保罗与哈登无缝对接。在"宝莲灯"的照耀下，火箭一飞冲天，横扫联盟。2017/2018 赛季，豪取 65 胜的队史最佳战绩。

2017 年季后赛首轮，火箭轻取森林狼。在西部半决赛第五场，火箭受到爵士顽强阻击之时，保罗再现"圣保罗"的神勇，豪取 41 分、10 次助攻，关键时刻连续命中三分，率领火箭击败对手，挺进西部决赛。作为联盟最好的控卫，西部决赛的赛场一度成为保罗心中不可触及的痛，如今保罗用最强势的方式将自己送入西部决赛的舞台。

西部决赛，火箭对阵勇士，如果说当时拥有杜兰特以及"水花兄弟"的那支金州冠军之师是联盟球队的"天花板"，那么火箭是最有可能捅破"天花板"的那支利箭。

前四场双方战平，2018 年 5 月 25 日，第五场"天王山"之战，保罗带伤上阵，砍下 20 分、6 次助攻，并在关键时刻连续命中 3 记三分球，率领火箭以 98 比 94 力克勇士。遗憾的是，保罗在这场比赛中再次拉伤了腿筋，不得不缺席余下的比赛。之后勇士连扳两局，淘汰火箭。一年后的西部半决赛，火箭再一次被勇士淘汰出局后，保罗与哈登的矛盾变得不可调。2019 年 7 月，火箭和雷霆完成了保罗和威斯布鲁克的互换交易。

来到年轻的雷霆，34 岁的保罗率领球队取得多次逆转取胜：2019 年 12 月 17 日对阵公牛，雷霆落后 26 分，保罗在末节投进 5 记三分球，率队逆转对手。12 月 19 日对阵灰熊，雷霆又落后 24 分，又是保罗在末节挺身而出，率领雷霆最终取胜。连续两场完成 24+ 逆转，保罗创造了联盟 20 年以来的一项新纪录。

这个赛季，保罗出人意料的带领重建期的雷霆杀进季后赛，在与火箭队大战 7 场后遗憾出局。保罗场均得到 21.3 分、7.4 个篮板、5.3 次助攻。

2020/2021 赛季，35 岁的保罗前往菲尼克斯。CP3 的加盟为"凤凰城"带来了赢球文化，保罗让身边的布克、艾顿们打出最佳表现，太阳在迎来自纳什之后最好的控卫之后，取得了 51 胜 21 负的战绩，排名西部第二，时隔 11 年后再次晋级季后赛。

太阳季后赛首轮面对上届冠军湖人，保罗饱受肩伤困扰，一度缺席比赛。布克挑起大梁，率领太阳以 4 比 2 淘汰湖人。

半决赛太阳横扫掘金，保罗在第二场得到 17 分、15 次助攻，并且 0 失误，展现高质量控卫的风采。在第四场，他 19 投 14 中，砍下 37 分，在第三节保罗秀起了致命绝学"中距离"，接连命中 6 记中投之后，彻底击溃了掘金的斗志。

西部决赛太阳与快船陷入苦战，又是保罗在第六场砍下平个人季后赛最高的 41 分，率领太阳击退了快船的反扑，挺进总决赛。

太阳终于从西边升起了，与东部的雄鹿在总决赛会面。菲尼克斯人先声夺人，连下两城，布克火力全开，展现出年轻科比的风采。就在太阳的总冠军似乎触手可及之际，风云突变，雄鹿竟然连下四城，一路逆袭夺得总冠军。

总决赛落幕那一刻，36 岁的保罗神情落寞，眼神中充满着无尽的悲伤，他毕其功于一役的斗志，打出"圣保罗"的风采，但命运之神，始终不曾垂青过他……

克里斯·保罗常季后赛数据			
赛季	球队	篮板	助攻	得分
2007/2008	黄蜂	4.9	11.3	24.1
2008/2009	黄蜂	4.4	10.4	16.6
2010/2011	黄蜂	6.7	11.5	22.0
2011/2012	快船	5.1	7.9	17.6
2012/2013	快船	4.0	6.3	22.8
2013/2014	快船	4.2	10.3	19.8
2014/2015	快船	4.4	8.8	22.1
2015/2016	快船	4.0	7.3	23.8
2016/2017	快船	5.0	9.9	25.3
2017/2018	火箭	5.9	5.8	21.1
2018/2019	火箭	6.4	5.5	17.0
2019/2020	雷霆	7.4	5.3	21.3
2020/2021	太阳	3.5	8.6	19.2
场均数据		5.0	8.3	20.7

正所谓"卫青不败由天幸，李广无功缘数奇"，保罗似乎注定了悲情的宿命。

生涯 16 载，从黄蜂、快船、火箭、雷霆，再到太阳，从青葱少年到如今沧桑大叔，岁月纵然改变了一切，但唯一不变的，就是保罗那一颗争冠的决心。

当今联盟名动天下的天下第一控卫，非保罗莫属，希望他早日冲破宿命的围墙，将总冠军的荣光写在自己的荣耀簿之上。

生涯高光闪回 / 绝杀马刺

高光之耀：命运拐点，全系此战，而横亘在他面前的依旧是强大的马刺。最危急的关头，才能迸发出最恐怖的能量！所以，我们看到杀气弥天的保罗，带伤上阵，弹无虚发，以终极之杀摧毁强大的"黑铁军团"。

2015 年 5 月 3 日，马刺和快船的第七场大战，保罗在首节大腿拉伤，不得不回到更衣室治疗。第二节还剩下 6 分 19 秒，保罗带伤归来，连续命中 6 球，并在第三节命中一记压哨三分球，令马刺方寸大乱。

终场前 13.3 秒，保罗两罚全中几乎绝杀马刺，但维克森林大学的师兄邓肯回敬两记罚球，109 比 109 平。

决定胜负的最后一秒，保罗从弧顶起速，突破禁区抛射，篮球绕过丹尼·格林和蒂姆·邓肯的封盖命中，绝杀！快船以 111 比 109 险胜马刺，以总比分 4 比 3 淘汰圣安东尼奥人，挺进季后赛第二轮。保罗此役 13 投 9 中，命中 5 记三分球，全场得到 27 分、6 次助攻，上演了"王者归来"的戏码。此战双方 31 次交替领先，而七场比赛两队总分差仅为 3 分。

在这轮被誉为"史上最佳首轮对决"中，保罗主宰关键战、命中生死球，成为最闪耀的巨星。

"哈登是和我执教过的球员中打球最聪明的一位。"

——老 K 教练

● 档案

詹姆斯·哈登 /James Harden
出生地：美国加利福尼亚州洛杉矶
出生日期：1989 年 8 月 26 日
身高：1.96 米 / 体重：99.8 公斤
效力球队：雷霆、火箭、篮网
球衣号码：13
场上位置：得分后卫

● 荣耀

9 届全明星：2013 年—2021 年
1 届常规赛 MVP：2017/2018 赛季
3 届得分王：2017/2018 赛季—2019/2020 赛季
1 届助攻王：2016/2017 赛季
6 届最佳阵容一阵：2013/2014 赛季、2014/2015
赛季、2016/2017 赛季—2019/2020 赛季
1 届最佳第六人：2011/2012 赛季
1 届奥运冠军：2012 年
1 届世锦赛冠军：2014 年
NBA 75 大球星

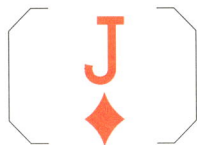

大胡子

詹姆斯·哈登

JAMES HARDEN

自从科比、韦德退役之后，当今 NBA 第一得分后卫，非哈登莫属。但作为最佳分卫，他却能夺得助攻王，成为最具效率的控卫大师。

哈登同时具备出神入化的助攻与匪夷所思的攻击力，是双能卫的终极加强版。他似乎比詹姆斯还全能，比威斯布鲁克得分能力更强，而他的传球，已经隐隐有了纳什的感觉。蝴蝶穿花一般地突破分球，疾风闪电一般地快攻引导，随心所欲地挡拆妙传，凭借自己高超的篮球智商和广袤视野，引领球队打出了流畅华丽的立体式进攻。

1989 年 8 月 26 日，詹姆斯·哈登出生在洛杉矶。母亲蒙贾·威利斯给哈登起了个昵称叫"Lucky"，他认为爱子的出生会给家庭带来好运。

上初中时哈登就树立了要成为一名 NBA 球员的目标，但他身材偏矮，又身患哮喘，还有点儿婴儿肥，哈登通过不间断的训练，身体条件得到明显改善。

2003 年，哈登就读于雷克伍德的阿迪西亚高中，随着身高的增长，他在高二时期开始展现篮球天赋，他场均得到 13.2 分，率领阿蒂西亚取得了一个 28 胜 5 负的战绩，并率队连续两年拿下加州高中联赛冠军。

2007 年，哈登进入亚利桑那州立大学。大二赛季，他场均得到 20.1 分、5.6 个篮板、4.2 次助攻，命中率高达 50%，成为太平洋十区年度最佳球员。

2009 年 NBA 选秀，哈登在首轮第 3 顺位被雷霆选中。与杜兰特和威斯布鲁克成为队友。在两大得分手的身边，哈登表现得如鱼得水，把助攻的潜质充分发挥。

2009 年 11 月 11 日雷霆对快船，哈登贡献 8 次助攻，帮助雷霆以 83 比 79 击败对手。

8 场比赛，他拿到了 28 次助攻，同时仅仅有 5 次失误，拿到了惊艳的 5.6 助攻失误比。

哈登在自己的新秀赛季就表现出了少年老成。他拥有良好的视野和团队协作能力，手感不好时还能突破，展现出较强的侵略性。哈登已经具备了一定的天赋和能力，接下来就是如何将它们有机地结合在一起，把自己的效率最大化。

2011 年季后赛，哈登逐渐成为雷霆的板凳领袖。他效率很高，很少被迫投篮，并可以在罚球线上赚取更多的分数，而且保持罚球线上超过 80% 的命中率。

虽然雷霆最终被小牛淘汰出局，但哈登的能力得到充分展现，客串组织后卫，能很好地盘活队友。哈登能让威斯布鲁克得到 31 分的同时，自己拿到 23 分外加 6 次助攻。

2011/2012 缩水赛季，青春无敌的雷霆波翻浪涌。"雷霆三少"均展现出非凡而又各异的超强实力：杜兰特精准如死神；威斯布鲁克跑跳如惊雷；而哈登则是最完美的黏合剂，长袖善舞、协调组织，场均得到接近 15+5+5 的数据，荣膺了最佳第六人。

彼时，哈登还只是一个 22 岁的三年级球员。那个赛季雷霆一路击灭小牛、湖人、马刺三大老牌豪强，最终闯入总决赛，虽然无缘总冠军，但哈登收获了信心。

2012 年 10 月，哈登告别雷霆加盟火箭。一纸 5 年 7850 万美元的合约签订之后，哈登成为休斯敦球队的新主人。在他加盟火箭的第一场比赛里拿到 37 分，紧接着又砍下华丽的 45 分。在他作为火箭核心的第一个赛季里，场均得到 25.9 分的同时，送出 5.8 次助攻，让人们看到了火箭在这个休赛期以及未来的光明前景。

2013 年 7 月，"超人"霍华德加盟火箭，球队期望值升级，哈登的压力也瞬间飙升。哈登固然很出色，但以得分后卫的历史级标准来衡量时还有一些差距。于是苛刻的指责铺天盖地：他进攻手段太少，不适合做第一得分点；他打球缺乏观赏性，太依赖裁判的哨子；顶着第一得分后卫的名号，他的防守实在是太烂了；等等。

2014 年季后赛，伴随着利拉德终场前 0.9 秒的绝命三分球，阵容颇为豪华的火箭首轮就被淘汰出局。哈登随即被广泛质疑，一到季后赛，他的效率就会直线下跌。

2016 年夏天，火箭顶着压力，给了哈登一份 4 年 1.18 亿的队史最大合同，然后就是麦克·德安东尼的到来，这位进攻大师执教火箭的头等大事，便是让哈登改打控卫。这种改变明显提升了哈登在赛场上的地位和境界。

哈登最大的价值在于持球时的创造力，他是一位擅长在开阔空间下变魔术的球员，遇到了最会用战术制造空间的德安东尼教练，哈登的爆发得益于德安东尼的跑轰战术。哈登有着细腻妖娆的突破得分，又能剖析敌阵精确助攻，还能将全队串联调度。火力全开、万箭齐发的休斯敦军团，在哈登的指挥下全天候、无死角地倾泻三分火力。

2016/2017 赛季，哈登减少了个人单打，把自己融入火箭的战术体系中，火箭人尽其才，打出了不输于金州勇士的流畅战术配合。

限于整体配置，火箭还无法和那支太阳的凤舞天翔相提并论，但哈登强悍的个人表

詹姆斯·哈登常规赛数据

赛季	球队	篮板	助攻	得分
2009/2010	雷霆	3.2	1.8	9.9
2010/2011	雷霆	3.1	2.1	12.2
2011/2012	雷霆	4.1	3.7	16.8
2012/2013	火箭	4.9	5.8	25.9
2013/2014	火箭	4.7	6.1	25.4
2014/2015	火箭	5.7	7.0	27.4
2015/2016	火箭	6.1	7.5	29.0
2016/2017	火箭	8.1	11.2	29.1
2017/2018	火箭	5.4	8.8	30.4
2018/2019	火箭	6.6	7.5	36.1
2019/2020	火箭	6.6	7.5	34.3
2020/2021	火箭	5.1	10.4	24.8
2020/2021	篮网	8.5	10.9	24.6
场均数据		5.5	6.5	25.1

詹姆斯·哈登季后赛数据

赛季	球队	篮板	助攻	得分
2009/2010	雷霆	2.5	1.8	7.7
2010/2011	雷霆	5.4	3.6	13.0
2011/2012	雷霆	5.1	3.4	16.3
2012/2013	火箭	6.7	4.5	26.3
2013/2014	火箭	4.7	5.8	26.8
2014/2015	火箭	5.7	7.5	27.2
2015/2016	火箭	5.2	7.6	26.6
2016/2017	火箭	5.5	8.5	28.5
2017/2018	火箭	5.2	6.8	28.6
2018/2019	火箭	6.9	6.6	31.6
2019/2020	火箭	5.6	7.7	29.6
2020/2021	篮网	6.3	8.6	20.2
场均数据		5.5	6.0	23.3

演反而因此更加壮丽！毫无疑问，胸怀大志，腹有良谋，文武双全的哈登是能与詹姆斯比肩的指挥大师，2016/2017赛季，哈登率领火箭打出55胜，场均29.1分、8.1个篮板、11.2次助攻，季后赛首轮哈登更是场均升至33.2分、7次助攻，率领火箭以4比1击败威斯布鲁克领衔的雷霆，也赢得了"三弟与二哥对决"的胜利。

哈登与威斯布鲁克，同样是万马军中取上将首级如探囊取物的万人敌。要论刚猛、凌厉，二哥还要胜三弟一筹。但空明拳中有云"刚不可久，柔之胜刚，以不足胜有余"，哈登厉害在于，能激发队友的火力，在他的策动下，火箭往往能万箭齐发。

火箭杀入西部半决赛，被老辣的马刺以4比2所淘汰。休斯敦的火枪终射不穿圣安东尼奥坚固的城墙，而老马努对哈登的妖异一封，也彻底的封杀了火箭的冠军梦。

2017/2018赛季，保罗加盟火箭，哈登如虎添翼，两人联手率领火箭打出了65胜的联盟第一战绩。哈登场均得到30.4分，荣膺联盟得分王，另外还有8.8次助攻、5.4个篮板以及1.8次抢断，无可争议地捧起常规赛MVP奖杯。

那个赛季，火箭是争冠大热门。季后赛前两轮，他们以两个4比1分别淘汰了森林狼和爵士。西部决赛对阵上届冠军勇士，火箭曾经大比分一度3比2拿到赛点，可惜保罗第五场受伤，哈登独木难支，火箭被勇士强行逆转，错失了捧杯的最好机会。

2018/2019赛季，火箭开局不利，送走了阿里扎和巴莫特，引进的安东尼效果不佳，再加上主力球员接连伤病，排名一度掉到西部倒数第二，季后赛形式岌岌可危。正是在这样的逆境下，哈登火力全开，全世界都见证了"大胡子"超燃的得分爆炸力。

哈登在该赛季场均砍下36.1分，成为21世纪（场均得分最高）得分王；单赛季命中378记三分球，力压库里排名三分榜第一；连续32场比赛轰下30+，单赛季9场比赛轰下50+、2次60+，包括在麦迪逊花园砍下生涯最高的61分外加15个篮板。尽管火箭在西部半决赛再次被勇士淘汰出局，但哈登这一赛季的伟大表演足以载入史册。

2020年1月12日，火箭在主场击败森林狼，哈登得到32分，生涯总得分达到20022分，领先库里、格里芬等同年翘楚，成为2009届首位20000分先生。

2019/2020赛季，威斯布鲁克加盟火箭联手哈登，"二哥三弟"组合依然没有率领火箭走得太远，西部半决赛被湖人以4比1斩于马下。2020/2021赛季，威斯布鲁克远走华盛顿，火箭又成为哈登的"独角戏"。纵然"大胡子"表现神勇，单场砍下44分，送出17次助攻，也无法改变火箭积弱的现状，万般无奈之余，哈登有了离队想法。

尽管火箭队做出一系列努力，但依然难以留住"大胡子"。2021年1月14日，哈登被交易至篮网，与杜兰特、欧文成为"布鲁克林三巨头"。2021年1月17日，哈登在篮网的首秀就拿下32分、12个篮板、14次助攻，创NBA首秀30+三双独一档的纪录。

2021年5月31日，季后赛篮网与凯尔特人第四战。"三巨头"呈现终极形态！合砍104分、25次助攻。杜兰特暴砍42分，欧文狂掠39分，哈登轻取23分，还送出个人季后赛新高的 18 次助攻。"三巨头"率领篮网 141 比 126 大胜凯尔特人。

篮网疾驰在夺冠的大道，几乎没有什么可以阻挡，除了伤病。

东部半决赛对阵雄鹿的第一战，哈登首场不到 1 分钟就遭遇腿筋拉伤，被迫退场。第五场他带伤上阵，但是状态全无。欧文也在东部半决赛的第四场扭伤脚踝，赛季完结。杜兰特虽然状态神勇，但独木难支，篮网与雄鹿七场大战后，止步于半决赛。

2021 年休赛期，哈登为了生涯的首个总冠军，一直在努力训练。当被问到新赛季是否会有压力时，"大胡子"信心满满："全员健康的情况下，没人能击败我们。"

如今在篮网，应该是哈登惬意的时光，他依旧主导着进攻体系，但身边有杜兰特与欧文，他不必事无巨细、疲于奔命，可以更加冷静、从容地筹划进攻。

回溯哈登的职业生涯，毁誉参半。他有着华丽美妙的变向，是变化无穷的魔法师，作为联盟中自带进攻体系的球员，哈登的进攻创造力毋庸置疑。这样一个 NBA 史上数据最炸裂的外线创造者，在季后赛的泥潭战中，还没有证明过自己。

曾砍下 60 分大三双的哈登，其攻击火力强横无比，而且助攻变幻莫测……除了总冠军金杯，他已不想要任何数据与荣耀的证明。

生涯高光闪回/60 分大三双

高光之耀: 60 分刷新了哈登单场得分纪录，值得一提的是，哈登还曾砍下 53 分、16 个篮板、17 次助攻。而哈登此次 60 分大三双，直接超越威斯布鲁克的 57 分大三双。

2018 年 1 月 31 日，火箭以 114 比 107 击败魔术。在保罗、戈登、阿里扎三名核心球员缺阵的情况下，哈登抢下 60 分、10 个篮板、11 次助攻。历史首个 60 分三双达成！同时，哈登也刷新了火箭队史得分纪录（队史首位 60+，超越卡尔文·墨菲的 57 分）。

"欧文能用各种武器得分，
能把比赛打得精彩无比，
并率队拿下胜利。"
——科比·布莱恩特

● 档案
凯里·欧文 / Kyrie Irving
出生地：澳大利亚墨尔本
出生日期：1992 年 3 月 23 日
身高：1.88 米 / 体重：88 公斤
效力球队：骑士、凯尔特人、篮网
球衣号码：2、11
场上位置：控球后卫

● 荣耀
1 届总冠军：2016 年
1 届全明星 MVP：2014 年
7 届全明星：2013 年—2015 年、
2017 年—2019 年、2021 年
最佳新秀：2011/2012 赛季
1 届奥运冠军：2016 年
1 届世锦赛冠军：2014 年

德鲁大叔

凯里·欧文

KYRIE IRVING

创意无穷的篮球艺术家，华丽无比的突破天才，一对一终结能力最强的单挑之王，欧文是继艾弗森之后最华丽的脚踝终结者。

繁复华丽的体前、胯下、背后变向，几种动作的随机结合，加上无处不在的投射威胁，足以将任何防守者晃成路痴。

他还是致命的杀手、优雅的刺客。他是将控球动作、重心变化和脚步移动结合得最完美的球员。他能做出史上的所有控球动作，绝不是停留在表层的炫技，而是能将那些动作随时演变成一次致命攻击。这就是他的单挑不受时空限制时，永远无法阻挡的原因。

1992 年 3 月 23 日，欧文出生在澳大利亚墨尔本市。母亲伊丽莎白·欧文曾经是波士顿大学的女排运动员，父亲德雷德里克曾经是波士顿大学的首席篮球得分手。

欧文遗传了优秀的运动基因，自幼就酷爱篮球。那时候的每个夜晚，父亲德雷德里克都会开着车灯，给独自在球场上练球的爱子照明。有时候父子也会单挑，直到某一天，欧文击败了父亲——那位昔日的篮球健将。

欧文高一和高二就读于蒙特克莱尔·金伯利私立高中，高三转学至圣帕特里克高中，高四学年，他场均得到 24.5 分、6.5 次助攻，展现出非凡的篮球才华。

2010 年，欧文进入篮球名校杜克大学，得到"老 K"教练的赏识。2010 年 12 月 1 日，NCAA 焦点之战——杜克大学对阵密歇根州立大学，欧文砍下全场最高的 31 分，并率队取胜，31 分也是杜克校史上的第二高分。2010/2011 赛季，欧文因伤只打了 11 场 NCAA 的比赛，场均得到 17.5 分和 4.3 次助攻，两分球命中率为 59%，三分球的命中率为 45%。在崇尚团队篮球的杜克大学，欧文的篮球才华还是尤为突显。

2011 年 NBA 选秀大会，克利夫兰骑士在首轮第 1 顺位选中凯里·欧文。

在成为"状元"的那个夜晚，欧文取出那张写着"我以后要打 NBA"的泛黄小纸条，亲手交到父亲的手中，那是欧文 7 年前许下的愿望，而在 7 年后终于得以实现。

登上 NBA 舞台的欧文向全世界展现了华丽的球风。他可以变向过掉任何人，然后以一个急停跳投或者是篮下上篮来终结进攻。欧文来到骑士的时候，恰逢詹姆斯离开的第二个赛季，克利夫兰人对于欧文寄予厚望，把他当作下一位拯救骑士的人。

欧文在新秀赛季个人表现非常耀眼，他在全明星新秀赛上三分球 8 投全中，独揽 34 分，荣膺新秀赛 MVP。整个赛季欧文场均得到 18.5 分、5.4 次助攻，无可争议地将最佳新秀收入囊中，成为联盟里炙手可热的新星。

欧文作为一个掌控者，他具备精湛的投篮能力；作为一个得分手，他又有着出众的传球能力。欧文在持球进攻与早期的纳什有几分类似，他会在运球中不断变换方向与节奏，随时做出转身动作，最后上篮或者抛投。

2013 年全明星新秀赛上，他用变奏运球晃倒布兰登·奈特的那一幕成为球迷们津津乐道的谈资。而在 2014 年全明星赛上，他凭借第四节的连续关键三分球帮助东部获胜，全场拿下 31 分、14 次助攻，夺得全明星 MVP。

欧文的名字"凯里"在希腊语中意为"主"，但骑士没有"围绕"他来建队。2013/2014 赛季，骑士队交易得到了卢尔·邓这样身手全面的团队型小前锋，但骑士战绩依然不温不火，欧文没能完成领袖的重任。

一个庸庸碌碌的赛季（30 胜 52 负），骑士最终决定开启大手笔，迎来他们昔日的国王——勒布朗·詹姆斯。2014/2015 赛季"皇帝"回家了。

在詹姆斯身边，欧文过得很"低调"，这是他职业生涯第一次在一支不断赢球的球队中打球。但是还有另一个第一次，在克利夫兰，他再也不是骑士的头条制造者了，这一名号落在了欧文的未来名人堂队友——勒布朗·詹姆斯身上。尽管如此，无论人们怎么认为，欧文还是打出了他的生涯最佳赛季。

在经历了痛苦的前两个月的磨合期后，欧文 + 詹姆斯的组合终于被无限激发，虽然詹姆斯是队内当仁不让的第一选择，且享有着大部分球权支配，但欧文依旧能适时抓住时机闪耀全场。2015 年 1 月 29 日，骑士主场迎战开拓者，詹姆斯因伤缺阵，欧文压抑已久的能量彻底爆发，36 投 17 中，三分球 19 投 11 中，砍下职业生涯新高 55 分。

44 天后，3 月 12 日，骑士挑战上届冠军马刺，欧文再次以一己之力将胜利生生从马刺手中夺走。欧文先是在常规时间最后一分钟独得 9 分，并命中拖入加时赛的超级三分球，加时赛里又砍下 11 分，打得马刺无可奈何。那场比赛欧文得到 57 分，三分球 7 投全中，刷新个人职业生涯得分新高，赛季第二次 50+，并且超越詹姆斯的 56 分成为骑

凯里·欧文常规赛数据			
赛季	球队	篮板	助攻	得分
2011/2012	骑士	3.7	5.4	18.5
2012/2013	骑士	3.7	5.9	22.5
2013/2014	骑士	3.6	6.1	20.8
2014/2015	骑士	3.2	5.2	21.7
2015/2016	骑士	3.0	4.7	19.6
2016/2017	骑士	3.2	5.8	25.2
2017/2018	凯尔特人	3.8	5.1	24.4
2018/2019	凯尔特人	5.0	6.9	23.8
2019/2020	篮网	5.2	6.4	27.4
2020/2021	篮网	4.8	6.0	26.9
场均数据		3.8	5.7	22.8

凯里·欧文季后赛数据			
赛季	球队	篮板	助攻	得分
2014/2015	骑士	3.6	3.8	19.0
2015/2016	骑士	3.0	4.7	25.2
2016/2017	骑士	2.8	5.3	25.9
2018/2019	凯尔特人	4.4	7.0	21.3
2020/2021	篮网	5.8	3.4	22.7
场均数据		3.6	4.8	23.4

士队史个人单场最高得分。

2014/2015赛季，骑士高居东部第二，欧文依旧在场上光芒四射。毫无疑问，这是他迎来的生涯的最好时光，一直不断胜利的骑士令他逐渐有了王者的荣光。

2015/2016赛季末，当骑士最终以东部第一的成绩进入季后赛，欧文和詹姆斯一起带领球队，用连续的横扫和创纪录的三分球轻松迈过首轮和次轮，一波季后赛的10比0，让之前对其有所偏见的世人，再度正视他的表现。

东部决赛，转战加拿大寒冷的多伦多，骑士并没有陷入猛龙的铜墙铁壁，4比2挺进决赛，迎来1比3落后雷霆、完成不可思议的翻盘的勇士（那支常规赛季取得73胜历史最佳战绩的超级强队）。

2016年总决赛第一、二场，骑士再度重复常规赛被勇士双杀的故事，"三巨头"频频打铁，两场比赛累计狂输48分，创队史之最。

或者背水一战才能迸发无穷气势！第三场，欧文开始疯狂表演，他开始化身一个没有死角的超级射手，出色的投射表演为他的持球切入提供了完美的契机。他几乎在勇士腹地予取予求，全场砍下30分、8次助攻，带领球队以120比90屠杀勇士。

第四场，勇士再下一城，3比1，拿到赛点。第五战，被逼入绝境的欧文，再次发飙，和詹姆斯两人各自豪取41分，将勇士的主城夷为平地。

接下来的第六战，欧文依旧稳定发挥，里突外投，再次砍下23分。最终，骑士以115比101大胜勇士，将总决赛拖入抢七。在最后50秒，欧文更是迎着库里的严密防守投中关键三分球，瞬间打破僵局，让骑士以3分领先，把握战机。关键时刻，欧文杀到篮下，传球给跟进的詹姆斯，后者被格林凶狠犯规，并命中一记锁定胜局的罚球。欧文最终在抢七中豪取 26 分，总决赛整体表现力压库里，他也如愿夺取总冠军，完成了克利夫兰人长达 52 年的夙愿！

经历了上赛季的磨砺，拥有了总冠军的加成，欧文完成了个人的升华。

2016/2017 赛季，欧文场均得到 25.2 分、3.2 个篮板、5.8 次助攻，命中率 47.3%，三分球命中率 40.1%，各项数据比上赛季都有提升。没有人怀疑欧文的得分能力，他能用任何你想象不到的手段，轻轻松松洞穿对手的防线。欧文可以杀入篮下，面对封上来的防守人，扭转身躯背筐完成上篮；也可以在三分线外妙手穿针，用连续假动作晃开防守球员，再迎着篮下的大个将球打进，这是他最拿手的绝活。

如果说得分能力让欧文跻身全明星的行列，那么关键时刻大心脏的表现则让他成为一位巨星。总决赛 G7 的强硬三分球和 2016 年圣诞大战的绝命后仰都是他的经典之作。

在冠军的游行典礼上，欧文第一个出现，他跳上了汽车，双手拥抱克利夫兰的球迷，享受着冠军所带给他的一切。

2017 年夏天，欧文离开了效力 6 年之久的骑士队，来到波士顿凯尔特人，如愿以偿成为"绿衫军"新领袖。2017/2018 赛季前 9 场比赛，欧文一共得到了 199 分，创队史纪录，并率队打出一波华丽的 16 连胜，2017 年 11 月 21 日，欧文对阵小牛狂砍 47 分，豪取第 16 胜的同时，让达拉斯客场响起 MVP 呐喊声。

那个赛季，海沃德揭幕战赛季报销，欧文独自率领凯尔特人打出近 7 成的胜率。可惜因为膝盖受伤，欧文无缘季后赛，否则那支凯尔特人杀进东部决赛后，是有机会掀翻詹姆斯的骑士，挺进总决赛的。

2018/2019 赛季，欧文场均贡献 23.8 分、5 个篮板、6.9 次助攻和 1.5 次抢断，篮板、助攻、抢断均为生涯新高。在 2018 年 11 月 17 日加时击败猛龙的比赛里，欧文 26 投 18 中，拿到 43 分和 11 次助攻。圣诞大战，欧文在对阵 76 人时又拿到 40 分、10 个篮板。

然而，全员健康的凯尔特人那年却表现挣扎，常规赛仅仅取得了 49 胜 33 负的成绩，排名东部第四。球队化学反应不佳，欧文也遭遇不少质疑，他跟队友的关系也出现裂缝。最终，在半决赛 1 比 4 溃败雄鹿出局后，欧文的"绿衫军"生涯走到了尽头。

2019 年 7 月，欧文加盟篮网，在布鲁克林开创新事业。

2019/2020 赛季，欧文虽然因伤只打了 20 场比赛，但其中不乏亮点：欧文在篮网首秀便爆砍 50 分，创下 NBA 球员换队首秀的得分新高。在凯尔特人击败公牛的一战中，欧文狂轰 54 分，打破了篮网球员单场得分纪录。

2019 年夏洛特全明星周末，杜兰特和欧文亲密寒暄，这也为半年后 KD 加盟篮网留下伏笔。一位如大马长枪般长驱直入，一位如流星蝴蝶般烂漫飞舞，两大得分狂人——杜兰特和欧文组成的 711 组合，呈现出汹涌澎湃得分火力。如果再加上联盟中最会传球与得分的哈登呢？

2020/2021 赛季，杜兰特断腱归来，依旧神勇无匹，而欧文呈现出博物馆级的各种单打，让"欧神仙"的威名更胜从前。

2021 年 1 月，哈登火线加入篮网，他与杜兰特、欧文组成"三巨头"，率领篮网所向披靡。季后赛对阵凯尔特人的第四战，欧文狂掠 39 分、11 个篮板，"三巨头"合砍 104 分，联手呈现出恐怖的终极威力。然而此后欧文在东部半决赛第四战中，意外扭伤脚踝，不得不缺席余下的季后赛。欧文伤退，加上拖着伤腿勉力作战的哈登，"三巨头"已折其半，纵然杜兰特打出逆天表现，篮网终于还是倒在抢七的关隘，目送雄鹿奔向东巅。

2020/2021 赛季，欧文场均贡献 26.9 分、4.8 个篮板和 6 次助攻，表现可圈可点。在新的一季里，拥有"三巨头"的篮网依旧是夺冠大热门，即将三十而立的欧文依旧灵动飘逸，依旧是那位华丽莫测的"欧神仙"。

生涯高光闪回/一箭定乾坤

高光之耀：在这之前，总决赛还没有在以 1 比 3 落后时完成逆转的先例，骑士在詹姆斯与欧文的率领下，顽强地将总决赛拖入抢七大战，欧文面对库里，以对手最擅长的方式命中了一记奠定胜局的三分球。

2016 年 6 月 20 日，勇士在主场与骑士展开总决赛抢七大战，最后 53 秒双方战成 89 平。此时欧文持球面对全票 MVP 库里的贴身防守，连续体前变向，后撤步三分出手，命中了一记制胜三分球，骑士最终在客场以 93 比 89 力克勇士，完成惊天大逆转，以总比分 4 比 3 夺得总冠军。克利夫兰因此也打破了长达 52 年的冠军荒。

"加内特是联盟有史以来最有激情的球员之一。"
——亚当·萧华

● 档案
凯文·加内特 / Kevin Garnett
出生地：美国南卡罗来纳州莫尔丁
出生日期：1976 年 5 月 19 日
身高：2.11 米 / 体重：115 公斤
效力球队：森林狼、凯尔特人、篮网
球衣号码：21、5、2 / 场上位置：大前锋

● 荣耀
1 届总冠军：2008 年
1 届常规赛 MVP：2003/2004 赛季
1 届全明星 MVP：2002/2003 赛季
15 届全明星：1997 年—1998 年、2000 年、
2011 年、2013 年
4 届篮板王：2003/2004 赛季—2006/2007 赛季
4 届最佳阵容一阵：1999/2000 赛季、
2002/2003 赛季、2003/2004 赛季、
2007/2008 赛季
9 届最佳防守阵容一阵：1999/2000 赛季
—2004/2005 赛季、2007/2008 赛季、
2008/2009 赛季、2010/2011 赛季
1 届最佳防守球员：2007/2008 赛季
1 届奥运冠军：2000 年
篮球名人堂：2020 年
NBA 75 大球星

狼王

凯文·加内特

KEVIN GARNETT

> 加内特是明尼苏达旷野上肆意咆哮的绝世"狼王"，是 TD 北岸花园球馆里捶胸怒目的擎天斗魂。他眼中喷火、命里带风、纵横捭阖、激情无限，21 载职业生涯，他留下了无数荣誉、辉煌与传奇，还留下了霸气与铁血。

2016 年 9 月 24 日，森林狼传奇球星凯文·加内特正式宣布退役。KG 带给球迷的最深印象，莫过于他那近乎疯狂的竞争心和他对比赛偏执的热爱。作为 NBA 历史上最成功的高中生球员之一，加内特堪称一道独特桀骜的风景。

1976 年 5 月 19 日，加内特出生于南卡罗来纳州莫尔丁。他的父亲是格林威尔地区小有名气的篮球手，有 1.93 米的身高。三年高中生涯，加内特代表墨尔丁高中横扫附近的所有学校，然后还长高了近 30 厘米。等他高中毕业时，他的身高已经 2.11 米了。

1995 年夏天之前，森林狼在 6 年时间里累计输掉接近 400 场比赛，输得灰头土脸。他们在 1995 年选秀大会首轮第 5 顺位选了凯文·加内特——身材瘦高的高中生球员。

那个时代 NBA 的高中生球员并不流行。人们是有理由怀疑的：这小子 2.11 米的身高是足以打中锋，体重却还不如皮蓬。在森林狼这样的烂队，加内特就像沙拉盘里混杂于一堆过期水果里的新鲜蔬菜，不会提升这盘沙拉的品质，但可以让人眼前一亮。

1996 年，20 岁的加内特成为队里实际的防空屏障，依靠着臂长和惊人的弹跳，使狼队上空不再任人翱翔。他让狼队经历了伟大的赛季，伟大到获得 40 胜，杀入季后赛。当然，再往前进就未免过于神奇了些，他们理所当然地被火箭横扫出局——按照宿命论来说，这似乎也是命运的伏笔。

1997 年夏天，加内特已经成为 NBA 的焦点之一，并非他场均 17 分、8 个篮板和联盟第九的成绩，而是他本身那令人诧异的风格。NBA 流派之争扰扰不休，但大前锋位置却一向不变。20 世纪中，从 50 年代的佩蒂，到 80 年代的麦克海尔再到 90 年代的马龙，一脉相承。而加内特瘦削的身躯中却拥有不可思议的运动能力，还拥有娴熟的小前锋技巧，能够在各个角度进行外围攻击，他在 NBA 中创立了独树一帜的新派风格。

拥有中锋身高、前锋运动能力和后卫式技巧的大卫·罗宾逊都足以令 NBA 惊诧，加内特却比罗宾逊更为另类。20 岁时他就已经作为一种风格的代表出现了。

森林狼呈现上升趋势，继续踏入季后赛。1998 年是加内特真正作为球队核心的开始。他内外兼顾，这一年他首次达到了场均 20 分、10 个篮板和 4 次助攻的平均成绩。

1999 年到 2003 年的四个赛季里，加内特打出了壮丽的成绩，连续六年呈现全能战士数据。年复一年与邓肯在全明星首发，在第一阵容中碰面。由于森林狼的人手总是不足，加内特被迫游走于各个位置，在 26 岁时，他已经能胜任任何位置。那个时期，加内特每年都率领森林狼打入季后赛，但每年首轮之后，KG 就会头蒙毛巾，结束该赛季。

2003 年夏，森林狼孤注一掷为加内特调集了一套不错的阵容，34 岁的卡塞尔和 33 岁的斯普雷维尔，虽然两位都已经过了自己的巅峰赛季，但至少都还有总决赛经验。

加内特与卡塞尔、斯普雷维尔组成了名噪一时的"三头怪"，率领森林狼低开高走，在度过最初低迷后打出一波 17 连胜，直奔西部前列。2003/2004 赛季，最终取得西部第一的傲人战绩，加内特在该赛季场均得到 24 分、14 个篮板、5 次助攻，首次加冕常规赛 MVP，并拿下篮板王。"三头怪"联手场均贡献 60.8 分，成为当时火力超强的三人组。

2004 年西部半决赛，加内特在森林狼与国王的第七战中大发神威，砍下 32 分、21 个篮板并命中最后一投，率领森林狼杀入西部决赛。卡塞尔开局受伤，加内特独木难支，森林狼和湖人大战了六场后，遗憾落败，无缘总决赛。

巅峰之后，森林狼再次陷入低谷，"三头怪"风吹云散，加内特连续 4 年拿下篮板王的背后是森林狼连季后赛门票都拿不到的现实。

明尼苏达森林狼昙花一现，就此与权力宝座挥别。另一个 21 号依然年复一年在顶峰处决战，而"KG"则随着卡塞尔与斯普雷维尔的褪色而沉没。他相对偏窄的骨架使他增长不了体重，无法像"大鲨鱼"、邓肯那样直攻篮下，他的防守在失去了意义后也在下降。2007 年夏，加内特终于决定结束明尼苏达 12 年的漫长守候，前往波士顿寻找心中的梦想，与此同时，凯尔特人为加内特付出了半支球队的代价。

2007 年 8 月，一个震惊全美的消息突然炸开：加内特、皮尔斯和雷·阿伦三星聚义，一个新的波士顿时代拉开帷幕。三位年过而立的"老男孩"互相展示自己的球衣，微笑着立下山盟海誓——夺取总冠军！

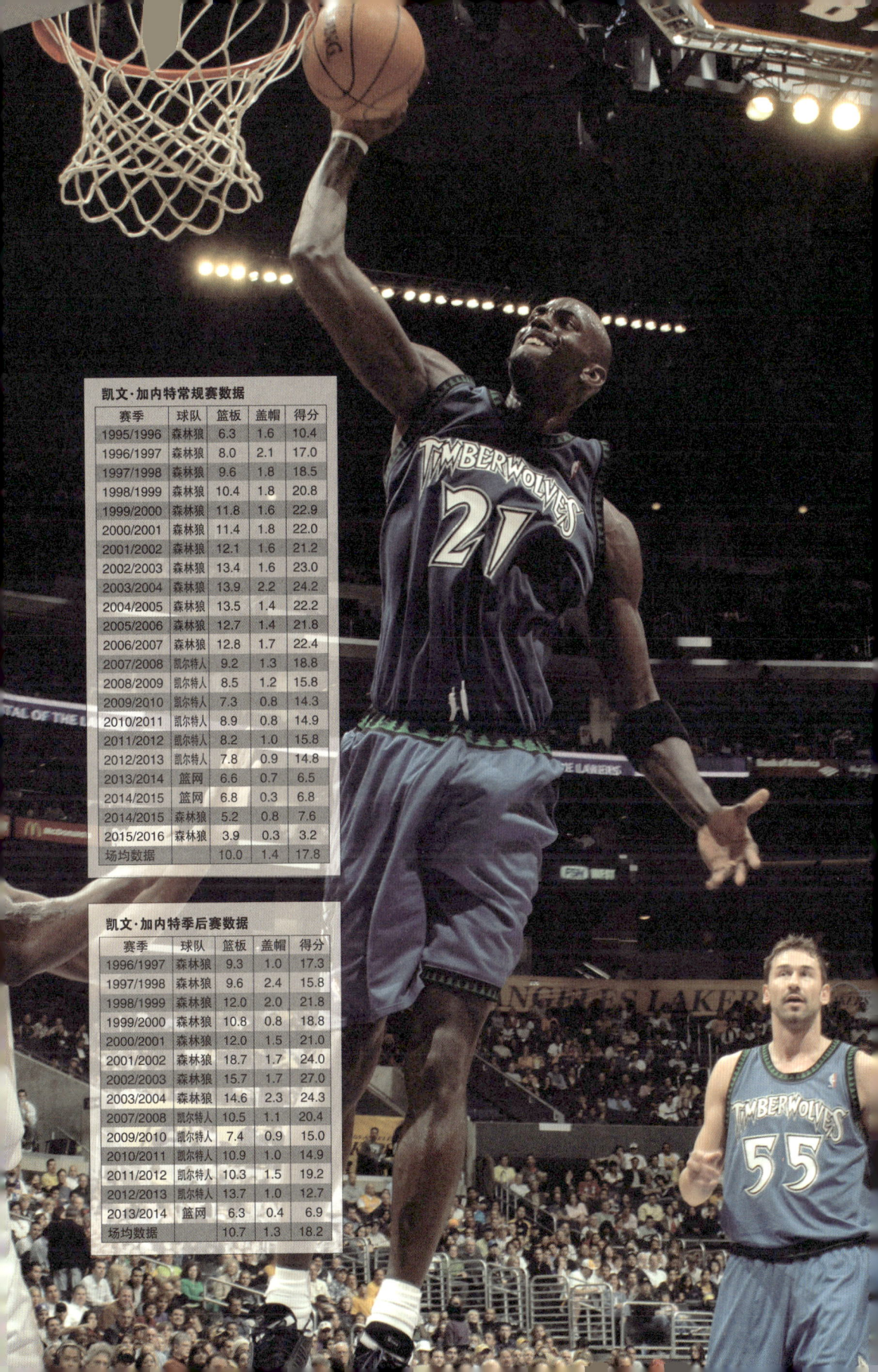

凯文·加内特常规赛数据

赛季	球队	篮板	盖帽	得分
1995/1996	森林狼	6.3	1.6	10.4
1996/1997	森林狼	8.0	2.1	17.0
1997/1998	森林狼	9.6	1.8	18.5
1998/1999	森林狼	10.4	1.8	20.8
1999/2000	森林狼	11.8	1.6	22.9
2000/2001	森林狼	11.4	1.8	22.0
2001/2002	森林狼	12.1	1.6	21.2
2002/2003	森林狼	13.4	1.6	23.0
2003/2004	森林狼	13.9	2.2	24.2
2004/2005	森林狼	13.5	1.4	22.2
2005/2006	森林狼	12.7	1.4	21.8
2006/2007	森林狼	12.8	1.7	22.4
2007/2008	凯尔特人	9.2	1.3	18.8
2008/2009	凯尔特人	8.5	1.2	15.8
2009/2010	凯尔特人	7.3	0.8	14.3
2010/2011	凯尔特人	8.9	0.8	14.9
2011/2012	凯尔特人	8.2	1.0	15.8
2012/2013	凯尔特人	7.8	0.9	14.8
2013/2014	篮网	6.6	0.7	6.5
2014/2015	篮网	6.8	0.3	6.8
2014/2015	森林狼	5.2	0.8	7.6
2015/2016	森林狼	3.9	0.3	3.2
场均数据		10.0	1.4	17.8

凯文·加内特季后赛数据

赛季	球队	篮板	盖帽	得分
1996/1997	森林狼	9.3	1.0	17.3
1997/1998	森林狼	9.6	2.4	15.8
1998/1999	森林狼	12.0	2.0	21.8
1999/2000	森林狼	10.8	0.8	18.8
2000/2001	森林狼	12.0	1.5	21.0
2001/2002	森林狼	18.7	1.7	24.0
2002/2003	森林狼	15.7	1.7	27.0
2003/2004	森林狼	14.6	2.3	24.3
2007/2008	凯尔特人	10.5	1.1	20.4
2009/2010	凯尔特人	7.4	0.9	15.0
2010/2011	凯尔特人	10.9	1.0	14.9
2011/2012	凯尔特人	10.3	1.5	19.2
2012/2013	凯尔特人	13.7	1.0	12.7
2013/2014	篮网	6.3	0.4	6.9
场均数据		10.7	1.3	18.2

与历史上的巨星组合不同，"波士顿三巨头"各自拥有一段坎坷的职业生涯：加内特在森林狼孤独守望，雷·阿伦独自穿梭于密尔沃基和西雅图的困惑，皮尔斯矢志不渝地坚守波士顿的荣光。他们都曾无限接近成功，但最终在相同的节点一败涂地。命运安排他们聚首东海岸。

加内特在凯尔特人有了新角色。2007/2008 赛季，他场均可以贡献 18.8 分、9.2 个篮板、1.4 次抢断以及 1.3 次盖帽。尽管各项数据皆有下降，但这让他可以蓄力冲击他梦寐以求的奥布莱恩杯。加内特的到来也彻底改变凯尔特人的防守风气，他是"绿衫军"防守端的领袖，并最终当选 2008 年的最佳防守球员。值得一提的是，这是此前波士顿凯尔特人球员唯一一个没有染指过的奖项。

正如人们预测的一样，凯尔特人把整个联盟染上了绿色，他们几乎把所有的客场都变成了主场，并最终在 2008 年总决赛中以 4 比 2 击败洛杉矶湖人队，为加内特带来了第一个（也是唯一一个）总冠军。

在"绿衫军"效力六个赛季之后，核心阵容的老化使得凯尔特人的竞争力一年不比一年。在前三个赛季两进总决赛后，凯尔特人在后三个赛季最好的战绩也只是进入东部决赛（虽然那个赛季的加内特似乎返老还童，并和年轻的"热火三巨头"大战七场），但随着雷·阿伦在 2012 年加盟热火，"凯尔特人三巨头"时代就此宣告结束。

随后一年的夏天，安吉将加内特、皮尔斯和贾森·特里交易至布鲁克林篮网换取"未来"，但加内特也只在那里待了两年。

2015 年 2 月，明尼苏达森林狼迎回了加内特，让他成为年轻球员的导师。"幼狼"们也曾谈论过，他们在加内特回归之后训练的紧张度增加了不少。威金斯和唐斯均有所受益，他们在加内特回归的两年分别摘得最佳新秀奖项，这绝不是巧合。

加内特虽然在职业生涯的最后一个赛季只有场均 3.2 分和 3.9 个篮板的数据，但森林狼迎回加内特不是为了夺冠，而是为了未来，为了告诉威金斯、唐斯和拉文这些年轻人，如何成为一名合格的职业球员，最大化地挖掘他们的潜能，建立球队的赢球文化，然后才是一步一步迈向奥布莱恩杯。

加内特离开赛场，他的伟大也不会随之淡去。他为科比、麦迪和詹姆斯等天才高中生们打开了一扇门，但他所带来的影响远超于此。

虽然已退役，但加内特和篮球的故事还远远没有结束。1 届总冠军、4 届篮板王、1 届常规赛 MVP、1 届全明星 MVP、1 届最佳防守球员、15 次全明星阵容、9 次赛季最佳阵容以及 21 年职业生涯。历经三支球队，他在明尼苏达崛起称王，他在绿军完成蜕变，加冕总冠军。在篮网，他与岁月为敌，慢慢凋零，又是在森林狼，他叶落归根，选择退役。

多么好的故事剧本和结局，21 年的坚持，只因对篮球的热爱。

当 KG 与我们转身挥别，那些随他与生俱来的传奇特质，不会随之湮灭。

背影如山，将化为丰碑。风吹过后，丰碑犹在。

加内特与科比、邓肯，一同入选 2020（史上星光最盛）名人堂。2021 年 5 月 16 日，加内特出现在 2020 奈·史密斯名人堂的颁奖典礼现场，并发表了深情的演讲。他提到曾经挥洒青春汗水的明尼苏达，为未能给这座城市带来一个总冠军而感到遗憾。加内特还将所有的伙伴都感谢了一遍，唯独没有提到雷·阿伦，也许在加内特这位老派球员的心里，始终都不能谅解当年雷·阿伦离开凯尔特人加盟热火的行为。

生涯高光闪回 / 狼啸西巅

高光之耀：2004 年，彼时的"狼王"意气风发，收获了生涯首座常规赛 MVP 奖杯。这也是加内特在森林狼时期距离总冠军最近的一次，但是他们需要先迈过萨克拉门托国王队这一关，于是我们看到：西部半决赛的抢七大战，标靶中心的加内特如天神下凡。

虽然森林狼招入了卡塞尔和斯普雷维尔，但加内特仍然是球队的掌舵者和头号锋刃。抢七大战之前，加内特系列赛场均可以贡献 23.9 分、15.4 个篮板、4.3 次助攻、3.4 次盖帽、1.7 次抢断。

最后的生死战，"狼王"没让标靶中心的球迷失望，23 投 12 中贡献 32 分、21 个篮板、5 个盖帽、4 次抢断，彻底统治了比赛。森林狼最终以 3 分优势险胜国王。

赛后，加内特跳上了纪录台，享受着明尼苏达球迷的欢呼和掌声。尽管在之后的西部决赛中，加内特和他的森林狼们不敌拥有"F4"的湖人，但在豪强林立的西部战场，突破重围杀到西部决赛已足够伟大！

纳什用海龙兴波般的助攻推动太阳华丽绽放，7秒进攻席卷联盟的同时，也让这位背靠背MVP先生也名动天下。

● 档案
史蒂夫·纳什 / Steve Nash
国籍：加拿大 / 出生地：南非约翰内斯堡
出生日期：1974 年 2 月 7 日
身高：1.91 米 / 体重 88 公斤
效力球队：小牛、太阳、湖人
球衣号码：13、10
场上位置：控球后卫

● 荣耀
8 届全明星：2002 年—2003 年、2005 年—2008 年、2010 年、2012 年
2 届常规赛 MVP：2004/2005 赛季、2005/2006 赛季
5 届助攻王：2004/2005 赛季—2006/2007 赛季、2009/2010 赛季、2010/2011 赛季
2 届全明星技巧大赛冠军：2005 年、2010 年
3 届最佳阵容一阵：2004/2005 赛季—2006/2007 赛季
篮球名人堂：2018 年
NBA 75 大球星

风之子
史蒂夫·纳什
STEVE NASH

> 被称作"风之子",纳什的风,既不席卷天下,也不狂野肆意,只是起于青萍之末的那一抹微风,带着青草和阳光的味道,掠过山岳和流水,一个轻巧的回旋,就能搅起天风海雨,煽动烈焰燎原。
>
> 轻快灵动的脚步,匪夷所思的传球,海龙兴波般的助攻推动太阳华丽绽放,如流苏般的 7 秒进攻和席卷联盟的炮轰狂潮,纳什和当年那支赏心悦目的太阳队足以名垂史册。

2014 年 10 月 24 日,史蒂夫·纳什背部神经伤病复发,缺阵 2014/2015 赛季全部比赛。2015 年 3 月 22 日,这位 40 岁的老将宣布退役。这对全世界的球迷来说,是一次猝不及防的刺痛,那清癯的面庞、恬淡的笑容、优雅的传球,一瞬间将消失在 NBA 的赛场。

1974 年 2 月 7 日,纳什出生在南非的约翰内斯堡,跟随父母定居加拿大。童年的纳什对足球、篮球、冰球都有涉猎,还拿过三次国际象棋的冠军,也曾获得过英属哥伦比亚最有价值足球运动员奖。他天生是一个善于用技巧和智慧击败对手的运动员。

纳什的职业生涯源于菲尼克斯,1996 年,他来到了这个和他命运交织缠绕的城市,却在前两年蛰伏于贾森·基德的阴影之下,1996 年,他被交易到达拉斯小牛。

在达拉斯纳什遇到了一生中最好的兄弟德克·诺维茨基,一位轻灵得像得分后卫的身高 2.13 米的德国小伙儿。他们一起跑步,一起训练,一起去乡下小酒馆喝啤酒。他们在球场上刮起了一阵狂野肆意的达拉斯牛仔之风,卷过了整个联盟。

纳什开始用他优雅得仿佛华尔兹的脚步穿梭于 NBA 的长人之林,给诺维茨基送出一记又一记精妙助攻,兄弟俩在赛场上肆意狂奔,度过了一段青涩而又快乐的青春时光。

史蒂夫·纳什常规赛数据

赛季	球队	篮板	助攻	得分
1996/1997	太阳	1.0	2.1	3.3
1997/1998	太阳	2.1	3.4	9.1
1998/1999	小牛	2.9	5.5	7.9
1999/2000	小牛	2.2	4.9	8.6
2000/2001	小牛	3.2	7.3	15.6
2001/2002	小牛	3.1	7.7	17.9
2002/2003	小牛	2.9	7.3	17.7
2003/2004	小牛	3.0	8.8	14.5
2004/2005	太阳	3.3	11.5	15.5
2005/2006	太阳	4.2	10.5	18.8
2006/2007	太阳	3.5	11.6	18.6
2007/2008	太阳	3.5	11.1	16.9
2008/2009	太阳	3.0	9.7	15.7
2009/2010	太阳	3.3	11.0	16.5
2010/2011	太阳	3.5	11.4	14.7
2011/2012	太阳	3.0	10.7	12.5
2012/2013	湖人	2.8	6.7	12.7
2013/2014	湖人	1.9	5.7	6.8
场均数据		3.0	8.5	14.3

史蒂夫·纳什季后赛数据

赛季	球队	篮板	助攻	得分
1996/1997	太阳	0.3	0.3	1.3
1997/1998	太阳	2.5	1.8	5.5
2000/2001	小牛	3.2	6.4	13.6
2001/2002	小牛	4.0	8.8	19.5
2002/2003	小牛	3.5	7.3	16.1
2003/2004	小牛	5.2	9.0	13.6
2004/2005	太阳	4.8	11.3	23.9
2005/2006	太阳	3.7	10.2	20.4
2006/2007	太阳	3.2	13.3	18.9
2007/2008	太阳	2.8	7.8	16.2
2009/2010	太阳	3.3	10.1	17.8
2012/2013	湖人	2.5	4.5	12.5
场均数据		3.5	8.8	17.3

　　2004/2005 赛季，马克·库班做出了那次著名的选择：千万年薪送给"西部第二中锋"丹皮尔，把已经锋芒毕露但年近三十岁的纳什拱手送给了菲尼克斯人 。库班此时并不知道，他给小牛亲手树立了一个最强大的敌人，也亲手把纳什推上了封神之路。

　　这一次回到太阳，就像清风卷起了荒原上跳荡的火苗，谁也不曾想到，这一次，这风会席卷天下，这火能成燎原之势，闪耀四方。而立之年的纳什，点燃了平凡身躯中最伟大的进攻灵魂。不只是神出鬼没的传球，他的个人进攻也达到了巅峰，他在行进中信手拈来的抛射，闲庭信步地切入内线时变化莫测的上篮节奏，以及那些快攻中的追身三分球和失去平衡后平躺在空中的急停跳投，都让他变得无法阻挡。

　　斯塔德迈尔和马里昂像他凌空的双翼，而乔·约翰逊和昆丁·理查德森像他手中的弓箭。整支太阳，如烈火中重生的凤凰。在这里，纳什走上了职业生涯的巅峰，拿下了两个最无争议的常规赛 MVP。

　　2006 年 12 月 12 日，太阳对决篮网，纳什遇到了基德这位早年的大哥。一场这个时代两位最伟大控卫之间的巅峰对决就此诞生。两次加时赛、两队合计 318 分、34 次交替领先。纳什拿下职业生涯最高的 42 分和 13 次助攻，基德则追平了张伯伦 78 个"三双"的纪录：38 分、14 个篮板和 14 次助攻。第二次加时赛中，纳什送出了本场比赛最后一次助攻，鲍里斯·迪奥得分，击败了精疲力竭的基德和篮网。

纳什在菲尼克斯的岁月里，太阳甚至是常规赛最强大的球队，但他们生不逢时，季后赛中西部的对手们如此优秀。科比和湖人掌控着西部的霸权，还有沉默如山的邓肯驾驭着稳定如机器一样的马刺战车。面对他们，纳什和德安东尼找不到破解之道。

2010 年，金特里改变战术，德拉季奇异军突起，太阳才在季后赛以 4 比 0 横扫马刺，完美复仇。纳什和邓肯温情相拥话别。但在西部决赛，太阳却遭遇了科比的湖人，成了紫金王朝复兴的注脚，这是纳什离总冠军最近的一次。

无论高潮还是低谷，无论太阳成败利钝，身边的好友一个一个离去，那些年的纳什毫无怨言，用身体里残存的能量一次次带着面目全非的球队冲击早已变成虚空的梦想。2011 年，太阳的球迷甚至打出标语："纳什，你没错，你可以离开这里。"

然后，紫金湖人成了他旅途的终点，三年不到的平凡时光、糟糕的战绩、流水的队友、无休无止的伤痛。虽然这样沉默而平凡的告别令人猝不及防，但谁都知道这是必然的结果，39 岁的纳什已经无法承受一场高强度比赛的折磨，他的时代结束了。

1217 场比赛、1053 次先发、总共 38069 分钟、17387 得分、3642 个篮板、10335 次助攻、899 次抢断、49% 投篮命中率、42.8% 三分球命中率、90.4% 罚球命中率、两届常规赛 MVP，这一串的数字和荣誉，都无法描述一个完整的纳什。

人们的篮球记忆也许会在时间的河流中渐渐冲淡，但总会记得那飘飞的长发，那如狂风烈火一般的快攻，13 号球衣如风中猎猎作响的战旗。

生涯高光闪回 / 单节 12 次助攻

高光之耀：纳什作为 NBA 唯一不能灌篮的球员，人们不明白为什么他的突破如入无人之境，他的助攻更是不可思议，而且他能比肩奥尼尔、邓肯这些天赋大神，成为 MVP。纳什用单节创纪录的 12 次助攻，给出这个答案。

2006 年 1 月 6 日太阳对阵热火，纳什面对曾经的最佳防守球员佩顿显得异常兴奋，开足马力在场上狂奔着，而佩顿拖着老迈的双腿已无法跟上节奏。

突破佩顿后，纳什的助攻如水银泻地、无孔不入：他总能找到微小的空隙将球传到外线的豪斯和贝尔；如果吸引来了补防，他便将球高高抛给迪奥；如果是快攻推进，马里昂将是他的最佳拍档。

纳什单节送出 12 次助攻，率领太阳队第一节就砍下了 47 分，创造了那个赛季的单节得分纪录。

● 档案

卡尔·马龙 / Karl Malone
出生地：美国路易斯安那州萨穆菲尔德
出生日期：1963 年 7 月 24 日
身高：2.06 米 / 体重：113 公斤
效力球队：爵士、湖人
球衣号码：32、11
场上位置：大前锋

● 荣耀

2 届常规赛 MVP：1996/1997 赛季、
1998/1999 赛季
2 届全明星 MVP：1989 年、1993 年
14 届全明星：1988 年—1998 年、
2000 年—2002 一阵
11 届最佳阵容一阵：1989/1990 赛季—
1998/1999 赛季
3 届最佳防守阵容一阵：1996/1997 赛
季—1998/1999 赛季
2 届奥运冠军：1992 年、1996 年
篮球名人堂：2010 年
NBA 75 大球星

卡尔·马龙常规赛数据			
赛季	球队	篮板	盖帽	得分
1985/1986	爵士	8.9	0.5	14.9
1986/1987	爵士	10.4	0.7	21.7
1987/1988	爵士	12.0	0.6	27.7
1988/1989	爵士	10.7	0.9	29.1
1989/1990	爵士	11.1	0.6	31.0
1990/1991	爵士	11.8	1.0	29.0
1991/1992	爵士	11.2	0.6	28.0
1992/1993	爵士	11.2	1.0	27.0
1993/1994	爵士	11.5	1.5	25.2
1994/1995	爵士	10.6	1.0	26.7
1995/1996	爵士	9.8	0.7	25.7
1996/1997	爵士	9.9	0.6	27.4
1997/1998	爵士	10.3	0.9	27.0
1998/1999	爵士	9.4	0.6	23.8
1999/2000	爵士	9.5	0.9	25.5
2000/2001	爵士	8.3	0.8	23.2
2001/2002	爵士	8.6	0.7	22.4
2002/2003	爵士	7.8	0.4	20.6
2003/2004	湖人	8.7	0.5	13.2
场均数据		10.1	0.8	25.0

卡尔·马龙季后赛数据			
赛季	球队	篮板	盖帽	得分
1985/1986	爵士	7.5	0.0	21.8
1986/1987	爵士	9.6	0.8	20.0
1987/1988	爵士	11.8	0.6	29.7
1988/1989	爵士	16.3	0.3	30.7
1989/1990	爵士	10.2	1.0	25.2
1990/1991	爵士	13.3	1.2	29.7
1991/1992	爵士	13.1	0.9	29.1
1992/1993	爵士	10.4	0.4	24.0
1993/1994	爵士	12.4	0.6	27.1
1994/1995	爵士	13.3	0.4	30.2
1995/1996	爵士	10.3	0.6	26.5
1996/1997	爵士	11.4	0.8	26.0
1997/1998	爵士	10.9	1.0	26.3
1998/1999	爵士	11.3	0.7	21.8
1999/2000	爵士	8.9	0.9	27.2
2000/2001	爵士	8.8	0.4	27.6
2001/2002	爵士	7.5	0.8	20.0
2002/2003	爵士	6.8	0.4	19.6
2003/2004	湖人	8.8	0.1	11.5
场均数据		10.7	0.7	24.7

邮差

卡尔·马龙

KARL MALONE

马龙是有史可考的最伟大四号位球员之一。相对于篮球运动员，他更像一个橄榄球场上的跑锋。体格和力量使他在低位难以防守，他还是完成快攻的好手，并且有一手致命中投。他的职业生涯写满辉煌：2 届 MVP，以及仅次于"天勾"贾巴尔（史上第二高）的 36928 分。

皮蓬当年的一句"邮差今天不上班"，把卡尔·马龙与邮差联系在一起，永远留在 NBA 的史册中，关于马龙被称作"邮差"，有几种说法：

第一，马龙是联盟中出了名的"铁人"，19 年职业生涯中有 17 个赛季上场超过 80 场，而且场均上场时间从没有低于 30 分钟，就像邮差一样风雨无阻。

第二，马龙和斯托克顿相互配合的 18 个赛季，每次接到老伙计的传球都能稳稳当当送进对手篮筐，动作像邮差送信那样令人放心。

第三，操着一口美国南方口音的卡尔·马龙是 NBA 里的常青树，在联盟历史上，他比别人抓下了更多的篮板，投进了更多的罚球。

他和斯托克顿一起守护着盐湖城，因为日复一日的努力和付出，马龙也因此得名"邮差"。

1963 年 7 月 24 日，卡尔·马龙出生在路易斯安那州的萨墨菲尔德，这位农家男孩的家乡是一个只有 200 人的小镇子。马龙全家住在一间以铁皮为屋顶的简陋房子里，连一个像样的厕所都没有。马龙是家里 5 个兄弟中最小的男孩子，同时，他还有 4 个相依为命的姐妹。

在他 3 岁的时候，父亲自杀离世，抚养 9 个孩子的重担落在了母亲的肩上。母亲是锯木厂里开叉车的工人，为了养家糊口她拼命工作，坚信只要努力就一定能够养活全家，所以她从不接受任何施舍。在马龙还是个孩子时，他就爱上了卡车，他的妈妈开了一间乡村商店，看着大卡车进进出出，马龙告诉哥哥，总有一天，他会拥有自己的卡车。

当人们都去选择某个著名的运动员、演员或者歌星作为偶像时，马龙却选择母亲作为自己的偶像。母亲是马龙心目中的英雄！她曾教导他："勤奋工作从来不会累死人。"

马龙 7 岁时就外出打猎，把食物带回家，12 岁时就外出工作，他始终相信自己长大以后一定能大有作为，要让母亲和兄弟姐妹们为他骄傲。起初，马龙梦想当国民警卫队员、特种兵。后来，马龙想当一名售装箱大卡车司机或一名建筑工人。

也许听起来会有些令人诧异，篮球当时并没有被列在马龙的人生计划中，直到有一天，母亲把一只旧水桶沿边剪下一个圈来，为马龙举着，让他投橡皮球玩。到了初中，马龙开始在篮球队里打球。他喜爱打比赛，比赛给他一种快感，与人比拼，为了获胜，马龙挥汗如雨地刻苦训练，常代表学校出去比赛。他并不刻意去争抢成功和荣誉，但是他的的确确每天都在为此努力。

大学阶段，马龙被埃迪·萨顿教练招募至路易斯安那州理工大学，这是一所离家仅仅 64 千米的规模不大的乡下学院，爵士的球探在这里发现了马龙。三个赛季里，马龙场均贡献 18.7 分、9.3 个篮板，两次率队进入 NCAA 锦标赛。

1985 年选秀大会，马龙在首轮第 13 顺位被爵士选中。在新秀赛季，马龙场均 14.9 分和 8.9 个篮板，在当年的最佳新秀评选中，排名第三，并且进入了联盟新秀第一队。紧接着的一个赛季，马龙场均得分达到 21.7 分，开始了漂亮且漫长的砍分旅程。之后连续的 17 个赛季，马龙的场均得分从未低于 20 分。到了第三个赛季，马龙入选了全明星阵容，并且被选入联盟最佳阵容第二队。"每一年，他都有所长进。"斯托克顿说，"每一个赛季，他都能够找到打击对手的新方法，这就是他的传奇所在。"

1988/1989 赛季，开季 17 场比赛后，爵士的主教练弗兰克·雷登升职为球队主席，而他的助手杰里·斯隆接过了比赛的控制权，爵士再次刷新队史最佳战绩——51 胜。马龙同样提供了进入 NBA 以来的最出色表现，他的场均 29.1 分上升至联盟第二，10.7 个篮板位列第五。在 1989 年休斯敦全明星赛上，马龙 17 投 12 中砍下 28 分，收获了生涯首座全明星赛 MVP。职业生涯首次被选入联盟第一阵容，并在 MVP 评选中位列第三。季后赛中，尽管马龙场均砍下 30.7 分、16.3 个篮板，但爵士在首轮就遭到勇士横扫。

1989/1990 赛季，马龙再次获选联盟一队，他场均得到生涯新高的 31 分，另有 11.1 个篮板排在第四位。1990 年 1 月 27 日与雄鹿比赛时得到职业生涯最高的 61 分。在 MVP 投票竞争中，马龙排在第四位。1993 年 2 月 21 日，马龙和斯托克顿共享了盐湖城全明星赛的 MVP。1994/1995 赛季，马龙场均 26.7 分、10.6 个篮板，率爵士赢得创队史纪录的 60 胜，但季后赛却首轮出局。

1996/1997 赛季，马龙场均 27.4 分、9.9 个篮板，不但生涯首度荣膺常规赛 MVP，还同时入选最佳阵容和最佳防守阵容。在他的率领下，爵士收获队史新高的 64 胜 18 负，总决赛中，爵士 2 比 4 不敌公牛，痛失总冠军。在这个以防守为导向的系列赛，马龙场均 23.8 分，系列赛六场比赛每场他都是爵士的得分王。

1997/1998 赛季初期，斯托克顿因伤缺阵，马龙担起了责任。爵士以 62 胜 20 负与公牛相同的联盟最佳战绩结束了常规赛，之后，爵士和公牛在总决赛再度重逢。尽管马龙在第五场独得 39 分，并在关键时刻跳投命中，把比赛带回犹他，但乔丹在第六场最后关头从马龙手里抢断，完成致命一击，公牛再次以 4 比 2 战胜爵士，马龙又一次与总冠军擦肩而过。输掉总决赛的第二天，马龙再次开始了自虐式的训练。

这壮丽的抵抗最终只是"公牛王朝"和乔丹的帝王神殿里的点缀，犹他至此中衰。缩水赛季负于开拓者后，球队更是一路下滑。虽然马龙不甘心，甚至斯托克顿引退都不能丝毫打消他对那枚魂牵梦绕的戒指的追求，于是毅然屈尊俯就远赴洛杉矶，然而一个赛季的屈辱并不能换来梦想中的冠军。当活塞坏孩子们用铜墙铁壁的防守击溃湖人王朝时，随同陪葬的是马龙 19 年的冠军梦，以及曾经的忠贞与不屈。

2005 年 2 月 14 日，马龙在盐湖城的德尔塔中心正式宣布退役。2006 年 3 月 23 日，爵士为马龙举行球衣退役仪式，并在三角洲中心广场为他竖起一尊铜像。

马龙书写了大前锋无可匹敌的成就，虽然他的铁肘和强悍的球风被对手们憎恨，职业生涯也未能染指总冠军，但依然让人肃然起敬。他的勤奋和忠诚在 NBA 无人能出其右，年复一年，他只是往返于球场和家庭之间，堪称所有职业球员的典范。

他为这支爵士，已经燃烧了一切。屹立在三角洲中心广场的铜像和球馆上的球衣告诉这个世界：卡尔·马龙在这里，永恒地存在着。

生涯高光闪回/高效 61 分证名战

高光之耀：1990 年 1 月 28 日，爵士对阵雄鹿，卡尔·马龙 26 投 21 中、罚球 26 投 19 中，狂砍生涯最高的 61 分。这高效砍分事件还得追溯到前一年的贾巴尔退役。

1989 年全明星大赛，球员们有意放水让即将退役的贾巴尔拿到全明星 MVP，结果卡尔·马龙不解风情，将全明星 MVP 收入囊中。正是由于卡尔·马龙的无意之举，导致了接下来的 1989/1990 赛季球迷全明星投票，把湖人的蓝领球员 AC·格林投成西部首发大前锋。马龙给格林打替补，这让心高气傲的马龙非常气愤。所以当投票结果一经公布后，卡尔·马龙旋即就在比赛中拿雄鹿开刀了。当时的雄鹿教练就说过，这场赛前他就知道马龙肯定将有所回应，可是没想到回应得如此激烈。

9–6

9
伦纳德 / 巴克利 / 戴维斯 / 皮蓬
LEONARD / BARKLEY / DAVIS / PIPPEN

8
安东尼 / 德雷克斯勒 / 皮尔斯 / 卡特
ANTHONY / DREXLER / PIERCE / CARTER

7
朱利叶斯·欧文 / 威尔金斯 / 雷·阿伦 / 米勒
JULIUS ERVING / WILKINS / RAY ALLEN / MILLER

6
基德 / 帕克 / 吉诺比利 / 斯托克顿
KIDD / PARKER / GINOBILI / STOCKTON

"科怀有一双巨手，是一位出色的防守者，和他对位很有趣。"
——勒布朗·詹姆斯

● 档案

科怀·伦纳德 / Kawhi Leonard
出生地：美国加利福尼亚州滨江
出生日期：1991 年 6 月 29 日
身高：2.01 米 / 体重：102 公斤
效力球队：马刺、猛龙、快船
球衣号码：2
场上位置：小前锋

● 荣耀

2 届总冠军：2014 年、2019 年
2 届总决赛 MVP：2014 年、2019 年
5 届全明星：2016 年—2017 年、
2019 年—2021 年
1 届全明星 MVP：2020 年
1 届抢断王：2014/2015 赛季
2 届最佳防守球员：2014/2015 赛季、
2015/2016 赛季
NBA 75 大球星

科怀·伦纳德常规赛数据

赛季	球队	篮板	助攻	得分
2011/2012	马刺	5.1	1.1	7.9
2012/2013	马刺	6.0	1.6	11.9
2013/2014	马刺	6.2	2.0	12.8
2014/2015	马刺	7.2	2.5	16.5
2015/2016	马刺	6.8	2.6	21.2
2016/2017	马刺	5.8	3.5	25.5
2017/2018	马刺	4.7	2.3	16.2
2018/2019	猛龙	7.3	3.3	26.6
2019/2020	快船	7.1	4.9	27.1
2020/2021	快船	6.5	5.2	24.8
场均数据		6.4	2.9	19.2

科怀·伦纳德季后赛数据

赛季	球队	篮板	助攻	得分
2011/2012	马刺	5.9	0.6	8.6
2012/2013	马刺	9.0	1.0	13.5
2013/2014	马刺	6.7	1.7	14.3
2014/2015	马刺	7.4	2.6	20.3
2015/2016	马刺	6.3	2.8	22.5
2016/2017	马刺	7.8	4.6	27.7
2018/2019	猛龙	9.1	3.9	30.5
2019/2020	快船	9.3	5.5	28.2
2020/2021	快船	7.7	4.4	30.4
场均数据		7.9	2.8	21.2

9 ♠

机器人

科怀·伦纳德

KAWHI LEONARD

巨掌遮天，臂展超长，面沉似水，看似空洞的眼神却摄人心魄。"死亡缠绕"名震江湖，"生死一杀"震古烁今，他是"王朝终结者"，踩着迈阿密、奥克兰的残垣捧起两座总决赛 MVP 奖杯。

钢筋铁骨、冷静严密、强悍霸道、攻守有度，伦纳德在马刺承袭风骨，在猛龙发扬光大，如今他在快船觊觎天下，已经蜕变成联盟中最令人胆寒的人工智能的"机器人"。

1991 年 6 月 29 日，科怀·伦纳德出生在美国加利福尼亚州滨江市一个普通的黑人家庭中。2007 年，伦纳德从谷泉高中转到马丁路德金高中，并很快成为篮球校队的主力成员。在高四那年，伦纳德场均砍下 22.6 分、13.1 个篮板，展现出了极佳的天赋和领导力，率领球队拿下 30 胜 3 负的战绩，并当选了加州篮球先生。

高中毕业后的伦纳德最终选择了位于家乡南部的圣地亚哥州立大学。大二赛季，伦纳德场均增至 15.7 分、10.4 个篮板，入选全美最佳阵容二队。

2011 年，伦纳德参加 NBA 选秀，在首轮第 15 顺位被印第安纳步行者选中，但随后被交易到马刺。冷静沉着的伦纳德很快就融入"黑白圣城"。

能进入马刺、在"GDP"身边成长，伦纳德无疑是幸福的。新秀赛季他便随队杀进西部决赛，第二年他更是作为主力球员站上总决赛的舞台。在抢七大战中，伦纳德砍下 19 分、16 个篮板，但马刺最终惜败于热火，伦纳德也与总冠军失之交臂。

2014 年季后赛，伦纳德场均 14.3 分，三分球命中率高达 41.9%，表现颇为不俗，但真正让世人震惊的是他在总决赛面对詹姆斯时的劲爆表现。

马刺与热火连续两年决战总决赛，马刺先输一城，这一次他们以 4 比 1 大胜热火完美复仇。伦纳德在后三场分别得到 29 分、20 分、22 分，在攻防两端表现炸裂，最终夺得总决赛 MVP，22 岁的伦纳德也成为自"魔术师"约翰逊以后最年轻的总决赛 MVP。

整个总决赛期间，詹姆斯面对伦纳德防守时有些一筹莫展，伦纳德凭借一双长臂巨掌覆盖了巨大的防守面积、给对手无限的压迫感，自此"死亡缠绕"威震天下。

伦纳德在职业生涯的第三个赛季便染指总冠军，更获得了总决赛 MVP，实现了很多传奇巨星穷其一生都未能完成的任务。2015/2016 赛季，他连续两年荣膺最佳防守球员。

2016 年夏天，邓肯正式退役，伦纳德接过火炬，率领马刺打出 54 胜的联盟第二战绩。然而 2017 年季后赛，伦纳德受到帕楚里亚"踮脚"犯规，导致脚踝大伤，此后他与马刺的命运陡然扭转。接下来的 2017/2018 赛季，伦纳德只打了 9 场比赛，场均仅得 16.2 分，他和马刺在续约问题上也出现分歧，直到达到不可调和的地步。

人们把伦纳德当作是邓肯的接班人，但他并没有拥有一颗像邓肯那样坚若磐石的马刺之心，而有一个敏感而自尊的灵魂。队医"误诊"、迁延复出、"诈伤"指责、队友疏离，这让他失去了对马刺的信任，开始追求个人的前途。

2018 年 7 月，伦纳德与猛龙头牌德罗赞互换东家，被马刺交易到多伦多。伦纳德渴望成为超级巨星，追求特权与市场，然而马刺偏偏是"众生平等"的球队，即便他们曾拥有 NBA 最伟大的大前锋邓肯，以及最妖异的分卫吉诺比利、MVP 级控卫帕克。

伦纳德追求是普世哲学，而马刺与"GDP"是世间孤本。

来到猛龙后的伦纳德亟待证明自己。2019 年第一战，他狂砍个人职业生涯新高的 45 分，为猛龙带来新年开门红。2018/2019 赛季，伦纳德率领猛龙狂揽 58 胜，高居东部第二。

2019 年季后赛，是属于伦纳德的封神之旅。他在半决赛第一场狂砍 45 分，第四场他又独取 39 分。令人窒息的抢七大战，又是伦纳德在最后 4 秒钟，用一记压哨三分终结比赛。这是继乔丹的"最后一投"之后，NBA 历史上第二记生死局的压哨绝杀。

东部决赛猛龙对阵雄鹿，前两场猛龙全败，濒临淘汰的边缘。此后猛龙发起绝地反击，连扳了四场。第三、四场以范弗利特为首的猛龙在后场找到准星，投射出制胜火力。伦纳德在第五场砍下 35 分。第六场伦纳德虽然只得 27 分，但却摘下 17 个篮板球，包括最后时刻奠定胜局的进攻篮板。猛龙最终以 4 比 2 淘汰雄鹿，挺进总决赛。

总决赛猛龙挑战四年三冠的勇士，杜兰特的缺阵让胜负的天平悄然改变。没有了杜兰特，论阵地战单挑，没有人能限制住伦纳德。最终，伦纳德率领猛龙以 4 比 2 击败勇士，夺得总冠军。尽管因为杜兰特的缺阵、汤普森的伤退，勇士并不是最强的勇士，但伦纳德在总决赛场均砍下 29 分、11 个篮板，夺得总决赛 MVP，还是无可争议。

五年前，伦纳德首次加冕总决赛 MVP，让两连冠的热火王朝梦碎；而五年后，伦纳德再次加冕总决赛 MVP 时，四年三冠的勇士王朝也轰然崩塌，留下无尽的唏嘘。

伦纳德率领猛龙夺下队史首个总冠军，然而他并没有打算在苦寒的北境建立王朝。作为一个洛杉矶人，他期待回到那里，圆自己的"洛杉矶之梦"。2019 年 7 月，洛杉矶快船以 3 年 1.03 亿美元将新科总决赛 MVP 伦纳德招至阵中，而另一位"攻防一体"的超级巨星保罗·乔治也从雷霆来到这里。一时间，双星闪耀的快船变成夺冠大热门。

2019/2020 赛季，伦纳德除了备受争议的轮休之外，表现得还算稳健，场均得到 27.1 分、7.1 个篮板、4.9 次助攻。并在 2020 年芝加哥全明星赛上，砍下 30 分，并命中 8 记三分球，夺得"科比·布莱恩特 MVP"（全明星 MVP）。

2020 年季后赛，作为夺冠热门的快船一路坎坷不断。他们先是与"新人王"东契奇领衔的独行侠鏖战六场才艰难晋级。此后，快船在西部半决赛在以 3 比 1 领先后，被掘金连扳三场，强行逆转，淘汰出局。纵然伦纳德场均砍下 28.2 分，也难以挽回败局。

2020/2021 赛季，伦纳德依旧不温不火，但到了季后赛，他还是展现出无解的单打能力。快船首轮对阵独行侠，两队均打出客场制胜。关键的第六场，伦纳德 25 投 18 中，高效独砍 45 分，率领快船在客场击溃独行侠，并在抢七大战送别对手，挺进第二轮。

2021 年 6 月 15 日，快船对阵爵士的第四场，伦纳德膝盖意外受伤离场，此后诊断为十字韧带撕裂。虽然一度封锁消息，但终究还是缺席了余下比赛。缺少伦纳德，快船在乔治的率领下，打出气势如虹的进攻，淘汰了爵士。西部决赛对阵太阳，快船因为缺少伦纳德这张稳定、高效的"得分王牌"，最终还是败下阵来。

阴晴不定的伤病让伦纳德的前程充满迷雾。几经博弈与深思，2021 年 8 月，快船终于还是与伦纳德完成 4 年 1.763 亿美元的续约合同，毕竟如果没有伤病，伦纳德绝对是当今联盟攻防一体 TOP3 的球员。

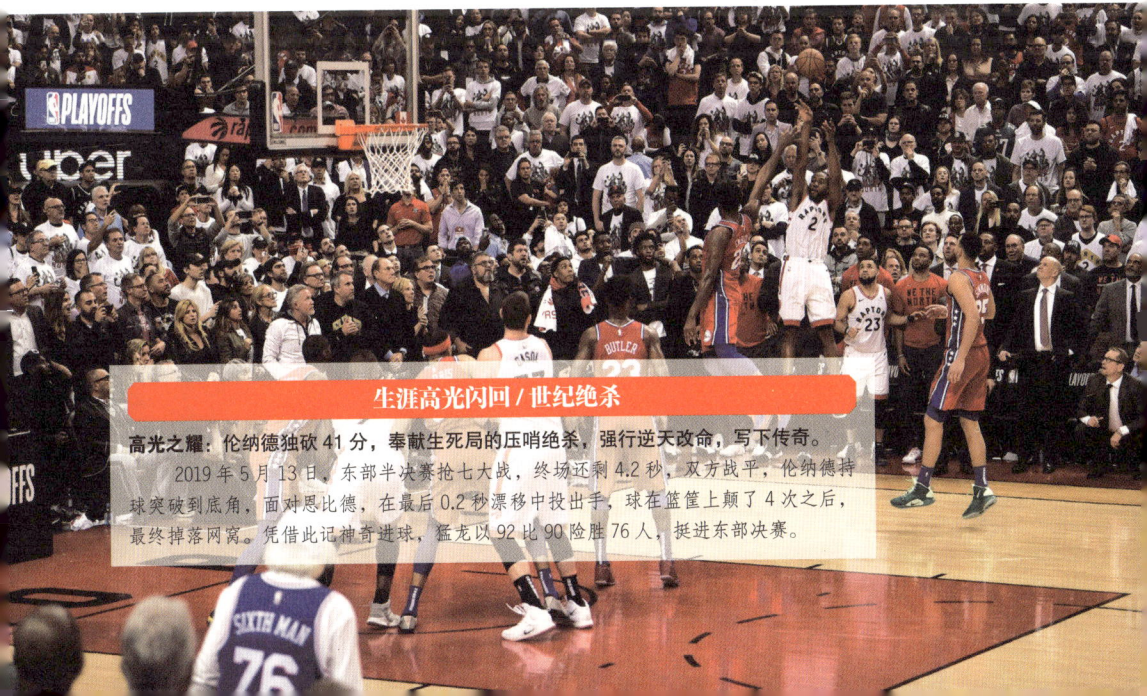

生涯高光闪回 / 世纪绝杀

高光之耀：伦纳德独砍 41 分，奉献生死局的压哨绝杀，强行逆天改命，写下传奇。

2019 年 5 月 13 日，东部半决赛抢七大战，终场还剩 4.2 秒，双方战平，伦纳德持球突破到底角，面对恩比德，在最后 0.2 秒漂移中投出手，球在篮筐上颠了 4 次之后，最终掉落网窝。凭借此记神奇进球，猛龙以 92 比 90 险胜 76 人，挺进东部决赛。

"别换我下场，我死后有
大把的时间休息。"
————查尔斯·巴克利

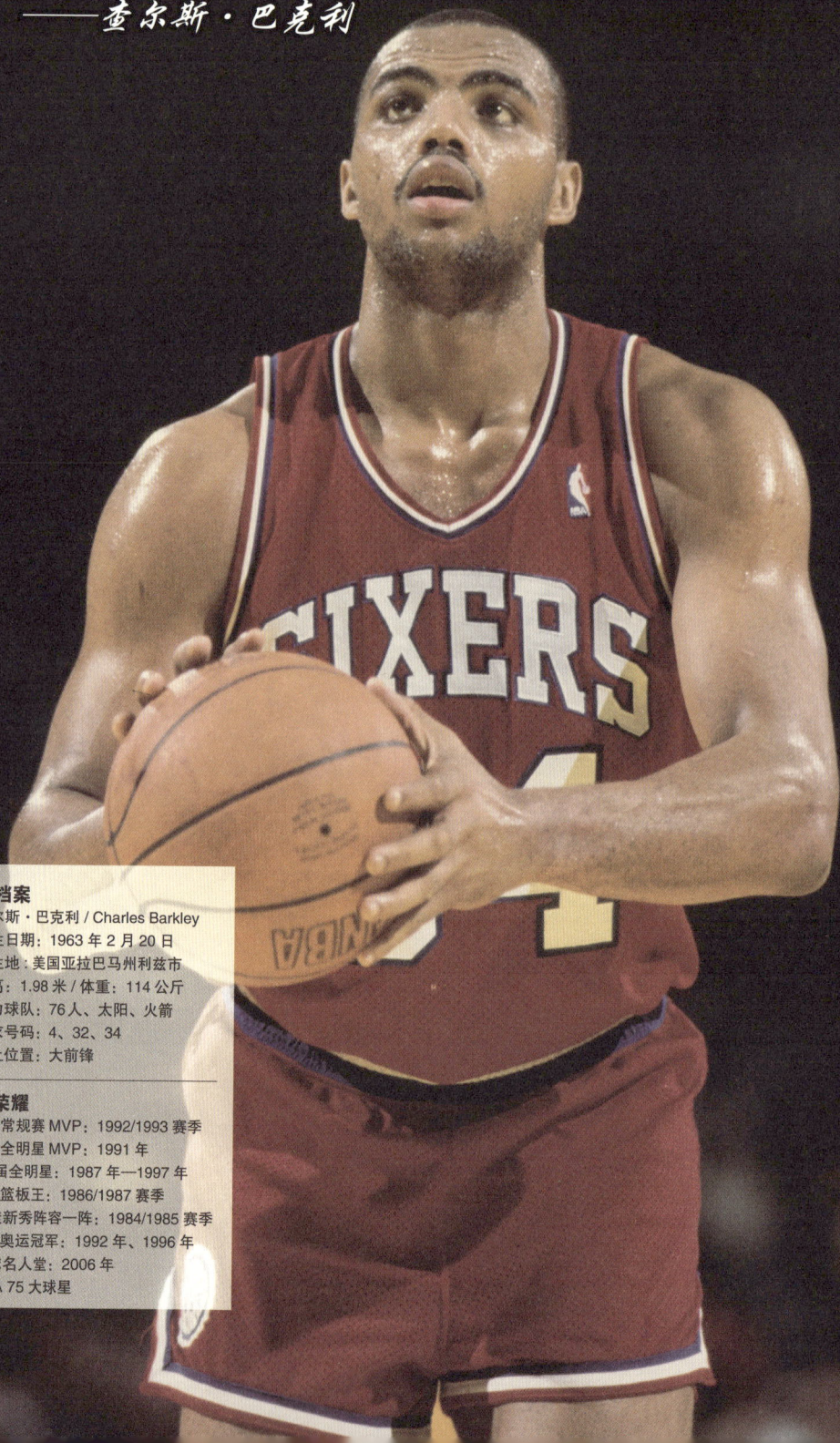

● 档案
查尔斯·巴克利 / Charles Barkley
出生日期：1963 年 2 月 20 日
出生地：美国亚拉巴马州利兹市
身高：1.98 米 / 体重：114 公斤
效力球队：76 人、太阳、火箭
球衣号码：4、32、34
场上位置：大前锋

● 荣耀
1 届常规赛 MVP：1992/1993 赛季
1 届全明星 MVP：1991 年
11 届全明星：1987 年—1997 年
1 届篮板王：1986/1987 赛季
最佳新秀阵容一阵：1984/1985 赛季
2 届奥运冠军：1992 年、1996 年
篮球名人堂：2006 年
NBA 75 大球星

9
♥

查尔斯爵士
查尔斯·巴克利
CHARLES BARKLEY

> 无论是作为球员还是解说员，查尔斯·巴克利都是一个能带来意外惊喜的"神棍"。1984 钻石一代名垂青史，然而 37 年后的今天，当人们逐渐淡忘了乔丹的伟大、奥拉朱旺的传奇和斯托克顿的忠贞，查尔斯却一如既往地停留在球迷的视野中。
>
> 无冕之王的标签已然模糊，飞天神猪的风采已成云烟，但我们熟悉的大嘴爵士还坐在 TNT 的解说大厅中侃侃而谈，用幽默、风趣和辛辣的语言点评着每一场精彩的比赛。

巴克利永远不会掩饰心中的想法，他畅所欲言，无话不谈。

事实上，我们早已习惯了这种诙谐的预测表演，在查尔斯博士漫长的职业生涯中，此类场景更是不胜枚举。年轻的时候，巴克利可能会喋喋不休地强词夺理，但如今他只需要摆正衣襟，朝着身边的米勒抖一句"步行者现在打得像 shit"，话题便自动转移。巴克利享受这份工作带来的乐趣，也深知自己如今所拥有的一切来之不易。他的点评有的深刻，有的精辟，有的无厘头，但归根结底都是他丰富人生阅历的体现。

巴克利在 15 岁之前常常和学校的小伙伴四处游荡，过着惹是生非的生活。15 岁的时候，他开始一心一意地练篮球，虽然训练十分刻苦，但巴克利到高二的时候身高也不过 1.70 米。到三年级后他长到了 1.85 米，但还是学校的替补队员。个头不高的巴克利在高中和大学凭借出色的弹跳和非凡的力量很快成为校队主力。但在 1984 年洛杉矶奥运会男篮选拔训练中，他因为个头只有 1.98 米而落选。不过在同年的 NBA 选秀大会上，巴克利在首轮第 5 顺位被 76 人选中。

巴克利在费城76人度过了8个赛季，但是球队的最佳表现是在他来球队的第一年。那年，76人以常规赛58胜24负的成绩一路进军到东部总决赛，却以1比4输给凯尔特人。在经历了一系列的季后赛失利后，76人失去了1991/1992赛季的季后赛资格，巴克利开始考虑离开费城。巴克利在费城的时候经常上报纸的头版头条，比如最著名的是在草场竞技球馆客场对阵新泽西网的比赛中，他向一名情绪激动的质问者吐口水，却落到一位小姑娘身上。费城76人的老板无法忍受，他把这个变化无常的家伙和菲尼克斯太阳的杰夫·霍纳塞克、蒂姆·佩里和安德鲁·郎做了交换。

就像命名这座城市的神鸟凤凰一样，巴克利在菲尼克斯获得了新生。他在太阳的第一年就取得了梦幻般的成就，不仅首次加冕常规赛MVP，还率领球队以62胜20负的球队最佳常规赛战绩杀入1993年的总决赛。在令人难忘的六场比赛中，太阳输给迈克尔·乔丹和他的芝加哥公牛。在接下来的两个赛季里，尽管巴克利一直受到伤病的困扰，但他还是保持了高水准。在1994/1995赛季，太阳杀进西部半决赛，却输给了当年的总冠军火箭。在太阳待了四个赛季后，巴克利离开菲尼克斯加盟休斯敦。

有句格言说得好：如果不能击败你的对手，那么就加入他。巴克利在加盟火箭后又恢复了神勇，然而携手正在老去的奥拉朱旺、德雷克斯勒一起获取总冠军戒指的梦想却从来没有实现。1998/1999赛季前，当巴克利为总冠军戒指做最后的努力时，火箭得到了斯科蒂·皮蓬这位公牛王朝的二号人物。在由于停摆而缩水的赛季中，巴克利打了42场比赛，不过火箭在季后赛首轮被湖人淘汰，巴克利和皮蓬被证明是水火不容的。在赛季结束后，两人刺耳的争吵传到了媒体那里，皮蓬随后被送到了开拓者。 不过，即便是挤走了死敌，巴克利也未能迎来春天，当他宣布在休斯敦的第四个赛季将是自己在NBA的最后一个赛季后，他的时代结束了。当然，没有冠军戒指。

1999年12月8日，巴克利左膝四头肌腱断裂，迫使他在常规赛最后一场就结束了这个赛季。具有讽刺意味的是，这是他在对阵老东家费城76人时受的伤。巴克利职业生涯一共得到了23757分，篮板数超过12500个，季后赛平均每场可以得到23分和12.9个篮板，另外还保持着单节11个进攻篮板和半场13个进攻篮板的联盟最高纪录。

2006年9月9日，巴克利入选奈·史密斯名人堂，一代巨星的篮球生涯总算画上完美的句号，早已习惯了谈笑风生，站在演讲台上的查尔斯爵士第一次让人感觉到了伟岸。但当人们都平静下来等待一次严肃而煽情的演说时，巴克利咧嘴一笑："也许，我的身高只有6尺5寸（1.95米），Oh my god！我还没迈克尔（乔丹）高。"

查尔斯·巴克利常规赛数据			
赛季	球队	篮板	盖帽	得分
1984/1985	76人	8.6	1.0	14.0
1985/1986	76人	12.8	1.6	20.0
1986/1987	76人	14.6	1.5	23.0
1987/1988	76人	11.9	1.3	28.3
1988/1989	76人	12.5	0.8	25.8
1989/1990	76人	11.5	0.6	25.2
1990/1991	76人	10.1	0.5	27.6
1991/1992	76人	11.1	0.6	23.1
1992/1993	太阳	12.2	1.0	25.6
1993/1994	太阳	11.2	0.6	21.6
1994/1995	太阳	11.1	0.7	23.0
1995/1996	太阳	11.6	0.8	23.2
1996/1997	火箭	13.5	0.5	19.2
1997/1998	火箭	11.7	0.4	15.2
1998/1999	火箭	12.3	0.3	16.1
1999/2000	火箭	10.5	0.2	14.5
场均数据		11.7	0.8	22.1

查尔斯·巴克利季后赛数据			
赛季	球队	篮板	盖帽	得分
1984/1985	76人	11.1	1.2	14.9
1985/1986	76人	15.8	1.3	25.0
1986/1987	76人	12.6	1.6	24.6
1988/1989	76人	11.7	0.7	27.0
1989/1990	76人	15.5	0.7	24.7
1990/1991	76人	10.5	0.4	24.9
1992/1993	太阳	13.6	1.0	26.6
1993/1994	太阳	13.0	0.9	25.5
1994/1995	太阳	13.4	1.1	25.7
1995/1996	太阳	13.5	1.0	25.5
1996/1997	火箭	12.0	0.4	17.9
1997/1998	火箭	5.3	0.0	9.0
1998/1999	火箭	13.8	0.5	23.5
场均数据		12.9	0.9	23.0

生涯高光闪回 / 加冕星魁

高光之耀： 巴克利拿到17分、22个篮板、4次助攻，22个篮板追平全明星赛最高篮板纪录。更为关键的是，在乔丹的地盘，巴克利从"篮球之神"手中抢走了MVP，这足以成为查尔斯爵士"吹嘘"一辈子的谈资。

　　1991年全明星赛在夏洛特举办，这里是北卡罗来纳州，是乔丹长大的地方，因此这届全明星MVP原本是献给乔丹的。比赛打得异常激烈，东部队在上半场还领先9分，乔丹当晚手感不佳，25投10中，拿到26分。巴克利频繁抢到篮板补扣，为东部队在最后时刻保持领先。西部队最后3秒仍有机会绝杀，凯文·约翰逊三分球出手，但篮下争抢位置的卡尔·马龙抢球心切，竟然在球下落过程中碰到了皮球，被吹进攻干扰，东部队逃过一劫。

● 档案

安东尼·戴维斯 /Anthony Davis
出生地：美国伊利诺伊州芝加哥
出生日期：1993 年 3 月 11 日
身高：2.08 米 / 体重：115 公斤
效力球队：鹈鹕、湖人 / 球衣号码：23、3
场上位置：大前锋

● 荣耀

1 届总冠军：2020 年
8 届全明星：2014 年—2021 年
3 届盖帽王：2013/2014 赛季、2014/2015
赛季、2017/2018 赛季
4 届最佳阵容一阵：2014/2015 赛季、
2016/2017 赛季、2017/2018 赛季、
2019/2020 赛季
2 届最佳防守阵容一阵：2017/2018 赛季、
2019/2020 赛季
1 届奥运冠军：2012 年
1 届世锦赛冠军：2014 年
NBA 75 大球星

安东尼·戴维斯常规赛数据

赛季	球队	篮板	盖帽	得分
2012/2013	鹈鹕	8.2	1.8	13.5
2013/2014	鹈鹕	10.0	2.8	20.8
2014/2015	鹈鹕	10.2	2.9	24.4
2015/2016	鹈鹕	10.3	2.0	24.3
2016/2017	鹈鹕	11.8	2.2	28.0
2017/2018	鹈鹕	11.1	2.6	28.1
2018/2019	鹈鹕	12.0	2.4	25.9
2019/2020	湖人	9.3	2.3	26.1
2020/2021	湖人	7.9	1.6	21.8
场均数据		10.2	2.3	23.9

安东尼·戴维斯季后赛数据

赛季	球队	篮板	盖帽	得分
2014/2015	鹈鹕	11.0	3.0	31.5
2017/2018	鹈鹕	13.4	2.3	30.1
2019/2020	湖人	9.7	1.4	27.7
2020/2021	湖人	6.6	1.6	17.4
场均数据		10.3	1.8	27.3

他展开双臂宛如垂天之翼，
转战紫金，完成从大鸟鹈鹕
到金翅大鹏的完美进化。

9 ♣

浓眉
安东尼·戴维斯
ANTHONY DAVIS

2012 年安东尼·戴维斯在进入 NBA 之前，就是美国篮球的一个神话，其天分足以傲视众人：2.08 米身高，乘奔御风般的跑跳能力，外加摩天摘星般的臂展，还有一手精准的中投。

他在鹈鹕经过七年的淬炼与成长，终于在"紫金国度"绽放出炫目无比的光芒，在攻守两端的统治级表现，足以令他成为"大鲨鱼"之后湖人的最强内线，并与詹姆斯一起捧起耀眼的金杯。

打后卫时培养的射术、控球以及面框步伐，已经被他牢牢掌握。于是他身为七尺巨人，却拥有不可思议的敏捷和灵活。每当他在禁区起飞，就像一只张开双翅、俯瞰全局的巨鸟。

2009 年，安东尼·戴维斯在芝加哥远景公立中学就读高二时身高仅为 1.91 米，此后猛增到 2.08 米，他也从后卫变成了大前锋。这个段子在戴维斯成名后被反复提及，天才后卫一夜之间成为大前锋，带着后卫的华丽技巧进入大个子的世界。

高三那年，戴维斯场均贡献 32 分、22 个篮板、7 次盖帽，成为全美知名的篮球新星。2011 年，戴维斯加盟肯塔基大学后就成为 NCAA 最强的大一新生。整个赛季他贡献了 186 个盖帽，刷新了 NCAA 大一年级的盖帽纪录，并率领肯塔基大学获得了 NCAA 冠军，戴维斯也获得了 NCAA 四强赛最杰出球员奖（MOP）。

戴维斯的臂展为 2.27 米，站立摸高达到 2.74 米，静态天赋无与伦比。他参加了 2012 年 NBA 选秀大会，在首轮第 1 顺位被新奥尔良黄蜂选中，毫无悬念地成为状元。

戴维斯在菜鸟赛季远没有期待中那么顺利，由于各种伤病，他总共缺席了 18 场比赛，在 64 场比赛里场均贡献 13.5 分、8.2 个篮板、1.8 次盖帽，与最佳新秀擦肩而过。

　　值得一提的是，2013 年 1 月，新奥尔良黄蜂正式更名为鹈鹕，戴维斯这名状元新秀，摇身一变，成为新奥尔良鹈鹕的创队元老。

　　戴维斯在 NBA 第二个赛季表现堪称惊艳，不仅入选全明星，还进入 20+10 俱乐部。他是效率极高的袭筐器，还有精准的中投、强悍的协防与盖帽。没人能预知他的未来，他刚刚刮开天赋的表层，就已经成为邓肯和加内特之后攻防最全面的内线球员。

　　2014/2015 赛季，戴维斯在揭幕战下豪取 26 分、17 个篮板、9 次盖帽，那个赛季他交出场均 24.4 分、10.2 个篮板、2.2 次助攻、1.5 次抢断和 2.9 次盖帽的全能答卷。

　　2015 年，戴维斯初次体验季后赛。虽然鹈鹕在首轮即被勇士横扫出局，但戴维斯场均砍下 31.5 分、11 个篮板、3 次盖帽，表现异常抢眼。2015 年 7 月，鹈鹕迫不及待地与戴维斯签下一份 5 年 1.45 亿美元的超级合同。

　　2016 年 2 月 22 日，戴维斯爆砍比肩奥尼尔的 59 分、20 个篮板，率领鹈鹕以 111 比 106 战胜活塞。此后风头正劲的戴维斯遭遇伤病的侵袭，鹈鹕也被季后赛拒之门外。

　　2016 年 10 月 27 日新赛季揭幕战，戴维斯华丽归来，砍下 50 分、16 个篮板、5 次助攻、7 次抢断和 4 次盖帽，以无比全能与火爆的数据再次赢得全世界的目光。但纵然"浓眉"神勇无匹，无奈孤掌难鸣，鹈鹕的战绩依旧不温不火。

　　2017 年新奥尔良全明星赛，作为东道主，戴维斯狂砍创纪录的 52 分，并当选全明星 MVP。2017 年 2 月 21 日，考辛斯加盟鹈鹕，戴维斯和这位才华横溢的肯塔基师兄，组成 NBA 最具攻击力的内线双人组合，联袂率队向着季后赛发起冲锋。

　　理想很丰满，现实很骨感。坐拥联盟最全能的两大内线，鹈鹕还没有实现战略突破之际，考辛斯就因为跟腱撕裂，在 2018 年 1 月 28 日告别赛场，之后也告别了鹈鹕。

　　失去强力搭档，戴维斯不得不率领鹈鹕在虎狼环伺的西部赛区独自奋战，并多次砍下华丽数据：2018 年 2 月 24 日，他豪取 45 分、17 个篮板、5 次抢断、5 次盖帽，率领鹈鹕险胜热火。2 月 27 日对阵太阳，戴维斯又创纪录砍下 53 分、18 个篮板、5 次盖帽。

　　2018 年，戴维斯率领鹈鹕杀入季后赛，并在首轮成为翻江倒海的内线霸王。第四战，戴维斯更是砍下 47 分，率领鹈鹕横扫开拓者。然而鹈鹕还没有回味晋级的喜悦，就在西部半决赛被勇士以 4 比 1 淘汰出局，再一次暴露出他们与顶级球队天堑般的差距。

　　戴维斯打出无可挑剔的个人数据，但他的冠军之约遥遥无期。2019 年 1 月 28 日，戴维斯在为鹈鹕（黄蜂）效力第七个赛季，终于提出了交易申请。

　　2019 年 7 月，湖人送出鲍尔、英格拉姆、哈特和 3 个首轮签，终于从鹈鹕迎来戴维斯。

　　詹姆斯与戴维斯可谓是"天作之合"，他们合作的首个赛季便打出"王炸"的威力，2020 年季后赛双双交出"场均得分超过 25 分、命中率超过 55%"的超级答卷，率领湖人一路过关斩将，最终赢得总冠军。戴维斯在季后赛场均得到 27.7 分、9.7 个篮板，命中率高达 57.1%，效率惊人的同时几乎无所不能，暴扣、盖帽、中投，甚至还能绝杀。

　　他成为湖人夺冠的主要进攻强点，在攻守两端打出统治级表现。

　　2020/2021 赛季，伤病潮严重影响了湖人的卫冕征程。戴维斯与詹姆斯两大核心也深陷其中。2021 年 5 月 10 日，戴维斯带伤上阵，砍下 42 分、12 个篮板，率领湖人止住颓势，留住季后赛的席位。之后附加赛，詹姆斯三分球绝杀勇士，湖人季后赛再战太阳。

　　戴维斯在连续两场砍下 34 分之后，似乎耗尽最后一丝力气，之后他腹股沟拉伤。

　　6 月 4 日，季后赛第六场，戴维斯再次带伤上阵，无奈伤情太重，再次退场，其悲壮之情令人动容。虽然流年不利，但我们都坚信"浓眉"一定会卷土重来，因为只要戴维斯健康，他就是如今"小球"时代内线的最强存在。

生涯高光闪回 / 断金一击

高光之耀： 戴维斯完成绝杀向天堂中的"黑曼巴"致敬，而他这记压哨命中，与十年前科比接加索尔传球的三分球绝杀国王如出一辙。

　　2020 年 9 月 21 日西部决赛第二场，穿上"黑曼巴"战袍的湖人遭到顽强反击。最后的 2.1 秒时，掘金以 103 比 102 领先 1 分。隆多底线击地发球给"浓眉"，接球后的戴维斯在三分线外 45 度角果断出手，皮球划过约基奇的指间坠入网窝。凭借这记三分球压哨绝杀，湖人以 105 比 103 险胜对手。

"皮蓬是公牛王朝的全能战士，从某种角度上看，他的重要性并不亚于乔丹。"
——菲尔·杰克逊

● 档案
斯科蒂·皮蓬 / Scottie Pippen
出生地：美国阿肯色州汉堡
出生日期：1965 年 9 月 25 日
身高：2.03 米 / 体重：102 公斤
效力球队：公牛、火箭、开拓者
球衣号码：33
场上位置：小前锋

● 荣耀
6 届总冠军：1991 年—1993 年、1996 年—1998 年
7 届全明星：1990 年、1992 年—1997 年
1 届全明星 MVP：1994 年
1 届抢断王：1994/1995 赛季
3 届最佳阵容一阵：1993/1994 赛季—1995/1996 赛季
8 届最佳防守阵容一阵：1991/1992 赛季—1998/1999 赛季
2 届奥运冠军：1992 年、1996 年
篮球名人堂：2010 年
NBA 75 大球星

9
♦

蝙蝠侠

斯科特·皮蓬

SCOTTIE PIPPEN

有人成为英雄，有人成就英雄，皮蓬属于后者，他从未站在舞台的中心，在公牛的红色史诗里，没人能抢去乔丹的风头。但在上帝身边，皮蓬是货真价实的最佳配角。在乔丹封神的年代，神座下站着最伟大的"二当家"，他曾是史上最全能小前锋，他的沉默成就了乔丹的荣光。

公牛前总经理杰里·克劳斯仍然记得第一次见到皮蓬的情景："那是在朴次茅斯，我们去的第二天，一场很晚的比赛。他一出来，我就说，就是他了，他拥有我见过最长的手臂。"然而皮蓬在当时并没有得到广泛的认同，埃尔金·贝勒回忆："皮蓬看起来太过纤细，很容易受伤，对胜利的渴望程度也有问题。"选中皮蓬的超音速有些后悔，最终与公牛一拍即合，换来了8号秀埃尔登·波利尼斯和两个未来选秀权，西雅图的看人走眼最终促成了公牛的黄金搭档。

做乔丹的队友没那么容易，在老温特看来飞人的尖酸刻薄让人难以忍受："迈克尔总是不停地取笑别人，这是他生活中的一大乐趣，他的目的是让其他队友跟他一样对胜利充满渴望，保持最高水平的训练。"在训练场上，皮蓬成了乔丹的影子对手和假想敌，残酷的一对一较量让皮蓬进步飞快，克劳斯回忆他只用了半个赛季就可以在训练中与乔丹正面交手，显示出了极强的防守天赋。"几乎从一开始，他就成为一个出色的防守者，"克劳斯说，"扣篮很美妙，但我永远不能忘记的是他的防守，他能防守任何人。"

以全能著称的皮蓬赋予了小前锋全新的定义，此前三号位大都是血统纯正的得分手，从公牛的33号之后，全能渐渐成为小前锋的标签。"我从不强行出手，"皮蓬说，"也从来不做自己不舒服的事情，我的比赛不仅是得分，还要展示其他能力。为了球队我会去

147

努力防守，做喜欢的事。"在芝加哥，皮蓬像是在完成填空题，分担乔丹的防守任务，释放自己的组织才华，当菲尔·杰克逊祭出三角进攻时，他又成了这套体系最忠实的执行者。

皮蓬在 1990 年东部决赛的偏头痛事件差点毁掉公牛的首冠梦想，为此乔丹在更衣室里大发雷霆，怒斥其为"懦夫"，然而抛开这个偶然事件，皮蓬在三连冠时期是乔丹身边当之无愧的首席助手。乔丹去棒球场玩票之后，皮蓬首次担纲公牛男一号，效果差强人意。1994 年东部半决赛第三场对尼克斯，比赛还有 1.8 秒，菲尔·杰克逊将最后一投交给库科奇，而皮蓬拒绝为其打下手，当场翻脸，这也许是他在公牛唯一的污点。

少了联盟第一人，皮蓬独自带队杀到分区半决赛实属不易，奥尼尔说："皮蓬无所不能，攻防两端都能融入球队，但没有乔丹，公牛就像一部少了票房主角的影片。"经历这次挫折之后，皮蓬找到了自己的定位："我成不了迈克尔·乔丹，也取代不了他的地位，我还是斯科特。"

乔丹归来，公牛王朝开启了全新篇章，皮蓬的戏份同样精彩。1996 年总决赛最后两场，皮蓬三分球 16 投只有 2 中，超音速球迷试图用"Bat or Bad man"这样的标语羞辱公牛二当家。皮蓬对此不屑一顾："也许我的表演把你逗笑了，但绝不会因此自嘲。"在更衣室里，香槟四溅，彩带纷飞，欢呼声震耳欲聋，皮蓬抱着奖杯缄默不语，周围的闪光灯频繁闪烁，他转向了迈克尔·乔丹："老朋友，以后我们还会在球场上并肩奔跑的，对吗？"

还记得 1997 年总决赛第一场皮蓬对马龙说出的史上最灵验的咒语吗？"'邮差'今天不上班！"还记得第五场皮蓬与筋疲力尽的乔丹相拥离场吗？芝加哥人永远不会忘记皮蓬的英雄戏码。公牛总裁雷恩斯托夫说："1998 年总决赛，他一次又一次上演关键攻防，要知道他当时还带着腰伤。1993/1994 赛季，乔丹退役，是他统领球队。再往前，1991 年他第一次参加总决赛，谁能忘得了他对'魔术师'的防守呢？"罗德曼如此回忆："当年的公牛没有争吵，没人发牢骚，每个人都知道自己的角色。"

皮蓬如此总结自己在公牛的生涯："我身边站着一位历史上最伟大的球员，当时他的薪水几乎是我的 10 倍，但我深知荣誉和奖杯远比这些更重要。黑暗之中，那盏蝙蝠灯突然亮起，大战一触即发。"

离开公牛的皮蓬终于在休斯敦领到了千万年薪，却与胜利渐行渐远。在波特兰他差一点就重返总决赛舞台；2000 年西部决赛开拓者经过 7 场激战，惜败湖人，他在与时间的对抗中败下阵来，面对更年轻的科比他无能为力。皮蓬承认那次失利让他刻骨铭心，"我渴望证明，无论在哪支球队，身边有哪些队友我都能成功，很可惜最终功亏一篑，那是我职业生涯的低谷。"为开拓者效力的最后一季，37 岁的皮蓬还曾大战麦迪，砍下 25 分、17 个篮板和 7 次助攻，偶露峥嵘。

2003/2004 赛季，皮蓬在芝加哥正式退役，这座城市忠实记录了他的起点和终点。2009 年 12 月 9 日，皮蓬的 33 号球衣挂上了联合中心的穹顶，乔丹的致辞充满诚意："走上战场，我知道有个人在我身后。斯科特·皮蓬是我的伙伴，我像兄弟一样爱他，是他把我推到了最佳球员的位置上。"

2010 年，皮蓬与卡尔·马龙携手进入名人堂。23 年前，皮蓬进入 NBA，23 年后他入选名人堂，引荐人还是那个 23 号。ESPN 将入选仪式比作篮球版的奥斯卡颁奖礼："皮蓬作为乔丹的帮手，尽职扮演好了自己的角色。身为'反派'的马龙则将反面人物的悲情演绎到极致。剧本里，正义总是战胜邪恶，但名人堂没有偏见。"

斯科特·皮蓬常规赛数据

赛季	球队	篮板	助攻	得分
1987/1988	公牛	3.8	2.1	7.9
1988/1989	公牛	6.1	3.5	14.4
1989/1990	公牛	6.7	5.4	16.5
1990/1991	公牛	7.3	6.2	17.8
1991/1992	公牛	7.7	7.0	21.0
1992/1993	公牛	7.7	6.3	18.6
1993/1994	公牛	8.7	5.6	22.0
1994/1995	公牛	8.1	5.2	21.4
1995/1996	公牛	6.4	5.9	19.4
1996/1997	公牛	6.5	5.7	20.2
1997/1998	公牛	5.2	5.8	19.1
1998/1999	火箭	6.5	5.9	14.5
1999/2000	开拓者	6.3	5.0	12.5
2000/2001	开拓者	5.2	4.6	11.3
2001/2002	开拓者	5.2	5.9	10.6
2002/2003	开拓者	4.3	4.5	10.8
2003/2004	公牛	3.0	2.2	5.9
场均数据		6.4	5.2	16.1

斯科特·皮蓬季后赛数据

赛季	球队	篮板	助攻	得分
1987/1988	公牛	5.2	2.4	10.0
1988/1989	公牛	7.6	3.9	13.1
1989/1990	公牛	7.2	5.5	19.3
1990/1991	公牛	8.9	5.8	21.6
1991/1992	公牛	8.8	6.7	19.5
1992/1993	公牛	6.9	5.6	20.1
1993/1994	公牛	8.3	4.6	22.8
1994/1995	公牛	8.6	5.8	17.8
1995/1996	公牛	8.5	5.9	16.9
1996/1997	公牛	6.8	3.8	19.2
1997/1998	公牛	7.1	5.2	16.8
1998/1999	火箭	11.8	5.5	18.3
1999/2000	开拓者	7.1	4.3	14.9
2000/2001	开拓者	5.7	2.3	13.7
2001/2002	开拓者	9.3	5.7	16.3
2002/2003	开拓者	2.8	3.3	5.8
场均数据		7.5	5.0	17.5

生涯高光闪回 / 47+5

高光之耀： 皮蓬在职业生涯里除了协助乔丹完成两度三连冠外，其全面的表现更是为联盟带来新的变革，为小前锋带来新的定义。

1997 年 2 月 18 日，公牛主场迎战丹佛掘金，皮蓬出手 27 次命中 19 球，砍下 47 分、5 个篮板、4 次助攻，带领公牛以 134 比 123 击败掘金！单场 47 分创造他生涯得分新高！在乔丹退役之后，公牛二当家用实力证明，在危机时刻他同样可以像乔丹一样挺身而出统治比赛，率队取胜。

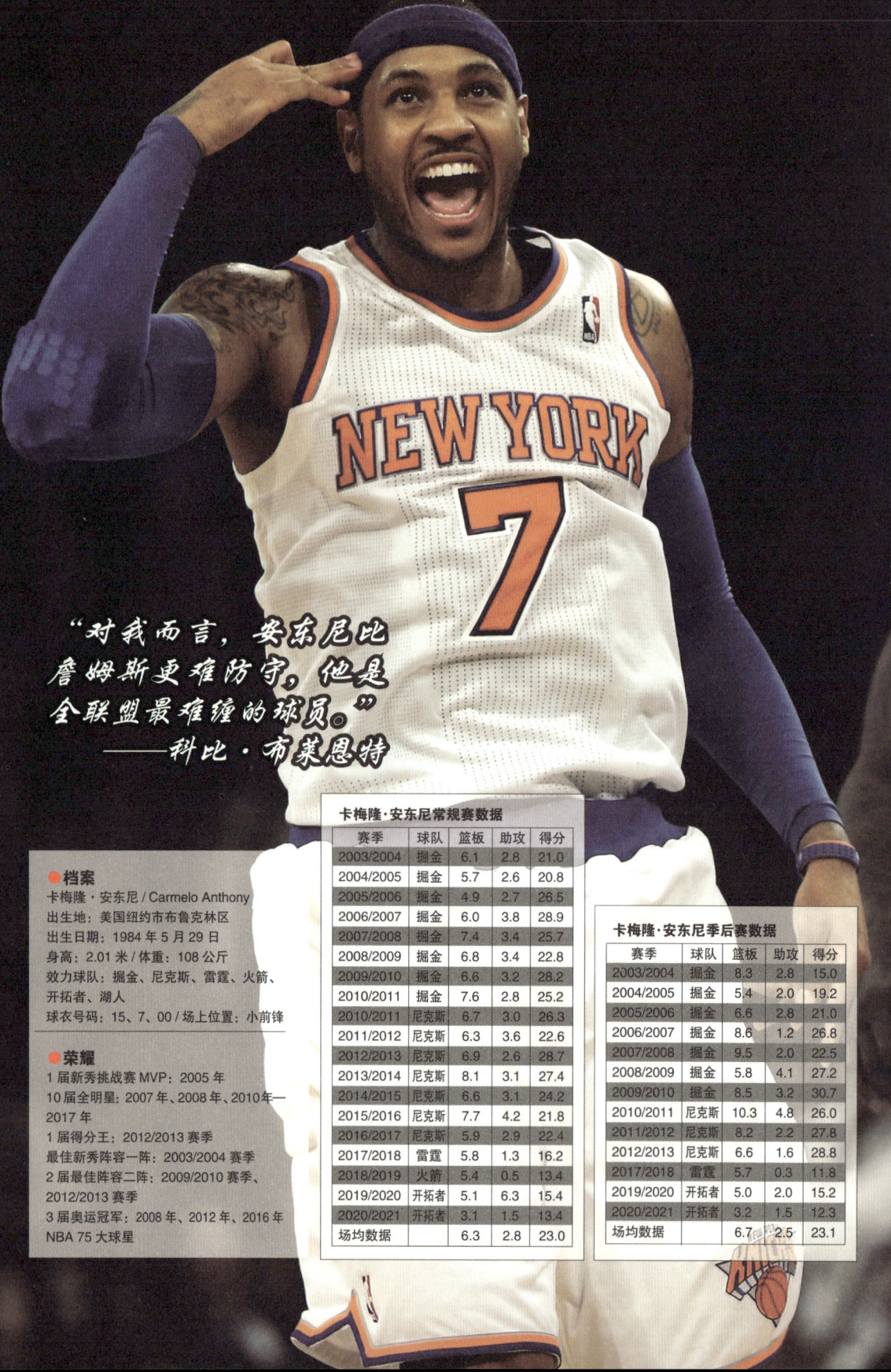

"对我而言，安东尼比詹姆斯更难防守，他是全联盟最难缠的球员。"
——科比·布莱恩特

● 档案
卡梅隆·安东尼 / Carmelo Anthony
出生地：美国纽约市布鲁克林区
出生日期：1984 年 5 月 29 日
身高：2.01 米 / 体重：108 公斤
效力球队：掘金、尼克斯、雷霆、火箭、
开拓者、湖人
球衣号码：15、7、00 / 场上位置：小前锋

● 荣耀
1 届新秀挑战赛 MVP：2005 年
10 届全明星：2007 年、2008 年、2010 年—2017 年
1 届得分王：2012/2013 赛季
最佳新秀阵容一阵：2003/2004 赛季
2 届最佳阵容二阵：2009/2010 赛季、2012/2013 赛季
3 届奥运冠军：2008 年、2012 年、2016 年
NBA 75 大球星

卡梅隆·安东尼常规赛数据

赛季	球队	篮板	助攻	得分
2003/2004	掘金	6.1	2.8	21.0
2004/2005	掘金	5.7	2.6	20.8
2005/2006	掘金	4.9	2.7	26.5
2006/2007	掘金	6.0	3.8	28.9
2007/2008	掘金	7.4	3.4	25.7
2008/2009	掘金	6.8	3.4	22.8
2009/2010	掘金	6.6	3.2	28.2
2010/2011	掘金	7.6	2.8	25.2
2010/2011	尼克斯	6.7	3.0	26.3
2011/2012	尼克斯	6.3	3.6	22.6
2012/2013	尼克斯	6.9	2.6	28.7
2013/2014	尼克斯	8.1	3.1	27.4
2014/2015	尼克斯	6.6	3.1	24.2
2015/2016	尼克斯	7.7	4.2	21.8
2016/2017	尼克斯	5.9	2.9	22.4
2017/2018	雷霆	5.8	1.3	16.2
2018/2019	火箭	5.4	0.5	13.4
2019/2020	开拓者	5.1	6.3	15.4
2020/2021	开拓者	3.1	1.5	13.4
场均数据		6.3	2.8	23.0

卡梅隆·安东尼季后赛数据

赛季	球队	篮板	助攻	得分
2003/2004	掘金	8.3	2.8	15.0
2004/2005	掘金	5.4	2.0	19.2
2005/2006	掘金	6.6	2.8	21.0
2006/2007	掘金	8.6	1.2	26.8
2007/2008	掘金	9.5	2.0	22.5
2008/2009	掘金	5.8	4.1	27.2
2009/2010	掘金	8.5	3.2	30.7
2010/2011	尼克斯	10.3	4.8	26.0
2011/2012	尼克斯	8.2	2.2	27.8
2012/2013	尼克斯	6.6	1.6	28.8
2017/2018	雷霆	5.7	0.3	11.8
2019/2020	开拓者	5.0	2.0	15.2
2020/2021	开拓者	3.2	1.5	12.3
场均数据		6.7	2.5	23.1

8 ♠

甜瓜

卡梅隆·安东尼

CARMELO ANTHONY

> 被誉为"得分万花筒"，拥有繁复多变的得分技巧与低位脚步，强壮的身体足以令他在篮下翻江倒海。中远距离上同样神准，对阵意大利的十二连中，单节 33 分，单场 62 分，足以证明他的得分能力。
>
> 他是"03 白金一代"的得分担当，"梦之队"头号攻击利器，他擅长绝杀和飙分，攻击方面有着惊人的稳定和持续性。
>
> 然而这位犀利冷酷的"杀手"面庞上时常泛起甜美迷人的笑容，成为继"微笑刺客"之后又一位笑着"杀人"的巨星。

卡梅隆·安东尼昵称为 Melo，是由名字 Carmelo 演变而来。Melo 与 Melon（甜瓜）拼读上都十分相近，并且安东尼长相俊秀，笑容甜美，因此也就称其为"甜瓜"了。

从 20 世纪 60 年代的埃尔金·贝勒开始，到 20 世纪 80 年代的拉力·伯德，小前锋成为球队兼顾内外的第一单打王牌。21 世纪之后，继承这种古典小前锋精髓的，只有皮尔斯与安东尼，他们都是万花筒式纯得分手：强壮的身躯，完善的技巧，外加熟练的投射。

安东尼还是大学一年级新生时，就率领雪城大学获得校史上第一个 NCAA 总冠军，他也成为四强赛最佳球员。大学第一个赛季场均就得到 22.2 分和 10 个篮板，初显全能身手的安东尼成为 NCAA 最佳一年级新生的同时，决定参加 NBA 选秀。

2003 年，安东尼落到詹姆斯与米利西奇之后，在首轮第 3 顺位被丹佛掘金选中。2004 年 3 月 30 日，19 岁零 305 天的安东尼对超音速时砍下 41 分，创下队史新秀得分纪录。能在比他更年轻的年龄做到这一点的，只有一人，正是詹姆斯。安东尼与詹姆斯，这两位"03 白金一代"的"绝代双骄"，之后十数年不断被比较，成为亦敌亦友的绝世对手。

安东尼在新秀赛季场均砍下 21 分，率领上个赛季只有 17 胜的掘金赢下 43 场，跻身季后赛，虽然掘金被森林狼早早淘汰，但安东尼首个赛季表现得异常出色。

2005/2006 赛季，安东尼场均得分涨到 26.5 分，整个赛季，他 5 次在比赛最后 5 秒命中制胜球。2006/2007 赛季，安东尼以场均 29 分一度领先得分榜，但科比一波连续 4 场得分 50+ 的飙分狂潮之后，抢走了得分王的桂冠。

2006 年 12 月 17 日，安东尼因为参与麦迪逊花园斗殴，被联盟禁赛 15 场。掘金为了保持攻击火力，招来艾弗森。安东尼与艾弗森这对"黄金双枪"遂成为当前联盟中火力最凶猛的得分双人组。2007/2008 赛季是"黄金双枪"完整合作的第一个赛季，掘金搭上了季后赛末班车，首轮遭遇科比的湖人，四场战罢，掘金被横扫出局。

2008/2009 赛季，安东尼身边的搭档由艾弗森换成货比卢普斯——一位冷血睿智的球场指挥官，狂野的掘金终于找到掌舵者，瞬间成为横扫联盟的高原风暴。

2008 年 12 月 10 日，掘金战胜森林狼。安东尼单节独得创纪录的 33 分。这一战之后，他抵达了一个新的高度，人们开始议论他与科比，谁更具得分爆炸力！

安东尼和科比的对决很快到来：2009 年西部决赛，掘金与湖人再次狭路相逢。

第一场，安东尼砍下 39 分，科比回敬 40 分，湖人险胜；第二场安东尼以 34 分力压科比的 32 分，率领掘金将大比分扳平。此后科比得分稳如泰山，而安东尼的状态开始起伏，六战之后，掘金被湖人淘汰出局。虽然输给了如日中天的科比，但安东尼在季后赛的表现足以载入史册，两大得分高手联袂上演饱满炽热的经典对决。

2010 年，詹姆斯南赴迈阿密，触动了安东尼的凡心，萌生去纽约的念头。2011 年 2 月，尼克斯扔出大半支球队，接走了"甜瓜"。加上以 5 年 1 亿美元加盟的斯塔德迈尔，纽约人终于抬头了，他们实现了大市场、大都市、大明星一体化。

2012/2013 赛季，安东尼场均砍下 28.7 分，第一次拿下得分王。2013/2014 赛季，安东尼创造了单场 62 分的壮举，但他依然没有率领尼克斯挺进季后赛。

2014 年夏天，尼克斯迎来"禅师"，已过而立之年的安东尼也签下一份 5 年 1.29 亿美元的大合同留守"大苹果城"。接下来的三个赛季，安东尼纵然个人表现可圈可点，但尼克斯战绩平平，均无缘季后赛。"甜瓜"眼看"03 白金一代"的其他同伴早已功成名就，而自己依旧两手空空，不免心生转战他乡去追逐总冠军的想法。

2017 年 9 月，安东尼被交易至俄克拉荷马城雷霆，与三双王威斯布鲁克、乔治成为队友。告别家乡纽约，告别灯红酒绿的大都会，来到相对偏僻的小城，安东尼希望打出一番大事业。然而事实很现实，对于安东尼这位 33 岁的"过气"单打型巨星，雷霆始终没给球权，只是让他在威少麾下做一名定点投手，这简直是暴殄天物！

被誉为"得分万花筒"的安东尼拥有繁复多变的得分技巧，低位的脚步也华丽莫测。在中远距离上，他同样神准。而雷霆多诺万主教练让安东尼去带第二阵容，但雷霆的第二阵容又做不到为他清空场子，让他安心射击，甚至没有人会传球。

2018 年 8 月，安东尼在雷霆度过一个失意的赛季后，转会到休斯敦，与哈登、保罗一起组成令人无限期待的"安灯炮"组合。但安东尼在火箭遇到与雷霆同样的问题：没有球权、打替补做定点射手，甚至底薪……这让心高气傲的"甜瓜"不能接受，于是 2018 年 11 月底，火箭与安东尼分道扬镳。赋闲一年之后，开拓者用满满的诚意打动了安东尼，于是在 2019 年 11 月，"甜瓜"身披开拓者 00 号战袍，再次回到 NBA 赛场。

经过一年时光的沉寂与洗练，重回赛场的"甜瓜"终于重现光芒。此时他退去巨星的光环，甘心从替补做起，并在关键时刻屡次展现出昔日单打王的风采。

2020 年 8 月 23 日，湖人与开拓者的季后赛第三战，双方战至第三节，"开拓者双枪"全部哑火，面对湖人如潮的进攻，安东尼单骑御敌，单节 6 投 6 中，独得 13 分。看到"甜瓜"如此骁勇，詹姆斯不得不来亲自防守，那一刻，"白金一代"的巅峰对决重现江湖。

2021 年 5 月 4 日，开拓者对阵老鹰，安东尼总得分达到 27314 分，超越埃尔文·海耶斯，上升至 NBA 历史总得分榜的第 10 名。

2021 年 8 月 4 日，安东尼与湖人签下一份 1 年合同，来到了洛杉矶。

2021/2022 赛季，"360 组合"（3 号戴维斯、6 号詹姆斯、0 号威斯布鲁克）因为伤病与磨合等问题，表现起伏不定，球队也因此低迷。在湖人危难之际，安东尼成为"紫金军团"颇为依仗的得分利器。这位本想随湖人圆梦总冠军的 37 岁老将，不得不"老夫聊发少年狂"，披坚执锐、在赛场上奋勇搏杀。"甜瓜"在 2021/2022 赛季，三分球一度命中率高达 45%，场均可以得到 15 分，成为了最佳第六人的有力竞争者。

虽然也曾是超巨核心，但安东尼得分技术华丽而又全面，尤其擅长中远投技术，这位"进攻万花筒"即便如今成为无球的角色球员，亦能无缝衔接，颇具杀伤力。

还记得十年前鲜衣怒马的"绝代双骄"吗？如今"安东尼与詹姆斯并肩作战，不仅是为了总冠军的理想，也捍卫着"03 一代"的最后荣光。

生涯高光闪回 / 单节 33 分

高光之耀：在汤普森单节得 37 分之前，安东尼单节得 33 分就是现代篮球赛事中最具爆发性的得分表演。

2008 年 12 月 10 日，掘金主场以 116 比 105 战胜森林狼，安东尼第三节 15 投 12 中，其中三分球 5 投 4 中，独得 33 分，追平了"冰人"乔治·格文在 30 年前创下的 NBA 单节得分纪录。

安东尼在第三节一人的得分，比森林狼全队的得分（22 分）还要多。最终，安东尼也率领掘金收获一场胜利，全场比赛他得到 45 分、11 个篮板、3 次助攻和 4 次抢断。

"滑翔机"不是他的绰号，而是他真的在飞！

克莱德·德雷克斯勒常规赛数据

赛季	球队	篮板	助攻	得分
1983/1984	开拓者	2.9	1.9	7.7
1984/1985	开拓者	6.0	5.5	17.2
1985/1986	开拓者	5.6	8.0	18.5
1986/1987	开拓者	6.3	6.9	21.7
1987/1988	开拓者	6.6	5.8	27.0
1988/1989	开拓者	7.9	5.8	27.2
1989/1990	开拓者	6.9	5.9	23.3
1990/1991	开拓者	6.7	6.0	21.5
1991/1992	开拓者	6.6	6.7	25.0
1992/1993	开拓者	6.3	5.7	19.9
1993/1994	开拓者	6.5	4.9	19.2
1994/1995	开拓者	5.7	5.1	22.0
1994/1995	火箭	7.0	4.4	21.4
1995/1996	火箭	7.2	5.8	19.3
1996/1997	火箭	6.0	5.7	18.0
1997/1998	火箭	4.9	5.5	18.4
场均数据		6.1	5.6	20.4

克莱德·德雷克斯勒季后赛数据

赛季	球队	篮板	助攻	得分
1983/1984	开拓者	3.4	1.6	7.2
1984/1985	开拓者	6.1	9.2	16.7
1985/1986	开拓者	6.3	6.6	18.0
1986/1987	开拓者	7.5	3.8	24.0
1987/1988	开拓者	7.0	5.3	22.0
1988/1989	开拓者	6.7	8.3	27.7
1989/1990	开拓者	7.2	7.1	21.4
1990/1991	开拓者	8.1	8.1	21.7
1991/1992	开拓者	7.4	7.0	26.3
1992/1993	开拓者	6.3	4.7	19.0
1993/1994	开拓者	10.3	5.5	21.0
1994/1995	火箭	7.0	5.0	20.5
1995/1996	火箭	7.8	5.0	16.6
1996/1997	火箭	5.6	4.8	18.1
1997/1998	火箭	5.4	4.6	15.0
场均数据		6.9	6.1	20.4

● 档案

克莱德·德雷克斯勒 / Clyde Drexler
出生地：美国路易斯安那州新奥尔良
出生日期：1962 年 6 月 22 日
身高：2.01 米 / 体重：101 公斤
效力球队：开拓者、火箭
球衣号码：22
场上位置：得分后卫

● 荣耀

1 届总冠军：1995 年
10 届全明星：1986 年、1988 年—1994 年、1996 年—1997 年
1 届最佳阵容一阵：1991/1992 赛季
1 届奥运冠军：1992 年
篮球名人堂：2004 年
NBA 75 大球星

8 ♥

滑翔机
克莱德·德雷克斯勒

CLYDE DREXLER

克莱德·德雷克斯勒人称"滑翔机"，不仅因为他具有无与伦比的弹跳力和令人赏心悦目的高空滑翔上篮，也因为其名为 Clyde，与 Glider "滑翔机"发音相似。德雷克斯勒标志性的动作就是持球右臂高举，左臂向左横向张开，犹如大鹏展翅。曾经有这么个传说：德雷克斯勒在一个非官方扣篮大赛中赢过乔丹。

你无法想象这样的一个男子，他竟然娴静安然，若桂花打秋水般地站在崇尚铁血与肌肉的 NBA 球场上，或者说，他并非"站着"，而是高高翱翔在天际横空，穿越极尽奢华光鲜的国际大都市，盘旋于书简丹青里淌着油墨馨香的城镇，巡梭于水粉胭脂浓妆淡抹的烟雨亭台，留下 NBA 赛场内外一片惊叹之声。

1962 年 6 月 22 日，克莱德·德雷克斯勒出生于"爵士乐之城"新奥尔良，虽然他之后的成长岁月都留给了航天城休斯敦，但似乎就在他出生的那一瞬息，上帝就将爵士乐的悠扬舒缓附着在他的骨髓之上。年幼时的他展露出一些天赋，更多的却与篮球无关，他喜欢别致而又谦和的东西，比如书籍，比如音乐。

直到德雷克斯勒升入高中，关于篮球的热爱才崭露头角。在进入大学之后，这些上苍的眷顾才肆无忌惮地完全释放出来。在那些青葱岁月里，他在篮球场上邂逅了一生最亲密的朋友——哈基姆·奥拉朱旺。他们一起征战在 NCAA 的赛场之上，两个人都是最最低调的青铜器皿，却能在联手时撞击出吴越争霸、残阳照赤莽般惨烈的铁戈之声。

整个大学生涯，德雷克斯勒司职前锋，由他、哈基姆·奥拉朱旺和拉里·麦克奥斯共同率领休斯敦大学队连续两年杀入 NCAA 的最终四强。在他大学三年级的赛季中，他平均每场能够为球队贡献 15.9 分、8.8 个篮板和 3.8 次助攻，投篮命中率达到 53.6%。

随后，德雷克斯勒先于奥拉朱旺一年进入 NBA。

1983 年，德雷克斯勒正式宣布登陆 NBA，波特兰人在前面 13 位总经理"神经错乱"的选择之下，如获至宝地将他在第 14 顺位摘走。

而作为新秀，德雷克斯勒并未收获球队的信任，14 顺位也限制了他的发展。所有球队都会率先在乐透球员和赛季引援上下功夫——约翰·帕克森和凯文·耐特这两位经验丰富的锋卫摇摆人显然是波特兰人维持战绩的法宝。德雷克斯勒被打入冷宫的命数属于既定，17 分钟的上场时间里，足以让维尔特·张伯伦皱起眉头。他惨淡地交出场均 7.7 分的答卷，然后在休赛季里在训练房内挥汗如雨，等待下个赛季出现转机。

好在波特兰的教练团队看到了德雷克斯勒的能力与天赋，在接下来的赛季，他便被委以重任。上场时间的猛涨，带来了得分数字的飙升——场均 17.2 分，不仅如此，他场均还能送出 6 个篮板和 5.5 次助攻以及 2.21 次抢断。波特兰人茅塞顿开，以前的璞玉已经绽放光芒，未来必定成为波特兰首屈一指的带头大哥。接下来的赛季，他场均得分再涨 1 分，助攻和抢断更加大放异彩，场均 8 次助攻，让如今司职控球后卫的小辈们都要汗颜，2.63 次抢断更让自称防守精英的汉子们自愧不如。

更让人叹为观止的，却是他静如处子、动如脱兔的球风。在比赛的大部分时间里，你仿佛都无法看到他在球场上的存在。波特兰的先发五虎里，德雷克斯勒是最不起眼的那一个，而当你完全忽视他的存在的时候，他又适时而出，或是石破天惊地滑翔天际，将皮球劈扣入筐，或是如同优雅绅士一般从你身边从容经过，掠走你手里的皮球。

在关键时刻，德雷克斯勒也会义不容辞地挺身而出。好比那一年他们对阵奥兰多魔术的总决赛，在安德森中了世界末日毒咒一般的四罚不中之后，正是他的两次空中漫步般的上篮将休斯敦从落败的边缘拉了回来。而在那之前，他已经"偷偷"地摘下将近 20 分的分数。这就是他的风格，不张扬，过分低调，高命中的同时打球异常合理。

这也是他的弱点，终其一生，他似乎都不是一个能够登高一呼万人敬仰的皇者。

1986 年到 1989 年，是德雷克斯勒在开拓者职业生涯最辉煌的三年。那三个赛季，他分别场均砍下 21.7 分、6.3 个篮板、6.9 次助攻、2.49 次抢断；27.0 分、6.6 个篮板、5.8 次助攻、2.51 次抢断和 27.2 分、7.9 个篮板、5.8 次助攻。但与此同时，开拓者却在季后赛举步维艰，连续三年倒在季后赛首轮。

由于球队在季后赛中的步履蹒跚，生性好静的德雷克斯勒渐渐从媒体的视线中淡出，而他耀眼的技术统计也没有为他赢得应有的赞誉。但当波特兰开拓者逐渐成为 NBA 总冠军的有力争夺者时，他才重获媒体的重视。在他的率领下，爆发的开拓者在 1990 年和 1992 年两度杀入 NBA 总决赛，而 1991 年也进入了西部决赛。

三年倒在季后赛首轮，让德雷克斯勒迅速成长成极具领袖气质的球员。在那年 21

场季后赛中，他场均得到 21.4 分和 7.2 个篮板，在与活塞总决赛的第二场，他更是独得 33 分，包括在加时赛最后的制胜罚球。然而，那却是开拓者在总决赛上唯一的一场胜利，底特律活塞在"微笑刺客"伊塞亚·托马斯的率领下成功卫冕，但他在总决赛中场均砍下 26.4 分和 7.8 个篮板，投篮命中率高达 54.3%，成为波特兰真正的中流砥柱。

1991/1992 赛季，德雷克斯勒再次率队杀入总决赛，并遭遇一生最大的敌人——迈克尔·乔丹。乔丹在第一场比赛中手感热得令人难以置信，仅在上半场就凭借一系列的跳投和远距离三分独取 35 分。最终，公牛也以 122 比 89 击溃开拓者。此后，开拓者卷土重来，眼看就要将总决赛拖入第七场，但开拓者在以 79 比 64 领先进入第四节的情况下，依旧输掉第六场比赛，与总冠军失之交臂。

德雷克斯勒与乔丹在总决赛上的对决，成为球迷津津乐道的话题，他也因此一举成为和乔丹齐名的东西部两大得分后卫。接下来的两年，德雷克斯勒遭遇伤病侵袭，不复当年之勇。1995 年他感到留在 NBA 赛场上的光阴有限，于是要求球队将他交易到故乡球队——休斯敦火箭。德雷克斯勒与（大学校友）奥拉朱旺两人兄弟齐心，其利断金，在"乔帮主"不在的赛季顺利将 NBA 总冠军收入囊中。

1997 年，深受伤病的他宣布赛季结束后选择退役。媒体安静地报道了这则消息，他很开心，他是一辈子安然的人，不喜欢喧嚣。可是，当他在那个赛季末出现在赛场时，疯狂的球迷终究还是没能遂了他的心愿，山呼海啸的呼喊声，冲破云霄！

人们会永远铭记——"滑翔机"克莱德·德雷克斯勒！

生涯高光闪回 / 对决大鸟

高光之耀：这是一场没有失败者的比赛，面对着传统豪门凯尔特人，双加时鏖战，152 比 148 的高得分，以及德雷克斯勒拿下的 41 分、8 个篮板、11 次助攻全能豪华数据，足以媲美"大鸟"，两人联手奉献这惊心动魄的经典对局。

1992 年 3 月 15 日，主场作战的凯尔特人迎战开拓者。常规时间最后阶段，伯德连得 7 分将比赛拖入加时，包括最后 2 秒投进的一个匪夷所思的三分球。第一个加时最后 1 秒凯尔特人再次投中 2 分将比分扳平，双方进入第二个加时。第二个加时一直打到最后才分出胜负，最终顽强的凯尔特人以 152 比 148 赢得这场旷世大战的胜利。

德雷克斯勒拿下 41 分、8 个篮板、11 次助攻，伯德更是拿下 49 分，外加 14 个篮板、12 次助攻的大号"三双"成绩！

保罗·皮尔斯常规赛数据

赛季	球队	篮板	助攻	得分
1998/1999	凯尔特人	6.4	2.4	16.5
1999/2000	凯尔特人	5.4	3.0	19.5
2000/2001	凯尔特人	6.4	3.1	25.3
2001/2002	凯尔特人	6.9	3.2	26.1
2002/2003	凯尔特人	7.3	4.4	25.9
2003/2004	凯尔特人	6.5	5.1	23.0
2004/2005	凯尔特人	6.6	4.2	21.6
2005/2006	凯尔特人	6.7	4.7	26.8
2006/2007	凯尔特人	5.9	4.1	25.0
2007/2008	凯尔特人	5.1	4.5	19.6
2008/2009	凯尔特人	5.6	3.6	20.5
2009/2010	凯尔特人	4.4	3.1	18.3
2010/2011	凯尔特人	5.4	3.3	18.9
2011/2012	凯尔特人	5.2	4.5	19.4
2012/2013	凯尔特人	6.3	4.8	18.6
2013/2014	篮网	4.6	2.4	13.5
2014/2015	奇才	4.0	2.0	11.9
2015/2016	快船	2.7	1.0	6.1
2016/2017	快船	1.9	0.4	3.2
场均数据		5.6	3.5	19.7

保罗·皮尔斯季后赛数据

赛季	球队	篮板	助攻	得分
2001/2002	凯尔特人	8.6	4.1	24.6
2002/2003	凯尔特人	9.0	6.7	27.1
2003/2004	凯尔特人	8.8	2.5	20.8
2004/2005	凯尔特人	7.7	4.6	22.9
2007/2008	凯尔特人	5.0	4.6	19.7
2008/2009	凯尔特人	5.8	3.1	21.0
2009/2010	凯尔特人	6.0	3.4	18.8
2010/2011	凯尔特人	5.0	2.8	20.8
2011/2012	凯尔特人	6.1	3.1	18.9
2012/2013	凯尔特人	5.7	5.3	19.2
2013/2014	篮网	4.5	2.0	13.7
2014/2015	奇才	4.2	0.9	14.6
2015/2016	快船	1.2	0.2	1.2
2016/2017	快船	2.0	1.0	3.0
场均数据		5.8	3.4	18.7

"我没想到皮尔斯这么厉害，他就是球场上的'真理'。"
——沙奎尔·奥尼尔

● 档案

保罗·皮尔斯 / Paul Pierce
出生地：美国加利福尼亚州奥克兰
出生日期：1977 年 10 月 13 日
身高：2.01 米 / 体重：107 公斤
效力球队：凯尔特人、篮网、快船
球衣号码：34 / 场上位置：小前锋

● 荣耀

1 届总冠军：2008 年
1 届总决赛 MVP：2008 年
10 届全明星：2002 年—2006 年、
2008 年—2012 年
1 届三分球大赛冠军：2010 年
篮球名人堂：2021 年
NBA 75 大球星

真理

保罗·皮尔斯

PAUL PIERCE

对于大多数球迷而言，皮尔斯就像一个大反派。他率领凯尔特人，霸道而又蛮横地阻隔着科比、詹姆斯、韦德等人的登顶之路。

朴实低调的全能球风，脚步华丽的低位单打，无论是外线的三分冷箭，还是45度强力内切，皮尔斯都能驾轻就熟。在他身上看不到科比的飘逸，也看不到詹姆斯的强悍，但是皮尔斯总能有条不紊地施展自己的才华，掌握着球场的节奏和走势。

作为职业球员，皮尔斯赢得了梦想赢得的一切。他经历过生离死别，甚至一只脚踏进过地狱鬼门，连死神都对其畏惧三分。

要把球交给他，保罗·皮尔斯就会得分。他拥有天生的得分触觉，技术全面、细腻、纯熟，更恐怖的是他秉承着强悍、坚韧、高智商的凯尔特人风格，总能找到最好的打球方法。拥有强悍的背部力量，一个被对手视为噩梦的锋卫摇摆人，这就是"真理"。

1977年10月13日，皮尔斯出生在奥克兰。高一下半学期，他进入了英格伍德高中篮球队，但仅仅一个月后，皮尔斯就因为体重过重被踢出校队。高二的时候，皮尔斯拼命地减肥，才终于又进入了校队，随后由于校队主力受伤的原因，他得以获得机会，并坐稳首发。高中毕业，皮尔斯的身高已经长至1.93米，外线投篮很准，同时在内线也有很强的得分能力，在加州太平洋赛区锦标赛中，皮尔斯两度拿下锦标赛的最有价值球员。高中生涯的最后一年，皮尔斯以平均24.5分、11.5个篮板与4.0次助攻的全面成绩，成为加州的年度最佳球员，同时也入选了麦当劳全美高中明星对抗赛。

1995的麦当劳全美高中明星赛可谓新星云集，有卡特、加内特、马布里、比卢普斯。皮尔斯费尽力气砍下28分，但MVP却被全场得到18分、11个篮板的加内特夺走。

1997 年，大二期间，皮尔斯带领堪萨斯大学在 NCAA 里以 31 胜 1 负的战绩挺进季后赛，但却在 16 强以 82 比 85 输给了"白魔鬼"迈克·毕比率领的亚利桑那大学球队。大三期间，堪萨斯爆冷输给了罗德岛大学，直接影响了皮尔斯接下来的 NBA 选秀。

1998 年 NBA 选秀，皮尔斯在首轮第 10 顺位被凯尔特人选中。于是，作为加州长大、带着对湖人球迷属性的皮尔斯登上了前往波士顿的飞机。

新秀时期的皮尔斯会沿着三分线依次投射，每命中一个三分球后都会喊出一位排在自己顺位前的名字，像极了 1981 年的伯德，有一副与生俱来的傲骨。虽然新秀赛季遭遇停摆，但皮尔斯在 48 场比赛中，场均贡献 16.5 分、6.4 个篮板，展现出成熟的进攻技巧。

皮尔斯仅用了一个赛季就征服了波士顿球迷的心，他和安托万·沃克的"双子星组合"开始发威，凯尔特人逐渐回到东区劲旅行列。

2000 年 9 月 25 日，皮尔斯在波士顿一家夜总会被刺 11 刀，最致命的一刀直接穿透肺部，距离心脏仅差 0.25 厘米。但皮尔斯神速复原：3 天后出院，18 天后重返训练场，然后立即参加了 2000 年 11 月的常规赛，一场不落地打完了整个赛季。

2001 年 3 月，皮尔斯做客洛杉矶，他用 19 投拿下 42 分证明了自己，他被奥尼尔称作"真理"（The Truth），整个赛季皮尔斯场均砍下 25.3 分。2002 年 5 月 3 日，皮尔斯在艾弗森头上 25 投 16 中，拿下 46 分之后，嘴上喊出："在 NBA 里一对一，我没有对手。"

2005/2006 赛季，皮尔斯场均轰下 26.8 分。但凯尔特人只获得了 33 胜 49 负的战绩，无缘季后赛。2006/2007 赛季，皮尔斯则场均达到 27 分、7 个篮板、5 次助攻。还面对詹姆斯轰下 50 分。但凯尔特人仅取得 24 场胜利，更有一波耻辱性的 18 连败。皮尔斯开始要求交易自己，几经斡旋之后，凯尔特人终于给他找来了两位伟大的帮手——加内特和雷·阿伦。

皮尔斯与加内特、雷·阿伦组成了"波士顿三巨头"，率领凯尔特人在 2008 年杀到了总决赛，对手是科比率领的湖人。第一场第三节，皮尔斯被队友帕金斯误伤膝盖，直接被抬进更衣室。当他下场时，凯尔特人以 58 比 62 落后湖人。

仅仅过了 3 分钟，皮尔斯经过短暂治疗后，重回赛场。他带伤单节砍下 15 分，关键时刻命中两记三分，凯尔特人凭借这一波攻势以 98 比 88 赢得总决赛的开门红。

彼时，北岸花园球馆现场雷鸣般的掌声是对皮尔斯最为崇高的赞誉，这位"绿衫军"队长上演了"里德式的王者归来"，完美地诠释了凯尔特人的铁血精神。

第五场，皮尔斯顶着 L.A 漫天的嘘声，拿下 38 分。第六场，凯尔特人在攻防两端展现出恐怖的压迫性，最后以 39 分之差血洗湖人。最终以 4 比 2 淘汰对手，夺得队史第 17 座总冠军奖杯。皮尔斯场均砍下 21.8 分，荣膺总决赛 MVP。这是他十年来唯一一个个人殊荣，也是对他 10 年坚守凯尔特人的一种奖励。

之后"绿衫军"重返联盟之巅，并保持了长达 4 年的东部豪强本色。之后，球队在 2010 年总决赛抢七憾负湖人，2012 年"抢七"不敌热火。

皮尔斯不会抛弃波士顿，但波士顿还是放弃了他。把他交易到篮网，和加内特一起继续他们阻击热火的悲壮使命。职业生涯暮年，皮尔斯辗转布鲁克林、华盛顿和洛杉矶，但骨子里仍然流淌着绿色的血液，以至于很多爱他的球迷坚持称呼他为"皮队"。即便是老皮自己，也承认那 15 年的波士顿岁月是他一生中最美好的时光。

皮尔斯离开"绿衫军"，留下他在凯尔特人的纪录：1102 场比赛、上场 40360 分钟、24021 分、6651 个篮板、4305 次助攻，留下了他的才华，留下了他的青春，唯一带走了的，是那绿色的血液。2014 转战奇才，他依然能够奉献绝杀，狙击锋芒正劲的东部头牌老鹰，第六战只差 0.1 秒压哨超时，让他与命中宿敌詹姆斯擦肩而过。

最后，2015 年 7 月，皮尔斯选择了落叶归根，回到出生地加利福尼亚，加盟了快船。如果不能在一支球队终老，那么选择在家乡洛杉矶落幕也是一个好的结局。

2017 年 2 月 6 日，快船以 102 比 107 输给凯尔特人，比赛波澜不惊，现效力于快船的皮尔斯成为全场的唯一焦点：因为这是他以球员的身份最后一次来到波士顿，可谓意义非凡。皮尔斯曾经为凯尔特人效力 15 个赛季，也是凯尔特人的标志与象征。

皮尔斯此前已表示这个赛季结束后就会正式退役，此战也成为他作为球员的波士顿

谢幕之战。比赛开始前，皮尔斯意味深长地跪在北岸花园球馆的地板上亲吻地板，这一吻也献上了这位柔肠铁汉最长情的告白。

没有遗憾，坦然面对。39 岁的皮尔斯带着对篮球的最后一丝留恋与不舍，说出了那声压抑已久的再见。他与 19 年的职业生涯、10 届全明星、1 届总冠军、1 届总决赛 MVP 和常规赛总得分 26397 分的成绩单挥手告别。

生涯高光闪回 / "真理"的诞生

高光之耀：一个传奇绰号在奥尼尔的侃侃而谈中诞生了。

2001 年 3 月 13 日，皮尔斯率领凯尔特人远赴西海岸，挑战湖人。虽然以 107 比 112 惜败，然而皮尔斯的表现折服了包括对手在内的诸多客场球迷。此役，皮尔斯 19 投 13 中，狂砍 42 分。更难能可贵的是在比赛中他展现出来的全面的篮球技术，繁多的进攻技巧堪称"完全教科书"。

赛后，沙奎尔·奥尼尔拉起一位波士顿记者，来到更衣室。"把我说的记下来。我叫沙奎尔·奥尼尔，但是保罗·皮尔斯才是真理。这是我的原话，不要修改。我早就知道他打球很厉害，然而我没有想到居然如此厉害。保罗·皮尔斯就是真理。"

"扣篮分两种，一种叫
卡特，另一种叫其他。"
——"魔术师"约翰逊

文斯·卡特常规赛数据

赛季	球队	篮板	助攻	得分
1998/1999	猛龙	5.7	3.0	18.3
1999/2000	猛龙	5.8	3.9	25.7
2000/2001	猛龙	5.5	3.9	27.6
2001/2002	猛龙	5.2	4.0	24.7
2002/2003	猛龙	4.4	3.3	20.6
2003/2004	猛龙	4.8	4.8	22.5
2004/2005	猛龙	3.3	3.1	15.9
2004/2005	篮网	5.9	4.7	27.5
2005/2006	篮网	5.8	4.3	24.2
2006/2007	篮网	6.0	4.8	25.2
2007/2008	篮网	6.0	5.1	21.3
2008/2009	篮网	5.1	4.7	20.8
2009/2010	篮网	3.9	3.1	16.6
2010/2011	篮网	4.1	2.9	15.1
2010/2011	太阳	3.6	1.6	13.5
2011/2012	小牛	3.4	2.3	10.1
2012/2013	小牛	4.1	2.4	13.4
2013/2014	小牛	3.5	2.6	11.9
2014/2015	灰熊	2.0	1.2	5.8
2015/2016	灰熊	2.4	0.9	6.6
2016/2017	灰熊	3.1	1.8	8.0
2017/2018	国王	2.6	1.2	5.4
2018/2019	老鹰	2.6	1.1	7.4
2019/2020	老鹰	2.1	0.8	5.0
场均数据		4.3	3.1	16.7

● **档案**

文斯·卡特 / Vince Carter
出生地：美国佛罗里达州代顿海滩市
出生日期：1977 年 1 月 26 日
身高：1.98 米 / 体重：100 公斤
效力球队：猛龙、篮网、魔术、太阳、
小牛、灰熊、国王、老鹰
球衣号码：15、25
场上位置：得分后卫

● **荣耀**

8 届全明星：2000 年—2007 年
最佳新秀：1998/1999 赛季
最佳新秀阵容一阵：1998/1999 赛季
1 届扣篮大赛冠军：2000 年
1 届奥运冠军：2000 年

8

半人半神

文斯·卡特

VINCE CARTER

飞龙在天的文斯·卡特极致地诠释了暴力美学的精髓，将扣篮演绎得华丽而完美，给人以"全方位"的视觉震撼。

他在 21 世纪元年扶摇直上、垂翼九天，在扣篮大赛上上演"世纪之扣"，又在悉尼奥运会上"死亡之扣"，惊诧世人。

他是"四大分卫"坚守 NBA 最久的一位，从翱翔云端的"半人半神"到降落凡尘的"篮球行者"，卡特甘愿在平凡中寻找篮球的答案。

　　文斯·卡特在佛罗里达代顿海滩市长大，幼年的他看到电视中"J博士"飞翔的身影，旋即被迷得如痴如醉。事后他在自家后院里一遍遍模仿，他真的太想飞了。

　　在北卡读大三的时候，卡特入选 ACC 联盟最佳阵容第一队，全美最佳阵容第二队，并成为伍登奖候选人。他在 1997 年和 1998 年，连续两年率领球队跻身 NCAA 全美四强。

　　1998 年，卡特参加 NBA 选秀，在首轮第 5 顺位被勇士选中后交易到猛龙。在冰天雪地的多伦多，卡特遇到自己的表弟麦迪。他乡遇表亲，可谓人生一大幸事。这对天赋超群的"高飞"兄弟本可以组成猛龙"双子星"，联手去争冠。但命运殊途，他们最终还是分道扬镳，成为等量齐观的对手，也是 20 世纪四大分卫中的其中两位。

　　卡特在菜鸟赛季就获得最佳新秀称号，第二个赛季已经成为猛龙队领袖，场均得分猛增到 25.7 分，入选联盟最佳阵容三阵，并成为历史上首位参加全明星赛的猛龙队球员。

　　在猛龙的岁月，卡特用各种扣篮诠释着暴力美学，大风车、360 度，或是拉杆折叠扣，那种凌厉的得分能力让卡特成为猛龙的一面战旗，在联盟中独树一帜。

　　卡特在 2000 年全明星扣篮大赛，上演了最伟大的经典时刻。他左侧轻松加速，切入篮下，跑了一个弧圈，急停，腾空而起，反向360度再加大风车。全场发出狂呼，加内特拿着摄影机目瞪口呆，而奥尼尔嘴巴则变成了O型，所有人都打出满分，"微笑刺客"更是激动得单膝跪地顶礼膜拜。卡特却冷酷地挥手说："It's over，It's over！"

2000年的扣篮大赛让卡特成为联盟的招牌巨星，"半人半神"的名号也传播开来。此后悉尼奥运会，卡特又飞跃2.18米的法国中锋维斯，上演了惊诧世界的"死亡之扣"。

那时的麦迪已悄然崛起，再也不愿成为卡特身边的小弟，于是远赴奥兰多魔术。

从此，NBA江湖中再没有那对高飞的兄弟，而逐渐浮现出"四大分卫"的传奇。科比偏执、麦迪飘逸、卡特劲爆、艾弗森桀骜，"四大分卫"并世而立，在21世纪第一个十年里各领风骚，交相辉映出瑰丽绚烂的NBA江湖……

2001到2005年间，卡特成为全联盟最具人气的球员，四夺全明星票王。他所擅长的不仅仅是扣篮，他拥有全面而又娴熟的得分技巧。2001年东部半决赛，艾弗森电光石火，卡特飞天遁地，那是棋逢对手、将遇良才的一场比赛。

2001/2002赛季，云端上的卡特被伤病纠缠，2002年3月22日被迫接受左膝手术，赛季提前结束。2002/2003赛季复出，他余伤未了，再也无法恢复从前的那般锐利。

2004年12月17日，卡特被交易到了新泽西。那个赛季，卡特场均得到27.5分，创篮网队史个人单赛季场均得分纪录。他和基德、理查德·杰弗森组成的"三叉戟"，成为当时联盟最受球迷欢迎的组合。这时候的卡特铅华褪尽，技术风格更加沉稳。

2009年6月26日，新泽西三叉戟风吹云散。在奥兰多、凤凰城，卡特都是匆匆过客。2009年至2011年这三年，在人们眼里，"半人半神"似乎回到了平凡的人间。

2011年12月10日，卡特被太阳裁掉。3天后达拉斯小牛签下他。2014年季后赛首轮"牛马大战"第三战，最后时刻37岁的卡特一个假动作闪开吉诺比利的封堵，并投出一记高难度的后仰三分球，主场以109比108绝杀马刺。虽然小牛在七场苦战后输掉比赛，但卡特的绝杀成为那轮系列赛中最经典的瞬间。

2014年7月15日，卡特加盟孟菲斯灰熊，并穿回15号球衣。实际上在2014年离开达拉斯之前，"半人半神"的神话就早已终结。随后无论征战孟菲斯，还是辗转萨克拉门托，我们看到的是一位笑看风云的"篮球行者"，而非那云端的"半人半神"。

即便如此，卡特依然是成熟睿智、受人敬仰的前辈高人，他还时刻不忘提携新人。

有时候卡特也会"老夫聊发少年狂"，践行"老兵不死"的誓言。比如2017年3月14日灰熊大胜雄鹿的比赛，卡特8投8中，砍下24分，三分球6投全中，成为创造（投篮8投、三分球6投全中）纪录NBA年纪最长的球员。那一刻卡特迈开老腿，双拳放在额头前，做出"骑摩托"的专属庆祝动作。满脸都是当年的那份骄傲与豪情。

"我计划下赛季继续征战NBA。"最后那几年，卡特在每个赛季结束后都如是说。

2018年7月26日，卡特以一年底薪合同加盟亚特兰大老鹰，继续追求篮球的理想，

文斯·卡特季后赛数据			
赛季	球队	篮板	助攻	得分
1999/2000	猛龙	6.0	6.3	19.3
2000/2001	猛龙	6.5	4.7	27.3
2004/2005	篮网	8.5	5.8	26.8
2005/2006	篮网	7.0	5.3	29.6
2006/2007	篮网	6.8	5.3	22.3
2009/2010	篮网	4.2	2.3	15.5
2011/2012	小牛	5.5	0.3	8.3
2013/2014	小牛	3.6	2.4	12.6
2014/2015	灰熊	4.3	1.0	6.3
2015/2016	灰熊	3.8	1.3	11.3
2016/2017	灰熊	3.3	1.5	9.2
场均数据		5.4	3.4	18.1

虽然总冠军的荣耀渐行渐远，但那又如何？只要心中保有那份对篮球的热爱与快乐。

2020 年 3 月 4 日，老鹰在主场不敌灰熊，面对昔日的老东家，卡特命中两记三分球，三分球总命中数达到 2283 个，升至 NBA 历史三分榜的第 6 位。

2020 年 3 月 11 日，因为新冠病毒肆虐，NBA 突然宣布停摆，当时老鹰与尼克斯比赛正在进行中，卡特在万众期待下登场，命中职业生涯的最后一记三分球。随着 NBA 的停摆以及老鹰无缘季后赛的争夺，这也意味着卡特的最后一个赛季提前结束。

2020 年 6 月 26 日，卡特宣布正式退役，自此，他的 22 年职业生涯落下帷幕。

卡特是"四大分卫"中坚守 NBA 最久的一位，相比科比的伟大辉煌、艾弗森的锋锐桀骜、麦迪飘逸悲情，卡特是最为真实的存在。他的职业生涯后半程，像极了普通的我们，甘心平凡却不甘平庸，曾与岁月抗争，最后握手言和……

遥想当年——"东艾西科北卡南麦"，在彼此最好的时光里遥相绽放、各据一方，隔空论剑。那种生动的江湖气与英雄情，在如今的 NBA 再难重现了。

生涯高光闪回 / 扣杀旧主

高光之耀：这位多伦多昔日的领袖在漫天嘘声中完成反戈两重击，令这场比赛成为经典。尽管卡特一生毙敌无数，但唯独本场令他此生难忘，奉为至尊。为什么？ 44 秒 12 分，这让卡特想起了一位故人。

2008 年 11 月 22 日，新泽西篮网客场以 129 比 127 击败多伦多猛龙，卡特共得 39 分，在常规时间最后 44 秒狂揽 12 分，把比赛带入加时。加时赛最后 2.1 秒，猛龙扳平，留给篮网 0.5 秒。卡特反跑后高高跃起，空中接力完成反扣绝杀！

年轻时的"J博士"
就像爱迪生，每晚
在球场上都会发明
新玩意儿。

● 档案
朱利叶斯·欧文 / Julius Erving
出生地：美国纽约州东梅多
出生日期：1950 年 2 月 22 日
身高：2.01 米 / 体重：95 公斤
效力球队：76 人 / 球衣号码：6、32
场上位置：小前锋

● 荣耀
2 届 ABA 总冠军：1974 年、1976 年
1 届 NBA 总冠军：1983 年
3 届 ABA 常规赛 MVP：1973/1974 赛季—
1975/1976 赛季
1 届 NBA 常规赛 MVP：1980/1981 赛季
2 届全明星 MVP：1977 年、1983 年
11 届 NBA 全明星：1977 年—1987 年
3 届 ABA 得分王：1972/1973 赛季、
1973/1974 赛季、1975/1976 赛季
5 届 NBA 最佳阵容一阵：1976/1978 赛季、
1979/1980 赛季—1982/1983 赛季
4 届 ABA 最佳阵容一阵：1972/1973 赛季
—1975/1976 赛季
篮球名人堂：1993 年
NBA 75 大球星

朱利叶斯·欧文常规赛数据

赛季	球队	篮板	助攻	得分
1976/1977	76 人	8.5	3.7	21.6
1977/1978	76 人	6.5	3.8	20.6
1978/1979	76 人	7.2	4.6	23.1
1979/1980	76 人	7.4	4.6	26.9
1980/1981	76 人	8.0	4.4	24.6
1981/1982	76 人	6.9	3.9	24.4
1982/1983	76 人	6.8	3.7	21.4
1983/1984	76 人	6.9	4.0	22.4
1984/1985	76 人	5.3	3.0	20.0
1985/1986	76 人	5.0	3.4	18.1
1986/1987	76 人	4.4	3.2	16.8
场均数据		6.7	3.9	22.0

朱利叶斯·欧文季后赛数据

赛季	球队	篮板	助攻	得分
1976/1977	76 人	6.4	4.5	27.3
1977/1978	76 人	9.7	4.0	21.8
1978/1979	76 人	7.8	5.9	25.4
1979/1980	76 人	7.6	4.4	24.4
1980/1981	76 人	7.1	3.4	22.9
1981/1982	76 人	7.4	4.7	22.0
1982/1983	76 人	7.6	3.4	18.4
1983/1984	76 人	6.4	5.0	18.2
1984/1985	76 人	5.6	3.7	17.1
1985/1986	76 人	5.8	4.2	17.7
1986/1987	76 人	5.0	3.4	18.2
场均数据		7.0	4.2	21.9

7
♠

J 博士

朱利叶斯·欧文

> 说起扣篮，这一代人会念叨詹姆斯、格里芬、拉文，上一代人会说卡特，再往前就会提起乔丹，但真正将扣篮引入 NBA 球迷视线的，是"J 博士"欧文，那是天空里的先行者。朱利叶斯·欧文擅长大风车灌篮，他将滞空和飞翔带入 NBA 后，开创了艺术篮球的先河！
>
> 乔丹、威尔金斯、德雷克斯勒，在孩提时代都在模仿"J 博士"。

1976 年秋天，"J 博士"宣布加入 NBA 后仅仅几个小时，就有人冲到底特律科博会展大厅的售票窗口，把刚刚从福特汽车公司领到的薪水拍在柜台上大喊大叫："把所有'J 博士'的比赛球票都给我！"

如今的孩子们听到这样的故事情节难免一头雾水，因为他们根本无法体会"J 博士"在那个年代迸发出的惊人魅力。

高中时期的朱利叶斯·欧文就已经威名远扬，彼时小伙伴喜欢互起绰号，因为，欧文称其为"教授"，对方便以"博士"作为回应，从此"J 博士"的绰号流传开来。欧文为马萨诸塞大学效力三年，NCAA 最后一季他场均贡献 26.9 分、19.5 个篮板。

欧文的职业生涯起始于 ABA，效力过弗吉尼亚绅士队和纽约篮网两支球队，在 ABA 效力的五个赛季里，他场均贡献 25.4 分、10.7 个篮板，斩获 3 个常规赛 MVP，2 个总冠军。"ABA 最后一个赛季，他是我见过最可怕的球员。"前纽约篮网主帅凯文·朗格利说，"送出 40 分、20 个篮板、15 次助攻，外加一堆盖帽，简直就是家常便饭。"人们认为 ABA 与 NBA 最大的不同就是花皮球、爆炸头以及朱利叶斯·欧文。ABA 理事会成员戴夫·德布斯切尔说："欧文不仅是球队的象征，更是整个联盟的招牌。"

1976 年 ABA 正式与 NBA 合并，拥有阿奇巴尔德和欧文的篮网显示出不俗的竞争力，然而球队没有兑现与"J博士"签下新约的承诺，双方陷入僵局，当欧文绝不妥协的消息传出后，篮网的球票销售完全停滞。

费城 76 人最终用一张 300 万美元的支票赢得了"J博士"的争夺战，这笔钱对陷入财政危机的篮网无疑是救命稻草，而欧文也获得了年薪 60 万美元的新合同，然而这并非是一笔双赢的买卖。1976 年 ABA 总决赛第六场力挽狂澜的球队英雄约翰·威廉姆斯公开斥责篮网售卖核心的行为："任何脑筋正常的人都不会卖掉'J博士'。"

1976 年 10 月 27 日，76 人客场对阵火箭，15676 名球迷现场观战，创造了休斯敦主场上座纪录。人们热爱"J博士"，因为没有人能拒绝篮筐之上的表演，如凯文·朗格利所说："'J博士'是第一位'天行者'，他让灌篮变得流行起来，将征服篮筐的暴力动作从嘉年华的附属表演区带到聚光灯下。"

欧文在空中滑过，防守者最终都臣服于万有引力定律而纷纷落下，他依然高悬在篮筐之上，用舞者的风范将扣篮升华成为艺术。有一次，芝加哥公牛的米基·约翰逊在防守快攻时试图制造欧文带球撞人，结果他一无所获，"J博士"轻轻松松飞跃了他，为了避免被欧文的球鞋踢到，约翰逊还十分明智地低下了头。

欧文奉献了无数精彩绝伦的空中表演，最让篮球迷心醉神迷的既不是 1976 年全明星赛上的罚球线起跳扣篮，也不是在迈克尔·库珀头顶完成的俯冲暴扣，亦不是 1977 年总决赛对比尔·沃顿的残暴颜扣，而是一个载入史册的反手上篮。

1980 年 5 月 11 日，NBA 总决赛第四场，76 人以 105 比 102 击败湖人，将总比分扳回 2 比 2。第四节中段，鲍比·琼斯用一记纵贯全场的长传把球送到"J博士"手中。在对方紧逼之下，"J博士"右手运球突破，单手抓球高高跃起，他的身体飞到篮板后面，半空中他的左侧空间已经被兰斯伯格和贾巴尔完全覆盖。但见"J博士"猿臂轻舒，在空中划过一道美妙的弧线后出手，拨球，擦板，球进。处于篮下的"魔术师"目瞪口呆："我简直不敢相信自己的眼睛，这是我一生中见过最伟大的进球，没有之一。"

欧文为 NBA 注入的不仅仅是炫目的表演和扣篮的新鲜感，也在 NBA 余火将熄的危急时刻成为火炬手。彼时大多数球员们行为粗鲁，一身匪气，"J博士"却是一个风度翩翩的绅士。即便队友们已经洗完澡回家，他依然愿意坐下，在伤痛的膝盖上敷上冰袋，面对数不清的麦克风和记事本，耐心地回答所有问题。

ABA 与 NBA 合并的第一个赛季，"J博士"率领 76 人杀入总决赛，遗憾负于开拓者，他用事实证明自己不是花瓶型球员。1980/1981 赛季，欧文场均贡献 24.6 分、8 个篮板、4.4 次助攻、2.1 次抢断，当选常规赛 MVP。1980 年和 1982 年 76 人两度杀入总决赛，尽管铩羽而归，但在东部，"J博士"的球队已经成为凯尔特人最头疼的劲敌。

与大多数外线球员一样，欧文需要内线擎天柱的鼎力支持，1982/1983 赛季之前，

76人为前一个赛季的MVP摩西·马龙开出天价合约，火箭没有选择匹配，最具统治力的中锋终于驾临费城。费城在常规赛获得65胜17负的骄人战绩，马龙蝉联常规赛MVP，高呼"FO—FO—FO"的口号，76人在季后赛所向披靡，总决赛横扫宿敌湖人，报了一箭之仇，32岁的"J博士"第一次戴上了NBA的总冠军戒指。

1984年丹佛全明星赛，"J博士"再度祭出标志性的罚球线扣篮，这是8年前他震惊世界的玩法，此时距离他35岁的生日只差一个月。在同一片场地上，他的头撞上了篮板，最终NBA决定将篮板下端削减10厘米。

1987年"J博士"正式宣布退役，帕特·莱利对他给予了极高的评价："他是伟大的球员，真正让人铭记的是他的比赛方式。'J博士'的优秀与伟大如同世上所有的母亲，他们优人一等，与众不同。但'J博士'独一无二，正是由于他在场上的所作所为，让他的另一面为众人所知。他的比赛牢牢地俘获了成千上万的孩子们的心，这为他们确立了正确的航向。我将以'我见过的最伟大球员'来铭记'J博士'。"

"职业篮球本身就是虚幻的存在。""J博士"说，"上帝赐予了我们出众的身体，你就要对此懂得感恩并且肩负起一份责任，而我正确地使用了自己的天赋。"如今远离职业赛场的"J博士"仍然会尝试扣篮，当63岁的欧文再次飞起时，他依然是那个世人为之疯狂的空中舞者。

生涯高光闪回 / 开启扣篮时代

高光之耀：1976年全明星扣篮大赛，众星云集、星光璀璨。扣篮鼻祖"J博士"朱利叶斯·欧文、"天行者"汤普森以及"冰人"乔治·格文。"J博士"完成了开天辟地罚球线起跳的御风而行滑翔扣。

1976年ABA扣篮大赛，"J博士"第二扣，他退到对侧三分线内开始助跑，所有人全都站起来观看，只见欧文持球行进速度越来越快，就在他脚踏上罚球线的瞬间，一纵离开了地面，展开了一段美妙绝伦的滑翔，这个时候，地心引力和所有物理法则仿佛都成了空话，只剩下了空灵的想象，而他在美梦尽头，单掌把球劈进篮筐时，一个属于天空的时代来临了。

"J博士"当年赢得并不轻松，"天行者"汤普森做出了著名的"怀抱婴儿"扣，而"冰人"格文尝试了360度风车扣未遂，但他们都给1976年扣篮大赛留下了浓墨重彩的一笔。但无奈他们的光辉都被"J博士"所掩盖，作为第一位在篮圈上飞翔的巨星，"J博士"开创了艺术篮球的先河，"飞人"乔丹也深受其影响。

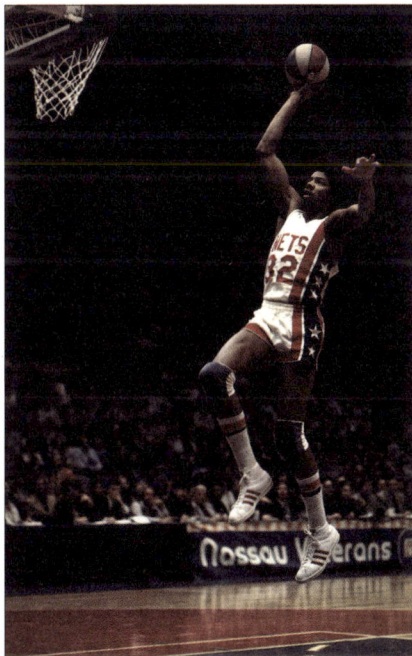

多米尼克·威尔金斯常规赛数据

赛季	球队	篮板	助攻	得分
1982/1983	老鹰	5.8	1.6	17.5
1983/1984	老鹰	7.2	1.6	21.6
1984/1985	老鹰	6.9	2.5	27.4
1985/1986	老鹰	7.9	2.6	30.3
1986/1987	老鹰	6.3	3.3	29.0
1987/1988	老鹰	6.4	2.9	30.7
1988/1989	老鹰	6.9	2.6	26.2
1989/1990	老鹰	6.5	2.5	26.7
1990/1991	老鹰	9.0	3.3	25.9
1991/1992	老鹰	7.0	3.8	28.1
1992/1993	老鹰	6.8	3.2	29.9
1993/1994	老鹰	6.2	2.3	24.4
1993/1994	快船	7.0	2.2	29.1
1994/1995	凯尔特人	5.2	2.2	17.8
1996/1997	马刺	6.4	1.9	18.2
1998/1999	魔术	2.6	0.6	5.0
场均数据		6.7	2.5	24.8

多米尼克·威尔金斯季后赛数据

赛季	球队	篮板	助攻	得分
1982/1983	老鹰	5.0	0.3	15.7
1983/1984	老鹰	8.2	2.2	19.0
1985/1986	老鹰	6.0	2.8	28.6
1986/1987	老鹰	7.8	2.8	26.8
1987/1988	老鹰	6.4	2.8	31.2
1988/1989	老鹰	5.4	3.4	27.2
1990/1991	老鹰	6.4	2.6	20.8
1992/1993	老鹰	5.3	3.0	30.0
1994/1995	凯尔特人	10.8	2.0	19.0
1998/1999	魔术	0.0	0.0	2.0
场均数据		6.7	2.6	25.4

如果一场比赛是一部电影，那么威尔金斯的扣篮就是人类电影精华。

● 档案

多米尼克·威尔金斯 / Dominique Wilkins

国籍：美国 / 出生地：法国巴黎

出生日期：1960 年 1 月 12 日

身高：2.03 米 / 体重：104 公斤

效力球队：老鹰

球衣号码：12、21

场上位置：小前锋

● 荣耀

9 届全明星：1986 年—1994 年

1 届得分王：1985/1986 赛季

1 届最佳阵容一阵：1985/1986 赛季

2 届扣篮大赛冠军：1985 年、1990 年

1 届世锦赛冠军：1994 年

篮球名人堂：2006 年

NBA 75 大球星

7
♥

人类电影精华

多米尼克·威尔金斯

DOMINIQUE WILKINS

一个人的篮球表演怎样光华夺目才能被称为"人类电影精华"？如今提及他，我们第一时间想到的总是他那壮丽绝伦、挥洒自如的双臂大风车扣篮。但事实上，他最擅长两件事便是扣篮和得分。

　　他的传说，无论是扣篮还是得分，往往和乔丹的传说联系在一起，因此每每成为背景——但他绝对是伟大的背景：在乔丹创下季后赛单场得分纪录 63 分的前一天，他的单场 50 分让人三月不知肉味。1988 年东部半决赛第七场，所有的荣光都属于他，面对伟大的伯德，他以 23 投 17 中，独得 47 分，至今仍是经典对决。

　　在浪漫之都呱呱坠地的多米尼克·威尔金斯命中注定就是个"飞人"——他的父亲服役于美国空军，少年时代的他随着父亲工作的调动而不断迁徙，从出生地巴黎到达拉斯，再辗转至巴尔的摩，生活背景频繁切换，最终威尔金斯的家停留在首都华盛顿，在那里他开启了魔幻般的篮球生涯。

　　卓越的天赋让威尔金斯在华盛顿中学成为炙手可热的篮球明星，率队夺取州冠军、蝉联 MVP 不过是小菜一碟。他曾在一场比赛中砍下 48 分、27 个篮板、8 次盖帽，贡献了 9 次扣篮，顺理成章地霸占了《体育画报》的封面，即使在麦当劳全明星这样的大场面下，他也是吸引闪光灯的头号主角。

　　征服高中篮球界之后，威尔金斯再度震惊了大学篮坛，劲爆华丽的球风为他赢得了"人类电影精华"的霸气绰号，佐治亚大学的历史写满了他的传奇——NCAA 单季砍分纪录，3 年 1688 分位列历史第四位，1981 年荣膺东南区最有价值球员，他穿过的 21 号是佐治亚大学唯一退役的球衣。

某种意义上威尔金斯并没有成为 NCAA 的绝对统治者，他的球队在三年里只取得52胜37负的战绩，然而这足以让他拿到职业篮坛的入场券。1982年他成为 NBA 的探花秀，排在他前面与大卫·斯特恩握手的只有詹姆斯·沃西和特里·卡明斯。

被爵士选中后威尔金斯被交换至老鹰，没有人比他更能配得上成为鹰击长空的球队图腾。威尔金斯并非在篮筐上方打球的开山始祖，然而这位后来者却将扣篮艺术引向另一个方向。与那些飘逸的飞行家相比，他更像一个简单粗暴的爆破手，用劲道十足的动作摩擦出血脉偾张的火花，在篮筐上方点燃炸药的引信。全世界都为"人类电影精华"疯狂不已，伊塞亚·托马斯说："也许我们永远也无法看清多米尼克是怎样离开地面的。"

征服篮筐的快感让人难以抗拒，威尔金斯承认扣篮让他找到了君临天下的感觉，在全明星扣篮大赛上，他曾击败过乔丹和韦伯等众多灌篮高手，成功加冕，力拔山兮气盖世的暴力美学成为他最闪亮的名片。

威尔金斯的经典扣篮无疑是 NBA 最宝贵的精神遗产，然而这仅仅是他武器库中的一项，否则一个只会扣篮的跳跳男是没有能力从乔丹手里抢下一个得分王的。1985/1986赛季季后赛，乔丹上帝附身，对阵凯尔特人轰下63分，就在一天前，威尔金斯面对活塞也砍下了50分，上一次季后赛砍下50+的壮举还要追溯到1975年的鲍勃·麦卡杜。在这场比赛里威尔金斯展示了十八般武艺，翻身跳投、突破跳投、原地虚晃跳投、教科书般的突破上篮以及拿手的补篮，唯独没有扣篮。在威尔金斯看来，比赛中的扣篮不过是提升士气的手段，而非常规武器。

1988年也许是威尔金斯篮球生涯中最难忘的章节，他展现了勇者之心，也品尝到失败的苦涩，悲壮的旋律挥之不去。当季全明星赛，威尔金斯第三次参加扣篮大赛，他的目标是在芝加哥公牛的老巢联合中心击败乔丹，登上每一本体育杂志的封面，让自己飞翔的海报出现在全世界每一个角落。威尔金斯说："芝加哥人对这届扣篮大赛的期待超过了全世界，这给了我和迈克尔极大的动力。"

从半决赛开始，扣篮大赛进入白热化，乔丹用那记著名的"篮筐之吻"让全场观众歇斯底里，威尔金斯则用招牌式的大风车予以回应，轰炸机与滑翔机交相辉映，芝加哥解说员几乎失去理智："没有评委能抵挡这样的表演。"

两位史上最伟大的扣篮选手在最后一轮较量中分出了胜负，威尔金斯只得到45分，迈克尔·乔丹祭出了美轮美奂的罚球线飞扣，成功逆袭，"土豆"韦伯直言队友威尔金斯的钱包被偷了。"在别人的地盘竞争注定会非常艰难，"威尔金斯说，"但是必须承认乔丹的那记扣篮非常伟大，如果注定被别人击败，我宁愿输在他的手里。"

东部半决赛，老鹰遭遇了凯尔特人。与这支20世纪80年代的王者之师相比，老鹰是严重依赖威尔金斯的平民球队，然而孤军作战的"人类电影精华"仍然向那支伟大的凯尔特人发起了挑战。0比2的开局足以体现两支球队的实力差距，然而威尔金斯不想缴枪投降，他主动请缨防守伯德。老鹰接下来连扳三城，将"绿衫军"逼到抢七决战。

1988年系列赛生死战，威尔金斯和拉里·伯德联手上演了史诗级的经典对攻战。比赛最后时刻，老鹰落后3分，丹尼·安吉用犯规将威尔金斯送上罚球线。命中第一球后，威尔金斯第二罚故意投失，寄希望于二次进攻。最终决定胜负的篮板球被波士顿拿到，终场哨响，威尔金斯留下了无尽的遗憾："那是我生命中最漫长的2秒钟。"威尔金斯的拼死抵抗得到了对手的尊重，伯德认为他不是输家，可以昂着头颅离开。

华彩乐章之后，威尔金斯逐渐回归平淡，"勇敢的心"没有上演第二季。跟腱断裂无法阻止他重新跻身顶级得分手的行列，但他再也没有率队闯过一轮，分区半决赛成为他职业生涯未曾逾越的鸿沟。1994年离开老鹰之后他辗转至快船、凯尔特人、马刺和魔术，总共只打了5场季后赛。威尔金斯的生涯引人唏嘘，他没有逃开乔丹时代的阴影，无法触摸冠军荣耀的砍分机器历来是坊间嘲讽的对象，更悲剧的是长期被乔丹压制。

在球衣退役仪式上，威尔金斯向亚特兰大球迷敞开了心扉："我从不认为自己是一个多么伟大的球员，我只想在离开联盟时，人们能够认可我付出的努力，我不仅仅是依靠上帝赐予的天赋，也许只有上帝知道，我为此付出了多少汗水。"

因为世俗的偏见，威尔金斯落选NBA50大巨星，但对亚特兰大而言，"人类电影精华"仍然举足轻重，《篮圈世界》评选老鹰队史五大巨星时将他排在第二位。为了纪念这位传奇名将，亚特兰大将一条高速公路以威尔金斯的名字命名，如今老鹰球迷仍然可以在主场的穹顶上看到那件21号球衣。

生涯高光闪回 / 对飙乔丹

高光之耀：在乔丹统治的时期，任何一场能击败公牛的比赛都值得铭记，威尔金斯用飙分的方式击败"天下第一得分"手乔丹，足以证明"人类电影精华"不负盛名。

1986年12月，亚特兰大一个寒冷的冬夜，威尔金斯得到平生最高的57分，而他面前的"篮球之神"乔丹也不甘示弱，砍下41分作为回敬。此战注定成为"人类电影精华"最具华彩的一役，老鹰123比95大胜公牛，堪称NBA历史最华丽的对决之一。

威尔金斯从比赛一开始就火力全开，上半场14投12中，得到30分。全场比赛，他运动战28投19中，罚球21投19中；乔丹25投15中，罚球12投11中，得到41分。这场胜利让老鹰的主场成绩变为8胜0负，赛季前20场16胜4负，登顶联盟第一。

雷·阿伦季后赛数据

赛季	球队	篮板	助攻	得分
1998/1999	雄鹿	7.3	4.3	22.3
1999/2000	雄鹿	6.6	2.6	22.0
2000/2001	雄鹿	4.1	6.0	25.1
2004/2005	超音速	4.3	3.9	26.5
2007/2008	凯尔特人	3.8	2.7	15.6
2008/2009	凯尔特人	3.9	2.6	18.3
2009/2010	凯尔特人	3.3	2.6	16.1
2010/2011	凯尔特人	3.8	2.4	18.9
2011/2012	凯尔特人	4.1	1.0	10.7
2012/2013	热火	2.8	1.3	10.2
2013/2014	热火	3.4	1.6	9.3
场均数据		3.8	2.6	16.1

雷·阿伦常规赛数据

赛季	球队	篮板	助攻	得分
1996/1997	雄鹿	4.0	2.6	13.4
1997/1998	雄鹿	4.9	4.3	19.5
1998/1999	雄鹿	4.2	3.6	17.1
1999/2000	雄鹿	4.4	3.8	22.1
2000/2001	雄鹿	5.2	4.6	22.0
2001/2002	雄鹿	4.5	3.9	21.8
2002/2003	雄鹿	4.6	3.5	21.3
2002/2003	超音速	5.6	5.9	24.5
2003/2004	超音速	5.1	4.8	23.0
2004/2005	超音速	4.4	3.7	23.9
2005/2006	超音速	4.3	3.7	25.1
2006/2007	超音速	4.5	4.1	26.4
2007/2008	凯尔特人	3.7	3.1	17.4
2008/2009	凯尔特人	3.5	2.8	18.2
2009/2010	凯尔特人	3.2	2.6	16.3
2010/2011	凯尔特人	3.4	2.7	16.5
2011/2012	凯尔特人	3.1	2.4	14.2
2012/2013	热火	2.7	1.7	10.9
2013/2014	热火	2.8	2.0	9.6
场均数据		4.1	3.4	18.9

7
♣

君子雷
雷·阿伦

RAY
ALLEN

虽然贵为历史上最伟大的三分手之一，但雷·阿伦并不是以一个纯射手的身份进入 NBA 的。他有着劲爆的身体、全能的球技、天生的领袖气质，他出色的弹跳和爆发力往往令人忽视，在他的青葱岁月里，他在快攻中战斧劈扣是家常便饭。

此外，是雷·阿伦把三分球变成一件极具威力的常规武器，让远程打击来左右比赛的胜局。他是一位将极致投射技术刻在骨子里的"杀手"，哪怕是 70 岁了坐着轮椅，也没有任何一个防守者敢让他在三分线外从容接球、屈膝、抬肘、抖腕……

在职业生涯的晚年，他不再是那个狂飙突进的少年，不再是那个飞在篮筐之上的天使，但他已经把三分球练到了炉火纯青的境地，把关键先生的气质融入血液。他的技术动作，简化成了三个仪式般的动作：空切跑位，接球急停，出手三分。他超越雷吉·米勒，投进了 2900 个三分球，成为 NBA 的历史三分王。

1975 年 7 月 20 日，加利福尼亚州美熹德的空军基地，一个风雨雷电交加的夜晚，雷·阿伦诞生了，雷电之夜似乎赋予他自然界神奇的力量，以至于让其一生都如此传奇。

1985 年，加利福尼亚爱德华兹空军基地组织了一场篮球比赛，几乎从不打篮球的雷·阿伦居然投篮神准，展露出不可思议的投篮天赋。而这种天赋伴随他一生，之后漫长的岁月里，他的投射几乎不曾让人失望过，他是天生的神射手。

进入南加州山顶高中之后，雷·阿伦的篮球天赋全面展现，不仅仅是投射，他的篮球智商、持球能力、运动天赋、爆发力都堪称顶级，并且充满智慧和自信，拥有与生俱来的领袖气质。阿伦率领山顶高中拿下州冠军之后，选择了进入康涅狄格大学。

175

1996 年选秀大会星光熠熠，雷·阿伦在首轮第五顺位就被森林狼选中，之后被送到雄鹿。尽管雄鹿在前两个赛季都没能闯进季后赛，但雷·阿伦却在联盟中打出名堂，他在第四个赛季冲破场均 20 分大关。

2001 年，在雷·阿伦的率领下，雄鹿杀入东部半决赛，并在第六场雷·阿伦狂砍 41 分率队杀入抢七。可惜雄鹿最终还是输给了艾弗森的 76 人，无缘东部决赛。

在密尔沃基的岁月，雷·阿伦是鼎鼎大名的"火枪手"，在 2001 年东部决赛和艾弗森杀得天昏地暗。2003 年，雷·阿伦被"打包"送往西雅图。在那里，他与刘易斯的"超音速双枪"名震江湖。雷·阿伦连续 4 年入选全明星，并且在 2006/2007 赛季场均得到生涯新高的 26.4 分。但球队的战绩并不理想，他们仅在 2003 年进过一次季后赛。

虽然雷·阿伦百步穿杨，但他并不是一个纯射手，他有着劲爆的身体、全能的球技、天生的领袖气质、出色的弹跳和爆发力。在宽松球衣的遮蔽下，饱绽着一块块钢铁般的肌肉。他四肢修长，身材瘦削而结实，两条弹簧腿使得他的行动轻灵而迅捷。

2007 年，而立之年的雷·阿伦被超音速交易到了凯尔特人。在那里，他和加内特、皮尔斯组成了"波士顿三巨头"。对总冠军的渴望使得他们无坚不摧，凯尔特人当赛季以摧枯拉朽之势横扫联盟，2007/2008 赛季下来，凯尔特人从联盟倒数第二摇身一变成为 66 胜战绩的联盟第一，并杀入总决赛，与"紫金军团"两大传统豪门巅峰对决。

最终凯尔特人以 4 比 2 击败科比所率领的湖人，赢得队史的第 17 座总冠军奖杯。

2010 年，詹姆斯、韦德和波什组成更年轻、更具爆炸力"热火三巨头"，打破了"波士顿三巨头"的统治。2012 年，"波士顿三巨头"走到尾声，但雷·阿伦已经为未来做好了打算。他加入曾经的老对手，在总冠军热火队里成了一个职责明确的"特种兵"球员，这次融合堪称完美。

2011 年 2 月 12 日凯尔特人对阵湖人，雷·阿伦投中职业生涯第 2561 记三分球，超越雷吉·米勒（2560 记），成为命中三分球最多的球员！2013 年 4 月 26 日对阵雄鹿，阿伦命中 5 记三分球，再次完成对于雷吉·米勒（320 记）的超越，成为季后赛三分球命中最多的球员。

在 2013 年总决赛的第六场较量中，雷·阿伦精确的投篮挽救了热火。那场比赛之前，

生涯高光闪回 / 倒转乾坤

高光之耀： 无可争议的总决赛史上最为神奇的一记三分球！直接写就了最匪夷所思的乾坤逆转，同时这记绝处逢生的三分球拯救了热火风雨飘摇的那个赛季。

2013 年 6 月 19 日，总决赛第六战在迈阿密展开，之前马刺以总比分 3 比 2 领先。第四节只剩 28.2 秒，马刺领先 5 分，似乎夺冠在望。詹姆斯投中一记三分球，热火以 92 比 94 落后。只剩下 20 秒，伦纳德两罚一中。

詹姆斯三分不中，但波什抢下进攻篮板，雷·阿伦接球后，拉到三分线外，面对防守，一箭穿心，在比赛还有 5.2 秒时，将比分扳成 95 比 95，两队进入加时。

28.2 秒逆转 5 分，加时赛热火以 103 比 100 赢下比赛，功亏一篑的马刺之后输掉抢七大战，他们与奥布兰恩金杯仅差 5.2 秒，而雷·阿伦一记三分球却让乾坤倒转。

热火以 2 比 3 暂时落后于马刺，在常规时段的最后时刻，他们还落后 3 分，最终阿伦在右侧底角命中了一记关键的三分球，把比赛强行拖入了加时，并扳平了系列赛。雷·阿伦在底角的那记三分球简直是精彩绝伦，令人难以忘怀。

2014 年总决赛，38 岁的雷·阿伦再也无法扛起那个泰山般的责任了，但他依然可以在某一个瞬间里闪耀光华，譬如他一路狂奔、隔着贝里内利单臂暴扣。

2013/2014 赛季结束时，38 岁的雷·阿伦依旧是全联盟最抢手的神射手，但他没有选择加盟任何一支球队，而是坐看云起霞飞，他花了两年的时间去思考，去等待。这一迟疑，如白驹过隙，如一记穿越时空的三分球，时间都溜走了，他也该离开了。

2016 年 11 月 1 日，也许没有需要他拯救的比赛了，于是 41 岁的雷·阿伦不再等待，他决定退役！曾经的"雄鹿火枪手""超音速双子星""绿军三巨头""21 世纪最伟大的投手"，就此归隐。2018 年 9 月 8 日，雷·阿伦与史蒂夫·纳什、贾森·基德、格兰特·希尔等昔日巨星携手，一起入选史密斯篮球名人堂。

让我们送上敬意吧，致翩翩一剑君子雷，致熠熠生辉的"96 黄金一代"。

君子如玉，还剑入鞘，再见，雷·阿伦！

● 档案

雷吉·米勒 / Reggie Miller
出生地：美国加利福尼亚州里弗赛德
出生日期：1965年8月24日
身高：1.98 米 / 体重：98 公斤
效力球队：步行者 / 球衣号码：31
场上位置：得分后卫

● 荣耀

5 届全明星：1990年、1995年、
1996 年、1998 年、2000 年
3 届最佳阵容三阵：1994/1995 赛季、
1995/1996 赛季、1997/1998 赛季
1 届世锦赛冠军：1994 年
1 届奥运冠军：1996 年
篮球名人堂：2012 年
NBA 75 大球星

雷吉·米勒常规赛数据

赛季	球队	篮板	助攻	得分
1987/1988	步行者	2.3	1.6	10.0
1988/1989	步行者	3.9	3.1	16.0
1989/1990	步行者	3.6	3.8	24.6
1990/1991	步行者	3.4	4.0	22.6
1991/1992	步行者	3.9	3.8	20.7
1992/1993	步行者	3.1	3.2	21.2
1993/1994	步行者	2.7	3.1	19.9
1994/1995	步行者	2.6	3.0	19.6
1995/1996	步行者	2.8	3.3	21.1
1996/1997	步行者	3.5	3.4	21.6
1997/1998	步行者	2.9	2.1	19.5
1998/1999	步行者	2.7	2.2	18.4
1999/2000	步行者	3.0	2.3	18.1
2000/2001	步行者	3.5	3.2	18.9
2001/2002	步行者	2.8	3.2	16.5
2002/2003	步行者	2.5	2.4	12.6
2003/2004	步行者	2.4	3.1	10.0
2004/2005	步行者	2.4	2.2	14.8
场均数据		3.0	3.0	18.2

雷吉·米勒季后赛数据

赛季	球队	篮板	助攻	得分
1989/1990	步行者	4.0	2.0	20.7
1990/1991	步行者	3.2	2.8	21.6
1991/1992	步行者	2.3	4.7	27.0
1992/1993	步行者	3.0	2.8	31.5
1993/1994	步行者	3.0	2.9	23.2
1994/1995	步行者	3.6	2.1	25.0
1995/1996	步行者	1.0	2.0	29.0
1997/1998	步行者	1.8	2.0	19.9
1998/1999	步行者	3.9	2.6	20.2
1999/2000	步行者	2.4	2.7	24.0
2000/2001	步行者	5.0	2.5	31.3
2001/2002	步行者	3.2	2.8	23.6
2002/2003	步行者	2.3	2.3	9.2
2003/2004	步行者	2.3	2.8	10.1
2004/2005	步行者	3.1	1.5	14.8
场均数据		2.9	2.5	20.6

"如果乔丹尝试招募我去公牛，我会让他滚蛋。"

——雷吉·米勒

7 ◆

杀手

雷吉·米勒

REGGIE MILLER

> 蝴蝶穿花般掩护，然后接球跳投，即便是所有对手都知道他要做什么，但却无可奈何地目送他孜孜不倦地投出了历史第三多的三分球。没有强壮的身体，跳不高，跑不快，但只要他站在三分线外，给对手永远是最致命的威胁。每逢比赛最关键时刻，他冷静如杀手，伺机一剑封喉。

"世界是斜视的，充满偏见！"杜拉斯说。

我喜欢杜拉斯的这句话，人类就是充满偏见的生物，因此这个世界也是"斜视"的——当面对那些"高富帅"，就用华丽的 45 度仰望；而对待那些爹不疼、妈不爱的穷小子，就大眼皮一耷拉，不屑一顾地蔑视。所以，在 NBA，纽约、芝加哥那些大城市的球队被人前呼后拥，万众瞩目；而印第安纳这样类似乡村的地方，则备受冷漠、无人问津。

好在，印第安纳有了雷吉·米勒。

雷吉·米勒，并不高大，也不强壮，甚至有着联盟有史以来最瘦弱的肩膀。

雷吉·米勒，跳得不高，跑得不快，身体素质说是联盟垫底，也能让不少人认同。

雷吉·米勒出生在加州温暖的怀抱，却被命运开了一个玩笑——出生时，臀部和双腿扭曲，以至于医生预言他可能终生无法行走，4 岁的时候还带着阿甘式的脚架。但就是这样，他让印第安纳步行者进入 NBA 版图的中心，一下子就是 18 年。

1987 年 NBA 选秀大会，雷吉·米勒被印第安纳步行者在 11 顺位选中的时候，印第安纳更希望得到的是出身本土的英雄史蒂夫·阿尔福德。

他们的抱怨在当时看来似乎有很多的道理——譬如，当时的阿尔福德已经有了冉冉

179

升起的架势，他曾带领印第安纳大学赢得 NCAA 总冠军，并且参加了美国奥运队。

米勒虽然在大学期间表现出不错的潜质，但是人们更愿意相信那就是他的巅峰了。毕竟看着那羸弱的双肩，谁也无法想象他能挑起印第安纳千斤重担的样子。过分的媒体放肆地取笑着他，也取笑着印第安纳的选择，他们一次次连篇累牍地羞辱着印第安纳，同时也羞辱着他。

选秀后的第二天，在印第安纳波利斯的记者招待会上，沃尔什坐在他身边，告诉记者们："我想我们的时代来了。"由于步行者短暂而又平凡的历史，听上去，这更多的是他的希望，而不是预言，但是沃尔什的眼神清澈而坚定。

这个时候的米勒，并不多言语，只是在嘴角慢慢勾勒出不屑的弧度。他鄙视那些根本没看他打过比赛却放言他将毫无作为的篮球评论者们。他认为他们的挖苦和讽刺，除了能够表现出他们浅薄的人生观之外，没有任何意义。他坚信在一开始，他就会用自己的行为回击他们！事实果然和他预料的一样，虽然他的第一个赛季并不成功，作为球队的新人，只能在板凳席上度过比赛的大部分时间。但是很快，米勒的机会就来了！

接下来的几个赛季，米勒开始让比赛说话，让每场比赛都充满着"米勒时刻"的味道！

他的三分球很快成为和乔丹的后仰跳投、佩顿的顺撇上篮、巴克利的大屁股背身单打齐名的联盟杀器！而步行者也终于开始赢球了，甚至成为季后赛的常客！

1994 年，步行者在第一轮对阵魔术，首场比赛，印第安纳就一度落后了 17 分。当所有人开始认为印第安纳将要失败的时候，米勒挺身而出！

东部决赛，第五场的时候，米勒手感并不好，前三节的屡投不进，让坐在场边的纽约大导演斯派克·李放肆了起来。"印第安纳人，你们准备回家吧！"这样的叫嚣激怒了米勒，后果很严重！在最后一节，米勒仿佛上帝附体一般砍下 25 分，将纽约人前进的脚步终结。让所有现场球迷更为震惊的是，他每投进一个三分之后，就会从斯派克·李面前跑过用流利的印第安纳俚语"问候"！

更让人目瞪口呆的是，米勒竟然用"割喉礼"向麦迪逊花园广场里的两万球迷致意！

这还不是最让人惊诧的。在芝加哥，当米勒跨过公牛雄壮的身躯，在上帝头顶扔进一个个三分球之后，他竟然冷笑着向联合中心的球迷们鞠躬行礼！

"我十分感谢他们，他们越是嘘我，我就越充满力量！"米勒冷笑着回应。

那个时候，我们相信，米勒为了印第安纳，有勇气向全世界说不！

这就是米勒的魅力！不信神、不认命，勇于挑战一切不可能！在麦迪逊那场 8.8 秒 8 分的好戏之前，没有人能够预估到有谁能上演这么奇迹的戏码！关键时刻三分球进，推倒接球队员抢断对手，一步跨回三分线外，出手又是一记三分球，紧接着抢下关键篮板迫使对手犯规，然后两罚全中，让对手 6 分的优势在呼吸之间就荡然无存，还倒赔 2 分输掉比赛，他做到了别人都无法想象的一切！

乔丹曾这样描述他："米勒永远都是我的眼中刺，不除掉他我就不会安宁。"

因为米勒真的连"神"也不敬。他每次和乔丹交锋的夜晚，都拼命喷垃圾话。直到失控的乔丹冲上来奋力地扇他耳光，他仍不忘记骄傲地竖起他的中指，表达挑衅。"和米勒比赛让我变成了一个彻头彻尾的混蛋，"1998年乔丹在接受ESPN杂志采访时说，"就好像一个泼妇在和一只公鸡打架。"

2004年，米勒终于累了，回到了板凳席上，但仍然没忘记向欺负他小弟的敌人竖竖中指，吐吐口水。队里的汀斯利、杰克逊、奥尼尔都叫他叔叔，因为他和蔼可亲，和球场上面对敌人血灌瞳仁的他简直就不是一个人。但是上帝好像不想让他这么安静地离开人们的视线——接下来的赛季，奥本山事件突然爆发，看着队里禁赛的禁赛、伤病的伤病，年近40岁的米勒毅然披挂上阵，前十场，他场均19.8分。

眼前的米勒，佝偻着瘦弱的身躯在场上拼搏，出手，进球；再出手，再进。喜悦被岁月的磨痕消弭殆尽，只剩下苍凉的背影在泛黄的光影下挥动着手臂，向观众宣告着最后的抗争。

生涯高光闪回 / 8.8秒8分

高光之耀：季后赛最伟大的逆转，如果说，绝杀者都是天生杀手，那么雷吉·米勒便是杀手之王。

1995年5月7日，东部半决赛第一场，步行者和尼克斯冤家聚首，当时步行者队落后尼克斯6分，比赛只剩下8.9秒钟！

桀骜强硬的米勒不会放弃，他首先投中一记三分球，然后又在前场断球，远投得分，步行者将比分扳成105比105平，此时米勒又迫使尼克斯犯规，他两罚全中帮助步行者以107比105险胜对手2分。从此"米勒时刻"的大名响彻联盟，直到他退役那一年，也没有人敢小看这个身材瘦削的冷血杀手。

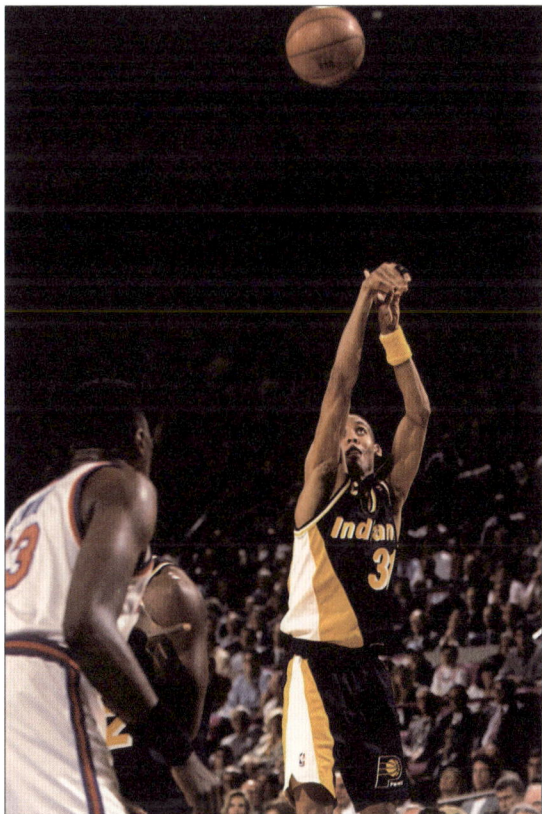

贾森·基德常规赛数据

赛季	球队	篮板	助攻	得分
1994/1995	小牛	5.4	7.7	11.7
1995/1996	小牛	6.8	9.7	16.6
1996/1997	小牛	4.1	9.1	9.9
1996/1997	太阳	4.8	9.0	11.6
1997/1998	太阳	6.2	9.1	10.9
1998/1999	太阳	6.8	10.8	16.9
1999/2000	太阳	7.2	10.1	14.3
2000/2001	太阳	6.4	9.8	16.9
2001/2002	篮网	7.3	9.9	14.7
2002/2003	篮网	6.3	8.9	18.7
2003/2004	篮网	6.4	9.2	15.5
2004/2005	篮网	7.4	8.3	14.4
2005/2006	篮网	7.3	8.4	13.3
2006/2007	篮网	8.2	9.2	13.0
2007/2008	篮网	8.1	10.4	11.3
2007/2008	小牛	6.5	9.5	9.9
2008/2009	小牛	6.2	8.7	9.0
2009/2010	小牛	5.6	9.1	10.3
2010/2011	小牛	4.4	8.2	7.9
2011/2012	小牛	4.1	5.5	6.2
2012/2013	尼克斯	4.3	3.3	6.0
场均数据		6.3	8.7	12.6

贾森·基德季后赛数据

赛季	球队	篮板	助攻	得分
1996/1997	太阳	6.0	9.8	12.0
1997/1998	太阳	5.8	7.8	14.3
1998/1999	太阳	2.3	10.3	15.0
1999/2000	太阳	6.7	8.8	9.8
2000/2001	太阳	6.0	13.3	14.3
2001/2002	篮网	8.2	9.1	19.6
2002/2003	篮网	7.7	8.2	20.1
2003/2004	篮网	6.6	9.0	12.6
2004/2005	篮网	9.0	7.3	17.3
2005/2006	篮网	7.6	9.6	12.0
2006/2007	篮网	10.9	10.9	14.6
2007/2008	小牛	6.4	6.8	8.6
2008/2009	小牛	5.8	5.9	11.4
2009/2010	小牛	6.8	7.0	8.0
2010/2011	小牛	4.5	7.3	9.3
2011/2012	小牛	6.0	6.0	11.5
2012/2013	尼克斯	3.5	2.0	0.9
场均数据		6.7	8.0	12.9

"在 NBA，只有基德才能让
一支烂队变成超级劲旅。"
——比尔·沃顿

6 ♠

三双王

贾森·基德

> 他是球场上的助攻大师。广袤的视野，大开大阖；运筹帷幄，算无遗策；纵横捭阖，却心如止水。基德的稳健与睿智堪称典范，经过数十年的修炼，他成为联盟中打球最合理的"老妖"，无论是行云流水的快攻还是刀光斧影的攻坚，基德总能打出鬼神莫测的妙传。

作为最全能的殿堂级控卫，贾森·基德拥有出色的大局观，调度全队，掌控全局，他可以用传球引领进攻，盘活队友。此外，与华丽莫测的助攻相比，基德的得分与篮板也毫不逊色：生涯100+三双王，史上排行前三三分王，史上第二抢断王。基德带着一系列光环悄然归隐，此刻我们才发现，这个时代最好的司令官已挂印而去。

当我们谈论基德时我们该谈论什么？除了不断辗转最终捧杯的励志戏码之外，更耐人寻味的是这位王牌控卫角色的转变，在漫长的职业生涯中，他始终在变脸。

与很多传奇巨星一样，退役后的基德留下了数不清的荣誉：10次入选全明星，3次打进总决赛，2011年帮助达拉斯小牛赢得总冠军；5个赛季荣膺助攻王，总助攻数位居历史第二，仅次于约翰·斯托克顿；4次入选最佳防守阵容第一队，生涯抢断总数达到2684次，位居斯托克顿之后位列历史第二；三分球命中数排在雷·阿伦和雷吉·米勒之后，位居第三位，单赛季命中114记三分，没有哪个39岁以上的球员可以做到这点；从1997年至2013年，连续17个赛季打进季后赛，仅次于卡尔·马龙和斯托克顿的19次；从新秀赛季直到2010/2011赛季，基德连续17个赛季有三双入账，创造历史上连续获得三双的最长纪录，比"魔术师"约翰逊多了4个赛季。

●档案

贾森·基德 / Jason Kidd

出生地：美国加利福尼亚州旧金山市

出生日期：1973 年 3 月 23 日

身高：1.93 米 体重：93 公斤

效力球队：太阳、篮网、小牛、尼克斯

球衣号码：2、5、32

场上位置：控球后卫

●荣耀

1 届总冠军：2011 年

10 届全明星：1996 年、1998 年、2000 年—
2004 年、2007 年、2008 年、2010 年

5 届助攻王：1998/1999 赛季—
2000/2001 赛季、2002/2003 赛季、
2003/2004 赛季

最佳新秀：1994/1995 赛季

1 届技巧挑战赛冠军：2003 年

2 届奥运冠军：2000、2008 年

篮球名人堂：2020 年

NBA 75 大球星

　　基德的伟大之处并不局限于这些密密匝匝的数据，事实上他的职业生涯并不完美，却从细节处体现了人生的真谛——在不同的时段扮演不同的角色，不断进步、改变。1994 年小牛用榜眼签选中基德，放弃了希尔，面对当地媒体的质疑，老帅迪克·莫塔泰然自若："我们这支球队并不缺少天赋，缺的就是基德这样的组织者，如果不信，走着瞧。"

　　菜鸟赛季，基德场均 11.7 分、7.7 次助攻，将 13 胜的鱼腩带到西部第十，与希尔共享了最佳新秀的荣誉，显露出超级控卫的气质。基德是出众的组织者，但彼时他还不是合格的领袖。基德曾与主帅吉姆·克莱门斯整整两个月没有说过一句话，与队友吉姆·杰克逊因为一个女人长达 6 个星期没有任何交流。

　　基德喜欢被动，这并非一个领袖应有的习惯。工作地点切换到菲尼克斯，情况依然没有太大的改变，基德连续三年赢得助攻王，是联盟炙手可热的王牌后卫，但他的球队距离最后的胜利还有相当的距离。

　　在新泽西基德终于发现，打开话匣子确有成效，训练营开始之前，他打电话跟队友保持交流，在场上将露出暴怒苗头的肯扬·马丁拉到一边，给予谆谆教诲，让他保持冷静。

　　基德开始率领球队更接近胜利的本质，2001/2002 赛季篮网打出 52 胜的队史最佳战绩。多年后拜伦·斯科特如此回忆："克里斯·保罗确实很出色，但在我执教期间合作的控卫中，最完美的还是贾森·基德。人人都知道他不喜欢得分，人人都知道他会传球，可就是无法阻止他。"然而如日中天的湖人和马刺虽然无法阻止基德，却有办法搞定他的球队，连续两次折戟总决赛之后，联盟首席控卫似乎开始走下神坛。

　　34 岁的基德加盟小牛后，遭遇到后辈如潮一般的冲击，面对年轻的速度型控卫，他

有心无力，更重要的是他没法再用以前的方式领导球队，只能另辟蹊径。事实上在33岁之时基德已经意识到自己必须改善外线投篮，这不仅仅是因为网队投篮教练鲍勃·塔特曾公开嘲笑他："你能不能像你儿子一样准？"

在过去十年里，传球是基德的本能，然而在达拉斯他必须改变以前的打法，加强外线投射。"我的心里非常困惑，"基德说，"难道真的为了自己得分，放弃以前熟悉的打球方式？"功夫不负有心人，基德在职业生涯的暮年终于进化成让人不敢小视的三分机器。加盟达拉斯第一年，三分球命中率达到46.1%，2010/2011赛季小牛登顶夺得总冠军，基德提供充足火力。值得一提的是，他大部分得分都来自三分线外。

在防守端，基德依然拿那些踩着风火轮一样的追风少年没有办法，但在错防侧翼时却取得了意想不到的效果。2011年夺冠季，面对科比、杜兰特和詹姆斯这几位联盟顶级锋卫，基德将防守经验、分寸感和空间感发挥到了极致，在比赛前他将每个对位球员的进攻习惯、常用动作、切入方向铭记于心，提前占据最好的防守位置。

在纽约，尽管被巴克利讽刺为"92岁"的老头，基德依然在影响着尼克斯的进攻哲学，他是弧顶出色的空间分配者，而且并不在乎传球是否能转换为助攻，他只是鼓励队友跑位，告诫他们如果球流动起来，得分就会更容易。

基德在职业生涯最后10场一分未得，这位老兵已打光了最后一颗子弹。作为球员的基德宣布退役不到十天，就在篮网重新上岗，开始了教练生涯。

2014年6月，基德担任密尔沃基雄鹿的主教练，他独具慧眼，让"字母哥"安特托昆博改打后卫，这也彻底激活了"字母哥"的惊人能量，开始向MVP凶猛进化。

2018年9月8日，贾森·基德入选史密斯篮球名人堂，这位殿堂级的控卫终于将自己的名字镌刻在篮球圣殿之上，成为超越时光的永恒传奇。

生涯高光闪回 / 断箭狂飙

高光之耀：作为闻名遐迩的三双之王（职业生涯107次三双，历史三双榜第三位），贾森·基德打出一场非典型比赛。虽然此战没有拿下三双，但更加全能，而且砍下职业生涯最高的43分，也命中了职业生涯单场最高的16球。

2001年3月29日，2000/2001赛季NBA常规赛，菲尼克斯太阳以90比85击败休斯敦火箭，贾森·基德全场34投16中，其中三分球11投5中，罚球8罚6中，拿下43分，另有9个篮板、4次助攻、4次抢断、2次盖帽，其中43分也是基德职业生涯最高。

● 档案

托尼·帕克 / Tony Parker

国籍：法国 / 出生地：布鲁日

出生日期：1982 年 5 月 17 日

身高：1.88 米 / 体重：84 公斤

效力球队：马刺、黄蜂 / 球衣号码：9

场上位置：控球后卫

圣城的河水逆流而上，阿根廷人的长发飘扬，"法国跑车"还是少年模样，在选秀大会上，来自维克大学的新秀登场……

● 荣耀

4 届总冠军：2003 年、2005 年、2007 年、2014 年

1 届总决赛 MVP：2007 年

6 届全明星：2006 年、2007 年、2009 年、2012 年—2014 年

1 届欧锦赛冠军 &MVP& 得分王：2013 年

1 届技巧挑战赛冠军：2012 年

6
♥

法国跑车

托尼·帕克

TONY PARKER

一支邓肯领衔、质朴凝重的马刺还不足以夺冠，风驰电掣的"法国跑车"把灵动和多变带到这支球队，动静结合，才能形成王者之师。

帕克就是天才指挥官，但也可以随时用得分接管比赛。他是一位全能攻击手。帕克作为一名外线，却一度成为 NBA 中内线得分最多的球员，足见其强大的突破得分能力。

马刺长达十年雄霸联盟，帕克就是"黑白军团"的变速与推进器。

马刺成就了托尼·帕克，让他从一个籍籍无名的欧洲少年成长为 NBA 的超级巨星。2001 年，当时才 19 岁的帕克从法国来到美利坚，独自闯荡天下。

2001 年，帕克在首轮第 28 位才被马刺选中，他在 NBA 的首个赛季，便被波波维奇委任为首发控卫。帕克场均上场 29.5 分钟，并入选 2001/2002 新秀赛季最佳新秀阵容。

虽然马刺止步于西部半决赛，但帕克在季后赛处子秀就砍下 21 分，场均贡献 15.5 分、4 次助攻，表现堪称惊艳，证明马刺的选择无比正确。

2002 年，马刺选中的（1999 年的 57 号秀）吉诺比利正式登陆 NBA。自此，25 岁的吉诺比利、20 岁的帕克与 26 岁的邓肯，组成威震联盟的"GDP"组合。

2002/2003 赛季，帕克场均贡献 15.5 分、5.3 次助攻。2003 年季后赛，马刺一路过关斩将，最终夺得总冠军。此时的帕克已是这支冠军球队的主力控卫。

在马刺的体系中，帕克的定位很明确：掌控节奏，调理比赛，让邓肯在最舒服的位置接球，果断突破制造杀伤，搅乱对手防线。

早期的"GDP"组合是以邓肯为绝对核心的，帕克和吉诺比利在队中都相对隐没了

187

一部分领袖才华，但这种自我牺牲换来的是三座总冠军奖杯。

2007 年帕克在总决赛场均得到 24.5 分、5 个篮板、3.2 次助攻，命中率高达 57%，率领马刺横扫骑士。帕克荣膺总决赛 MVP，"GDP"组合达到巅峰。然而，从 2007 年马刺的第四冠到 2014 年的第五冠，时隔漫长的 7 年。在此期间，马刺经历了重生的阵痛：2011 年西部战绩第一的马刺被灰熊黑八淘汰；2012 年在西部决赛又被雷霆连扳四局。

2013 年总决赛，马刺与热火的第一战，31 岁的帕克成为"救世主"，终场前命中教科书式的打板准绝杀。遗憾的是在马刺与热火的第六场，雷·阿伦命中那记倒转乾坤的绝平三分球。自此马刺被热火逆转，痛失金杯。

马刺经历了一波长达七年的冠军荒，好在圣安东尼奥人在幽暗岁月中顽强生长，保留了"黑白王朝"的风骨，"GDP"组合依旧坚挺，终于在第八个年头迎来希望。

2013/2014 赛季，相对年轻的帕克场均得到 18.3 分、7.7 次助攻，顺利接棒邓肯，成为马刺的战术新核心，但 32 岁的帕克早已不是那辆风驰电掣的"法国跑车"。

2014 年季后赛，帕克险些积劳成疾，但依然率领马刺与热火完成总决赛的约定。

总决赛的前两战，帕克都是 15 投 8 中，第四战帕克拿下 19 分，马刺胜出热火 21 分。帕克第五战得到 16 分后，季后赛总得分为 3705 分，超越"魔术师"约翰逊。

2014 年总决赛，马刺最终以 4 比 1 复仇热火。帕克场均得到 18 分、4.6 次助攻，表现可圈可点。随着伦纳德的崛起，帕克不用再疯狂砍分，但他依然是马刺的核心。

2014 年 8 月 2 日，帕克以 3 年 4330 万美元续约马刺。2016 年成为帕克职业生涯的分水岭，随着邓肯退役，饱受伤病困扰的帕克场均得分降至新秀赛季以来的最低。

2017/2018 赛季，35 岁的帕克在马刺失去先发位置，也失去了决定比赛的能力。

是时候要离开了，2018 年 7 月，两年 1000 万美元，帕克加盟夏洛特黄蜂。

当"法国跑车"离开马刺时，他留下一串无比闪亮的成绩单：效力 17 个赛季，出战 1198 场，场均 15.8 分、5.7 次助攻，队史总助攻数第一、总出场次数第二，以及 4 届总冠军、1 届总决赛 MVP、6 届全明星、4 届最佳阵容……最大的欣喜是圣安东尼奥人看着帕克在眼前一步步成长，马刺所有人都会怀念帕克在这儿的时光。

记得在 2014 年的《冠军回忆录》中，帕克对着镜头意味深长地说："我怕有一天，我在场上奔跑，你们却离开了。"一语成谶，如今邓肯退役，吉诺比利也将归隐，帕克在生涯暮年穿上了陌生的球衣。当年的追风少年，用 17 年的时光，为自己的职业生涯涂上了黑白基调。所以无论何时，帕克穿上何队的球衣，他都是圣安东尼奥的孩子。

帕克在黄蜂度过平庸的 2018/2019 赛季之后，在 2019 年 6 月 10 日，突然宣布退役，结束 18 年的 NBA 生涯。2019 年 11 月 12 日，当帕克的 9 号球衣从 AT&T 中心冉冉升起时，那位圣城的孩子再次归来，也许，他从未离开……

托尼·帕克常规赛数据

赛季	球队	篮板	助攻	得分
2001/2002	马刺	2.6	4.3	9.2
2002/2003	马刺	2.6	5.3	15.5
2003/2004	马刺	3.2	5.5	14.7
2004/2005	马刺	3.7	6.1	16.6
2005/2006	马刺	3.3	5.8	18.9
2006/2007	马刺	3.2	5.5	18.6
2007/2008	马刺	3.2	6.0	18.8
2008/2009	马刺	3.1	6.9	22.0
2009/2010	马刺	2.4	5.7	16.0
2010/2011	马刺	3.1	6.6	17.5
2011/2012	马刺	2.9	7.7	18.3
2012/2013	马刺	3.0	7.6	20.3
2013/2014	马刺	2.3	5.7	16.7
2014/2015	马刺	1.9	4.9	14.4
2015/2016	马刺	2.4	5.3	11.9
2016/2017	马刺	1.8	4.5	10.1
2017/2018	马刺	1.7	3.5	7.7
2018/2019	黄蜂	1.5	3.7	9.5
场均数据		2.7	5.6	15.5

托尼·帕克季后赛数据

赛季	球队	篮板	助攻	得分
2001/2002	马刺	2.9	4.0	15.5
2002/2003	马刺	2.8	3.5	14.7
2003/2004	马刺	2.1	7.0	18.4
2004/2005	马刺	2.9	4.3	17.2
2005/2006	马刺	3.6	3.8	21.1
2006/2007	马刺	3.4	5.8	20.8
2007/2008	马刺	3.7	6.1	22.4
2008/2009	马刺	4.2	6.8	28.6
2009/2010	马刺	3.8	5.4	17.3
2010/2011	马刺	2.7	5.2	19.7
2011/2012	马刺	3.6	6.8	20.1
2012/2013	马刺	3.2	7.0	20.6
2013/2014	马刺	2.0	4.8	17.4
2014/2015	马刺	3.3	3.6	10.9
2015/2016	马刺	2.2	5.3	10.4
2016/2017	马刺	2.5	3.1	15.9
2017/2018	马刺	0.8	1.2	6.6
场均数据		2.9	5.1	17.9

生涯高光闪回 / 倒转乾坤

高光之耀：马刺与森林狼的那一战是"法国跑车"威力的集中展现，值得一提的是，之后的帕克再也没有拿下50+数据，当时赛后波波维奇没有特别称赞帕克，只是轻描淡写地来了一句："他命中了那些应该命中的球。"

2008年11月6日标靶中心，马刺对阵森林狼，这场比赛也因为一个人而变得与众不同，那就是托尼·帕克。此役帕克36投22中，砍下个人职业生涯最高的55分，外加12次助攻、8个篮板、5次抢断的逆天数据，创造森林狼20年来让对手砍下的个人最高得分，可谓一人攻陷了标靶中心。最终马刺以129比125艰难战胜森林狼。

顺境跑车逆境佛，
绝境妖刀斩乱魔！
马刺危难之时，我们
无数次看到马努奇
袭救主，斩将夺旗！

马努·吉诺比利常规赛数据

赛季	球队	篮板	助攻	得分
2002/2003	马刺	2.3	2.0	7.6
2003/2004	马刺	4.5	3.8	12.8
2004/2005	马刺	4.4	3.9	16.0
2005/2006	马刺	3.5	3.6	15.1
2006/2007	马刺	4.4	3.6	16.5
2007/2008	马刺	4.8	4.5	19.5
2008/2009	马刺	4.5	3.6	15.5
2009/2010	马刺	3.8	4.9	16.5
2010/2011	马刺	3.7	4.9	17.4
2011/2012	马刺	3.4	4.4	12.9
2012/2013	马刺	3.4	4.6	11.8
2013/2014	马刺	3.0	4.3	12.3
2014/2015	马刺	3.0	4.2	10.5
2015/2016	马刺	2.5	3.1	9.6
2016/2017	马刺	2.3	2.7	7.5
2017/2018	马刺	2.2	2.5	8.9
场均数据		3.5	3.8	13.3

马努·吉诺比利季后赛数据

赛季	球队	篮板	助攻	得分
2002/2003	马刺	3.8	2.9	9.4
2003/2004	马刺	5.3	3.1	13.0
2004/2005	马刺	5.8	4.2	20.8
2005/2006	马刺	4.5	3.0	18.4
2006/2007	马刺	5.5	3.7	16.7
2007/2008	马刺	3.8	3.9	17.8
2009/2010	马刺	3.7	6.0	19.4
2010/2011	马刺	4.0	4.2	20.6
2011/2012	马刺	3.5	4.0	14.4
2012/2013	马刺	3.7	5.0	11.5
2013/2014	马刺	3.3	4.1	14.3
2014/2015	马刺	3.4	4.6	8.0
2015/2016	马刺	2.7	2.5	6.7
2016/2017	马刺	2.4	2.4	6.6
2017/2018	马刺	3.0	3.2	9.0
场均数据		4.0	3.8	14.0

6
♣

妖刀
马努·吉诺比利

"顺境看邓肯，逆境看帕克，绝境看吉诺比利。"无数次倒转乾坤、临危救主，马努拥有风一样的速度，蛇一样的突破，刁钻诡异的传球，以及永不放弃的精神。总是在马刺命悬一线的时候祭出"妖刀"，寒光闪过，是敌人倒下的身影和不可思议的表情。

吉诺比利非常善于捕捉机会，这使得他在比赛中如灵蛇般穿梭，伺机猝然致命一击。此外他还将阿根廷人的狡黠以及强悍悉数用上，最大限度地谋取一场胜利。吉诺比利的出现，给严谨有度的马刺军团注入一股自由奔放的阿根廷旋风。

"马努属于那种天生的杀手，一丝一毫的血腥之气都会诱发其潜藏的原始冲动。很幸运，他站在我们一方的阵营里。"对于马努·吉诺比利，波波维奇一言以蔽之。

波波维奇独具慧眼，师徒携手成就马刺和吉诺比利的一段传奇。

吉诺比利在 1999 年就被马刺在首轮第 57 顺位选中，但他在 2002 年才登陆 NBA。

在欧洲的那三年，吉诺比利大放异彩，囊获了意大利联赛 MVP、欧洲冠军、欧冠 MVP 等几乎所有的至高荣耀，成为无可争议的欧洲之王。

2002 年，25 岁的吉诺比利终于代表马刺征战 NBA 的赛场。在那一段岁月里，他长发飘飞、肆意飞奔，用那极尽灵动与想象力的得分来展示他的神奇。

吉诺比利灵动迅疾、路线诡异，手术刀般突破后，在身体极度扭曲的情况下得分，于是他有了"蛇形妖刀"这个代名词。巅峰时期的吉诺比利，突破能力是顶级的，能利用节奏的合理变化摆脱防守者并躲避盖帽，非常擅长挡拆切入，他的上篮匪夷所思，加上出球的姿势变幻莫测，加大了对手对他的盖帽难度，经常能在球场上演 2+1。

"红衣主教"里德·奥尔巴赫解释"第六人"时曾说，他要在板凳预留最强悍的心脏和最冷静的头脑——这就是对吉诺比利角色的最好定位。

在 NBA 的第一个赛季，作为菜鸟的吉诺比利场均能得到 7.6 分，到了季后赛，他场均得分提到 9.4 分，并帮助马刺夺得了该赛季的总冠军，虽然尚未坐稳主力位置，但吉诺比利的表现已经让马刺管理层如获至宝，逐渐成为球队不可或缺的主力，他和老大邓肯以及帕克组成的"GDP"，让对手闻风丧胆。也是这 5 年，马刺夺得了自邓肯和罗宾逊时代以后的第 3 个总冠军，成为新世纪联盟唯一可以跟湖人叫板的王朝球队。

2004 年雅典奥运会男篮半决赛，吉诺比利独砍 29 分，率领阿根廷队以 89 比 81 击败马刺队友邓肯领衔的美国"梦六"队，并率队在决赛战胜意大利队，夺得金牌。

2005 年季后赛马刺 23 场，吉诺比利场均砍下 20.8 分、5.8 个篮板、4.2 次助攻，命中率为 50.8%，最后马刺夺冠。吉诺比利成为自从 1998 年乔丹退役之后，单季季后赛打出场均 20+ 分、命中率 50%+ 的唯一一个外线球员。

2007 年 6 月 15 日，马刺以 83 比 82 客场击败骑士，以总比分 4 比 0 夺得总冠军。吉诺比利最后 1 分 05 秒砍下 8 分，在下半场砍下 18 分，风头盖过帕克和邓肯。

2007/2008 赛季，吉诺比利在出场的 74 场比赛中，有 51 场是替补出场，他场均贡献了职业生涯最高的 19.5 分、4.8 个篮板、4.5 次助攻和 1.47 次抢断，荣膺最佳第六人。

2009 年 11 月 1 日，马刺对阵国王。比赛的第一节，一位"不速之客"——蝙蝠飞入球馆。吉诺比利出手如电，一把抓住蝙蝠。

2013 年总决赛结束后，大家都有"妖刀生锈"的疑问。但是又一年后，所有人都觉得杞人忧天。吉诺比利在 2014 年总决赛第五战用一记石破天惊的爆扣证明自己。吉诺比利在 2014 年总决赛场均 14.4 分、4.4 次助攻，成为马刺夺冠的股肱之臣。

2015 年季后赛首轮第七场，马刺的卫冕之路随着保罗的一记绝杀宣告结束。在过去的 2014/2015 赛季，吉诺比利的场均数据跌至上场时间 22.7 分钟，得到 10.5 分、3.0 个篮板、4.2 次助攻，除了助攻外，剩余两项数据都是他处子赛季以来的最低值。

2015 年休赛期，马刺迎来阿尔德里奇，球队也从"GDP"时代过渡到"双德"时代，但吉诺比利依然是板凳席上最值得信任的攻击点。马刺以队史最佳的 67 胜结束常规赛。然而在西部半决赛面对天赋爆表的雷霆，马刺再次束手无策，止步第二轮。比失利更让圣城人难过的是，邓肯宣布了退役决定。马刺球迷随即把目光全部聚集在吉诺比利身上，阿根廷人接受了圣城人民的挽留，决定再战一季。

2016/2017 赛季，伦纳德已然成长为一名合格的领袖，年逾不惑的"妖刀"再无遗憾。他的确老了，那一头飘逸的长发早已不在，他习惯以"秃头老者"的形象示人。鬼魅的欧洲步失去了往日凌厉嗜血的威力，那直插对手心脏的突破不再如往日般轻而易举。

但他又没老。盖掉哈登的绝杀三分的一刻，一如每个人第一次见到他时，冷静、专注、

妖异……他的故事始终按这个剧情推进，40岁也一样。

2018年夏末，继帕克退役不久，41岁的吉诺比利也宣布退役，当他转身归隐，我们才发现：联盟中再也没有斗折蛇行而又高悬在对手命门的那把妖刀。

23年职业生涯，16载NBA生涯，4届总冠军、2届全明星、1届最佳第六人、1届奥运会金牌、2届美洲杯金牌，还有一只"蝙蝠"……他是如此独一无二，而又引人入胜。

在马刺这支球队里，吉诺比利牺牲了很多，以他的实力完全可以胜任一支球队的主力首发，但在马刺为了战术的需要，他担任第六人而毫无怨言。

此外，吉诺比利还率领阿根廷男篮的黄金一代横扫篮坛，在世锦赛与奥运会上两次战胜美国"梦之队"，取得辉煌无比的战绩。以至于在足球王国阿根廷，人们只承认两个球王，一个是踢足球的球王马拉多纳，另一个便是打篮球的吉诺比利。

生涯高光闪回 / 单骑射日

高光之耀：一人战"MSN"，吉诺比利妖刀出鞘，杀得天昏地暗，日月无光。

2005年1月21日马刺做客菲尼克斯，挑战如日中天的太阳。太阳五大先发轰下120分，马里昂席卷37分，斯塔德迈尔贡献35分，纳什拿下16分、13次助攻。

吉诺比利以一己之力支撑斡旋，他22投16中，轰下48分，比赛末节，马刺一度落后17分，但吉诺比利单节拿下17分，将比分扳平。

加时再战，吉诺比利仍然势不可挡，隔着两个人的扣篮打出气势，拖着伤痕累累的身体，在美西球馆率领马刺历经一个加时赛后，以128比123击败太阳。

约翰·斯托克顿常规赛数据

赛季	球队	篮板	助攻	得分
1984/1985	爵士	1.3	5.1	5.6
1985/1986	爵士	2.2	7.4	7.7
1986/1987	爵士	1.8	8.2	7.9
1987/1988	爵士	2.9	13.8	14.7
1988/1989	爵士	3.0	13.6	17.1
1989/1990	爵士	2.6	14.5	17.2
1990/1991	爵士	2.9	14.2	17.2
1991/1992	爵士	3.3	13.7	15.8
1992/1993	爵士	2.9	12.0	15.1
1993/1994	爵士	3.1	12.6	15.1
1994/1995	爵士	3.1	12.3	14.7
1995/1996	爵士	2.8	11.2	14.7
1996/1997	爵士	2.8	10.5	14.4
1997/1998	爵士	2.6	8.5	12.0
1998/1999	爵士	2.9	7.5	11.1
1999/2000	爵士	2.6	8.6	12.1
2000/2001	爵士	2.8	8.7	11.5
2001/2002	爵士	3.2	8.2	13.4
2002/2003	爵士	2.5	7.7	10.8
场均数据		2.7	10.5	13.1

约翰·斯托克顿季后赛数据

赛季	球队	篮板	助攻	得分
1984/1985	爵士	2.8	4.3	6.8
1985/1986	爵士	1.5	3.5	6.8
1986/1987	爵士	2.2	8.0	10.0
1987/1988	爵士	4.1	14.8	19.5
1988/1989	爵士	3.3	13.7	27.3
1989/1990	爵士	3.2	15.0	15.0
1990/1991	爵士	4.7	13.8	18.2
1991/1992	爵士	2.9	13.6	14.8
1992/1993	爵士	2.4	11.0	13.2
1993/1994	爵士	3.3	9.8	14.4
1994/1995	爵士	3.4	10.2	17.8
1995/1996	爵士	3.2	10.8	11.1
1996/1997	爵士	3.9	9.6	16.1
1997/1998	爵士	3.0	7.8	11.1
1998/1999	爵士	3.3	8.4	11.1
1999/2000	爵士	3.0	10.3	11.2
2000/2001	爵士	5.6	11.4	9.8
2001/2002	爵士	4.0	10.0	12.5
2002/2003	爵士	3.2	5.2	11.2
场均数据		3.3	10.1	13.4

● **档案**

约翰·斯托克顿 / John Stockton
出生地：美国华盛顿州斯波坎
出生日期：1962 年 3 月 26 日
身高：1.85 米/体重：77 公斤
效力球队：爵士 / 球衣号码：12
场上位置：控球后卫

● **荣耀**

9 届助攻王：1987/1988 赛季—1995/1996 赛季
2 届抢断王：1988/1989 赛季、1991/1992 赛季
10 届全明星：1989 年—1997、2000 年
1 届全明星 MVP：1993 年
2 届奥运冠军：1992 年、1996 年
篮球名人堂：2009 年
NBA 75 大球星

6 ◆

爵士之帅

约翰·斯托克顿

JOHN STOCKTON

> 沉默着的斯托克顿就像是电影中的无声幽默，不懂的人视而不见，懂的人会心一笑。你看着他那瘦削的体格、扑克脸以及中分黑发，不只是你，即使是盐湖城，也往往会把他当成一个普通的职业者，而非震撼篮球历史的传奇，但这恰恰就是斯托克顿的吸引力之所在。

20 年里，约翰·斯托克顿日复一日地传出匪夷所思的传球，一如既往地命中投篮、完成战术。他在联盟历史总助攻榜和总抢断榜上遥遥领先，15806 次助攻领先第二名近5000 次，3265 个抢断领先第二名迈克尔·乔丹 750 次。

从 1984 至 2003 年，斯托克顿在 1526 场常规赛中仅仅缺阵 22 场。你无法再举出任何一位职业运动员与之媲美，即使是他的老搭档卡尔·马龙也无法达到。

1984 年，犹他爵士在首轮第 16 位摘下斯托克顿，他的身前不远处是未来的名人堂巨星奥拉朱旺、乔丹和巴克利。斯托克顿后来承认，自己一直走在还击质疑者的道路上。即便马龙也说，1985 年他第一次来到爵士时，掂量着这位二年级控卫，他感到震惊："我的第一印象是他的体型小得过头了，我觉得他会在比赛里被弄伤的。"

在最初两个赛季，斯托克顿担任里基·格林的替补。他非常担心自己只能在 NBA 待一年，很快会失业。他什么也不敢买，甚至说自己在新秀赛季每天都在等待被裁掉的通知。度过了新秀赛季漫长的板凳岁月，第二个赛季，斯托克顿的出场时间增至 23.6 分钟，他的成绩是每场 7.7 分、7.4 次助攻。

第三个赛季，即 1986/1987 赛季，斯托克顿开始成为首发，但要和格林分享上场时间。斯托克顿每场出场 22.7 分钟，得到 7.9 分、8.2 次助攻。至此，他的学徒生涯结束了。当时的爵士主帅弗兰克·莱登回忆道："他的决断力更出色，推进球的处理也更好。"

与此同时，爵士送走阿德里安·丹特利，卡尔·马龙开始成为球队首席得分手，与斯托克顿共同奏响了完美的挡拆进行曲。播音员年鉴上因此产生了一个被不厌其烦重复而又如此和谐的短语："Stockton to Malone."

1987/1988赛季伊始，斯托克顿终于独自占有犹他主力控球后卫的位子，场均13.8次助攻，这个数字在接下来三年中两次被他自己超越，这也是连续九次助攻王的第一次。整个赛季助攻1128次，打破了此前伊塞亚·托马斯保持的1123次的纪录。与此同时，他每场2.95次的抢断列联盟第三，57.4%的恐怖命中率列联盟第四，还有14.7分的平均得分。他的数据比起上一年基本翻了一倍，之后入选最佳阵容二队。

1987/1988赛季，爵士以47胜35负的球队历史最佳战绩进入季后赛，首轮击败开拓者后，他们与湖人相遇。上届冠军经过七场恶战才得以过关。第五场比赛，尽管爵士以109比111惜败，斯托克顿却平了"魔术师"创下的季后赛单场助攻24次的纪录。十一场季后赛中，斯托克顿场均19.5分、14.8次助攻。

1988/1989赛季，斯托克顿首次入选全明星，奉上一场11分、17次助攻的表演，力助队友马龙带走MVP奖杯。

1989/1990赛季，斯托克顿缺席了前四场比赛，不过这不妨碍他场均14.5次助攻，把单赛季个人助攻纪录刷新到1134次。

1990/1991赛季，他不厌其烦，1164次助攻再次刷新自己保持的单赛季助攻总数纪录。

1991/1992赛季，斯托克顿连续拿到第5个助攻王。爵士连续击败快船和超音速之后进入了西部决赛。在16场季后赛中，斯托克顿场均贡献14.8分、13.6次助攻、2次抢断。入行十年，斯托克顿开始牢牢站在联盟传统控卫的最顶端。

1993/1994赛季和1994/1995赛季，斯托克顿入选联盟最佳阵容一阵，并在1995年成为联盟历史上助攻王。1994/1995赛季，斯托克顿助攻突破10000次；接下来的1995/1996赛季，他超过莫里斯·奇克斯成为历史抢断王，同时超越鲍勃·库西，成为第一个连续9次获得助攻王称号的球员。

斯托克顿整个职业生涯都充满了挥之不去悲情氛围，悲情的根源恰在此时呈现出来：在他的黄金年龄，爵士却迟迟无法得到最后的冠军拼图。如果说"魔术师"是控卫中最伟大的创造者，那么斯托克顿就是最伟大的决断者，两个牢牢占据伟大控卫排行榜前两名的球员，一个才华横溢，浓烈浪漫；一个低调朴实，冰冷如刀。

没有人能干扰斯托克顿的思考和节奏，没有人能左右他的推测和决断。他能够恰如其分地捕捉到一切机会，然后挥手送球犹如利剑刺穴。他智慧、狡猾乃至于阴险，让一切对位者有苦难言，但在场下，他又是翩翩君子，光华内敛，温和谦逊。

随着霍纳塞克的到来，爵士开始步入巅峰。1997年西部决赛第六场，斯托克顿在最后时刻的三分球掠过巴克利的指尖，压哨绝杀火箭，率领爵士晋级总决赛。"闯入总决赛是我生涯的光辉时刻。"斯托克顿说，这也是这位沉静的指挥官少见的情绪外露时刻。他奔向马龙和霍纳塞克的怀中，尖叫着欢呼胜利，这和他平日的举止风度迥异。

1997 年总决赛，爵士不幸地遇到了乔丹的公牛。第四场最后 2 分钟，斯托克顿主导爵士队史上最著名的生死时速：在乔丹扣篮之后，斯托克顿立刻一记三分球得手，乔丹还以一记跳投。终场前 1 分钟，斯托克顿抢断乔丹，接着快攻让乔丹赔上一次犯规，然后罚中三球。终场前 44 秒，乔丹在人群中穿梭折转，跳投不中，斯托克顿抓下篮板球送出跨场长传，卡尔·马龙如列车般呼啸着篮下打进。爵士以 74 比 73 反超。

终场前 17 秒，马龙罚进两球，爵士 76 比 73 扩大领先。乔丹尝试强行三分，不中，斯托克顿再度抓下篮板长传，布莱恩·拉塞尔应声飞扣，爵士锁定胜局。短短的两分钟内，一波 12 比 2 的致命冲击波，爵士队上演了最激情的生死时速！

但这壮丽的抵抗最终只是乔丹的公牛神殿里的点缀，1997 年、1998 年，公牛以两个 4 比 2 击败爵士，乔丹在复出后率领公牛，第二次完成伟大的三连冠。

犹他爵士至此中衰，缩水赛季以联盟第一战绩半决赛负于开拓者后，球队更是一路下滑。作为这支球队的灵魂和指挥官，斯托克顿之后六年徒劳的坚守成为最悲壮的史话，当时间走到 2004 年，他终于选择归隐，他为这支爵士，已经奉献了一切。

19 年的职业生涯中，斯托克顿全部效力于爵士，其中 17 个赛季全勤，这是 NBA 的一个纪录。他职业生涯场均贡献 10.5 次助攻，其中包括两个历史最佳单赛季场均助攻数据：1989/1990 赛季的 14.5 次和 1990/1991 赛季的 14.2 次。他手握 34 次 20+ 助攻，并从 1987/1988 赛季到 1995/1996 赛季连续九个赛季垄断助攻王。

加里·佩顿曾经评价斯托克顿："他比乔丹还难防，基本功太扎实了，打挡拆时总能够做出正确选择，能够串联球队。"一位身材瘦削、矮小的白人控卫，在长人如林的 NBA 世界里，竟然成为历史助攻王，斯托克顿的本身就是一个励志的传奇。

生涯高光闪回 / 助攻新高

高光之耀：稳定、高效、睿智，一个身高只有 1.85 米的白人控卫，能在巨人如林的 NBA 中笑傲岁月、独霸一方，两次率爵士登顶西部，杀入总决赛，足见斯托克顿的伟大与顽强。纵观整个 NBA 历史，他也绝对能成为控球后卫中教科书般的存在。

1991 年 1 月 15 日，在爵士对阵马刺的比赛中，斯托克顿送出了职业生涯最高的 28 次助攻，另外还得到了 20 分和 8 个篮板的准三双数据。他 34 次在比赛中打出单场 20 次以上助攻，从 1987/1988 赛季到 1995/1996 赛季，连续九年垄断了联盟助攻王。

5—2

5
格里芬 / 沃西 / 汤普森 / 利拉德
GRIFFIN/WORTHY /THOMPSON/LILLARD

4
乔治 / 罗德曼 / 大加索尔 / 小加索尔
GEORGE/RODMAN/PAU GASOL/MARK GASOL

3
德罗赞 / 格林 / 罗斯 / 乐福
DEROZAN /GREEN/ ROSE /LOVE

2
罗伊 / 比卢普斯 / 考辛斯 / 沃尔
ROY/BILLUPS/COUSINS/WALL

● 档案

布雷克·格里芬 / Blake Griffin
出生地：美国俄克拉荷马州俄克拉荷马城
出生日期：1989 年 3 月 16 日
身高：2.06 米 / 体重：114 公斤
效力球队：快船、活塞、篮网
球衣号码：32、23、2
场上位置：大前锋

● 荣耀

6 届全明星：2011 年—2015 年、2019 年
最佳新秀：2010/2011 赛季
1 届扣篮大赛冠军：2011 年
1 届奥运冠军：2012 年

布雷克·格里芬常规赛数据

赛季	球队	篮板	盖帽	得分
2010/2011	快船	12.1	0.5	22.5
2011/2012	快船	10.9	0.7	20.7
2012/2013	快船	8.3	0.6	18.0
2013/2014	快船	9.5	0.6	24.1
2014/2015	快船	7.6	0.5	21.9
2015/2016	快船	8.4	0.5	21.4
2016/2017	快船	8.1	0.4	21.6
2017/2018	快船	7.9	0.3	22.6
2017/2018	活塞	6.6	0.4	19.8
2018/2019	活塞	7.5	0.4	24.5
2019/2020	活塞	4.7	0.4	15.5
2020/2021	活塞	5.2	0.1	12.3
2020/2021	篮网	4.7	0.5	10.0
场均数据		8.6	0.5	20.9

布雷克·格里芬季后赛数据

赛季	球队	篮板	盖帽	得分
2011/2012	快船	6.9	0.9	19.1
2012/2013	快船	5.5	0.8	13.2
2013/2014	快船	7.4	1.1	23.5
2014/2015	快船	12.7	1.0	25.5
2015/2016	快船	8.8	0.5	15.0
2016/2017	快船	6.0	0.3	20.3
2018/2019	活塞	6.0	0.0	24.5
2020/2021	篮网	5.9	0.5	9.0
场均数据		8.0	0.8	18.9

他本是在天上摘星星的人，但是现在却在地上拼搏。

5 ♠

给力芬

布雷克·格里芬

BLAKE GRIFFIN

布雷克·格里芬是野兽派大前锋的代表人物，集劲爆的身体素质和细腻的技术于一身，技术全面而又娴熟，最著名的是他的扣篮。

惊天动地、石破天惊不足以形容格里芬巅峰时期扣篮的魅力，他就像是来自异空间的骇客，来地球展示匪夷所思的暴力美学。

也许是格里芬的扣篮太过闻名，让人们往往忽略他的其他才华。当他不再飞天遁地时，我们才发现原来他是如此全能的球员。

1989 年 3 月 16 日，布雷克·格里芬出生在俄克拉荷马城，父亲汤米·格里芬是一位篮球教练，母亲盖尔是一位高中教师。格里芬自幼就与哥哥泰勒一起玩篮球和橄榄球。

2003 年，格里芬追随兄长的脚步，进入了父亲执教的俄克拉荷马基督高中，并率队打出 106 胜 6 负的骄人战绩，赢得 4 个州冠军。毕业后，格里芬没有进入康涅狄格、杜克、北卡这样的篮球名校，而是选择了俄克拉荷马大学，因为那里是他的家乡。

大二赛季，格里芬场均贡献 22.7 分、14.4 个篮板，上一个打出这个成绩的大学球员还是蒂姆·邓肯。这一年格里芬荣膺奈·史密斯奖、伍登奖和美联社年度最佳球员。

2009 年选秀大会，快船用状元签选中格里芬。当人们兴高采烈地高谈阔论格里芬将如何大杀四方时，他们等到的却是悲剧的调调。完全统治夏季联赛，率领快船在季前赛取得 6 胜 1 负的战绩后，格里芬在一次灌篮后摔坏了膝盖骨，导致整个赛季提前完结。

2010/2011 赛季，格里芬在这个姗姗来迟的菜鸟赛季表现堪称完美，打满 82 场，63 场拿下两双，完成了 242 记扣篮，毫无争议地当选年度最佳新秀。

2011/2012 赛季，格里芬与新秀赛季相比数据有所下滑，在进入 NBA 的第三个年头，批评接踵而至。有人指出格里芬射程没有实质性的提高，在防守端也存在致命的劣势。格里芬选秀时的臂展统计不足 2.06 米，与 NBA 那些"长臂怪"相比，他基本就是"霸王龙"的水平。格里芬始终无法依靠弹跳来解决静态盯防和高位协防时的缺陷。

一个完美主义者无法达到完美境界，这也许是世界上最残酷的事情，但格里芬从未放弃进化，自从里弗斯执掌教鞭以来，他似乎开始脱胎换骨。2013 年夏天，格里芬每周在训练馆里完成上千次投篮，痴迷于练习内线步法。

格里芬慢慢撕掉扣将的标签，2013/2014 赛季扣篮 176 次，2014/2015 赛季已经骤降至 78 次。他的中投越来越好，甚至增加了打板投篮。格里芬也可以吸引双人包夹，为队友创造机会，并且慢慢成为球队的领袖和进攻组织者。

2015 年季后赛，快船在抢七大战胜马刺后，虽然命中绝杀球的保罗表现抢眼，但专栏作家迪伦·墨菲对格里芬青睐有加："内线球员分篮筐守卫者、低位得分机器、大个组织者、挡拆三分手等等，而格里芬是联盟里唯一一位集这些技能于一身的球员。"

2015/2016 赛季，快船进入变化期，保罗年过三十，身体下滑，格里芬接过快船进攻的大旗。可因伤病等原因，导致格里芬在 2015/2016 赛季只打了 35 场。在季后赛首轮面对开拓者在取得大比分上的领先后，保罗伤了、格里芬也受伤了，最后只能看着一帮拥有青年军的开拓者逆转晋级。

2016/2017 赛季，格里芬创造诸多纪录：对阵森林狼，生涯总得分突破 9000 分大关，成为继"大鸟"伯德之后拿到 9000 分 4000 个篮板和 1500 次助攻最快的球员。也是在那个赛季，格里芬成为快船队史首位得到 10000 分的球员。

2017 年休赛期，保罗远赴休斯敦，快船与格里芬签下一份 5 年 1.73 亿美元的合同。赛季之初，快船竞争力十足，一度在西部笑傲群雄。此后因为伤病侵袭，球队战绩一落千丈。遭遇到耻辱的九连败之后，作为球队的老大，格里芬成为口诛笔伐的对象。

2018 年 1 月 30 日，快船将格里芬交易到活塞，"给力芬" 9 年的洛城生涯画上句号。

2018/2019 赛季，格里芬效力活塞的首个完整赛季，他场均得到 24.5 分、7.5 个篮板和 5.4 次助攻，真实命中率 58.1%，他不再像当年野兽般冲击篮筐，而是承担起投射、梳理和组织全队进攻的重担。2018 年 10 月 24 日，在活塞险胜 76 人的比赛中，格里芬砍下生涯新高 50 分，并在加时赛最后 1.8 秒时命中制胜三分球。

2019 年，格里芬率领活塞成功杀入季后赛，却不幸陷入膝伤阴霾。

活塞在季后赛首轮对阵"字母哥"领衔的雄鹿，前两战格里芬因伤缺阵，缺少核心的活塞以 0 比 2 落后。第三战格里芬拖着伤腿强行复出，戴着厚厚护具的他打了两场季后赛，场均打出 24.5 分、6 个篮板、6 次助攻的优异表现，其壮烈表现令人动容，也征服了无数活塞球迷的心。时任活塞主帅的凯西教练动情地说："格里芬为球队鞠躬尽瘁！"

格里芬的强行复出没有改变活塞被雄鹿横扫的命运，却让"给力芬"永久地失去健康的膝盖，从此彻底地告别了飞天遁地的扣篮生涯。

2019/2020 赛季，格里芬因膝伤困扰仅仅出战了 18 场比赛，其表现断崖式下降，场均仅得到 15.5 分。2020/2021 赛季，格里芬场均得分更是降到职业生涯最低的 12.3 分，而且从 2019 年以来，他那标志性的扣篮竟然再没有出现过一次。

2021 年 3 月，格里芬与活塞达成买断协议。随后他选择加盟篮网，在杜兰特、哈登与欧文身边，格里芬立刻展现出全能高效的即战力，偶尔还会闪现巅峰风采：飞天暴扣、空位三分、低位策应，更为关键的是，格里芬在防守端的搏命与奉献。"他本是在天上摘星星的人，但是现在却在地上拼搏。"这位 32 岁的全明星老将为了总冠军，甘心放下身段，从蓝领球员做起。

值得一提的是，2021 年 6 月 6 日，篮网与雄鹿东部半决赛的首战，格里芬得到 18 分、14 篮板，成为球队获胜的重要功臣。

2021 年 8 月，格里芬与篮网续约一年合同，他将成为这支球队"三巨头"外最重要与全能的球员。时光飞逝，距离格里芬全明星赛飞跃汽车已经过去十年之久，从前那个飞天遁地的"给力芬"再也回不来了，但格里芬正在积极蜕变，成为一块完美的总冠军拼图，在布鲁克林追逐自己的理想。

生涯高光闪回／飞跃传奇

高光之耀： 2000 年后最有趣的一届扣篮大赛，如果没有了杂耍般扣篮的麦吉，乐趣就减少了一半。至于格里芬，他不负众望，预赛中空中转体 360 度暴扣。决赛中他甚至动用了一辆汽车，还请来一个唱诗班，为他高歌"I believe I can fly"，完成飞跃汽车暴扣！

2011 年洛杉矶全明星扣篮大赛，最后一扣，唱诗班、汽车、天窗下的大胡子，只是陪衬，而格里芬接到队友传球之后飞跃汽车的双手扣篮，已飞跃了无数传奇。

格里芬最终以 68% 的得票荣膺扣篮王，以其纯暴力风格征服全场。面对格里芬创意十足、表现完美的表演，麦吉的回应就略显苍白。

在80年代SHOWTIME中，"魔术师"的妙传之后，跟随的是沃西的自由女神像式扣篮。

● 档案
詹姆斯·沃西 / James Worthy
出生地：美国北卡州加斯通里亚
出生日期：1961年2月27日
身高：2.06米 / 体重：102公斤
效力球队：湖人
球衣号码：42
场上位置：小前锋

● 荣耀
3届总冠军：1985年、1987年、1988年
1届总决赛MVP：1988年
7届全明星：1986年—1992年
篮球名人堂：2003年
NBA 75大球星

5 ♥

眼镜蛇

詹姆斯·沃西

JAMES WORTHY

他是湖人 SHOWTIME 进攻端的最强音。在科比之前，他是紫金王朝最毒的蛇（眼镜蛇）。他是詹姆斯·沃西，遇强则强的大场面先生。沃西令人叹为观止的运动能力必将载入史册：快如闪电的速度，潇洒飘逸的空中飞翔，气势磅礴的单手自由女神像式扣篮。

SHOWTIME 是 20 世纪 80 年代 NBA 最赏心悦目的章节，也是那个时代不朽的丰碑。

"魔术师"匪夷所思的助攻和"天勾"凌波若水的篮下舞步，常常博得满堂喝彩，也确实为湖人繁花似锦的光阴奠定了基调。而詹姆斯·沃西却与洛杉矶的一切格格不入，他没有灵如鬼魅的过人步法，也不经常上演势若奔雷的霹雳暴扣。

沃西沉稳、冷静、低调，整场比赛都很难看见他峥嵘有露，他甚至不如队里的拜伦·斯科特看着有巨星范。常年带着护目镜，也遮挡了他真实的容颜，你甚至无法辨认出不戴护目镜的沃西。有太多场那样的比赛，他只得到十二三分就回到板凳席上，等待哨音响起，一场胜利唾手可得。

往往这些时刻，没人记得他，甚至连 NBA 的那些专家们也把他忘却了。整个职业生涯，他只入选过一次"最佳第三阵容"，这就是他被忽视的例证。其实想想，也是完全没有办法的事，沃西的数据很平常，球风也过于朴实无华，无华到他简直不像是一个篮球运动员，反而像一个短跑专家。每场比赛，他所做的，不过是在贾巴尔抢到后场篮板之后，奋力跑向对方的篮筐，等待"天勾"或者"魔术师"将皮球从脑后传来，然后头也不回地接过皮球，一个上篮，稳稳地将球送入篮筐。

对，沃西不喜欢扣篮。接受 ESPN 采访时，他就说过，有时候，他尽量不去扣篮，因为他觉得对于他来说，上篮比扣篮的命中率似乎还要高一些。另外，还有至关重要的一点，扣篮比上篮浪费时间，他希望用最短的时间和最稳健的方式为球队拿下分数。

这就是沃西的篮球理论，用最高效、最稳健的方式砍下分数，赢得比赛。

当然，其实沃西的扣篮还是颇有观赏性和创造性的，毕竟名冠东西的"自由女神像式扣篮"也绝非浪得虚名，但是沃西自己却颇为不以为然："如果扣篮好看能够取得比赛胜利，我会次次都扣篮。但是现在，我要参加的是总决赛，而不是扣篮大赛！"

虽然沃西低调质朴的个人风格与奢华绚丽的 SHOWTIME 似乎背道而驰，但不妨碍他成为湖人将球员天职履行最完美的球员，没有之一。球场的沃西，兢兢业业，是洛杉矶人最值得信赖的外线大闸，也是洛杉矶人攻城拔寨最仰仗的利器！

当沃西退役的时候，他的成就就让人目不暇接：1982 年 NCAA 最后四强最杰出球员，1988 年 NBA 总决赛 MVP，湖人 20 世纪 80 年代 3 次总冠军成员。他的职业生涯季后赛场均 21.1 分、5.2 个篮板，甚至比他的常规赛场均 17.6 分、5.1 个篮板还要耀眼。所以除了"眼镜蛇"之外，大家还称呼他为"大场面先生"。

沃西在北卡时期就上演过关键先生的好戏。1982 年 NCAA 决赛，沃西、帕金斯、乔丹是这支球队的核心，北卡对阵尤因领军的乔治城大学队，那场比赛沃西全场 17 投 13 中，得到 28 分，比赛关键时刻他送出了关键助攻，帮助乔丹命中绝杀跳投，之后又抢断了弗雷德·布朗的传球，确保北卡大学以 63 比 62 险胜夺冠。尽管这场比赛让乔丹声名鹊起，但沃西赢得了四强赛的 MOP（最有价值球员）。

1982 年，沃西参加 NBA 选秀大会，刚刚夺得 1982 年冠军的湖人居然再次拿到"状元签"，他们好毫不犹豫地选择了沃西。

由于当时湖人阵容实在过于强大，在同时拥有"天勾"贾巴尔和"魔术师"约翰逊两大核心的情况下，"新科状元"也只能从替补做起。尽管只是一名配角，但沃西在季后赛演绎了一段传奇。1985 年季后赛，沃西场均得到 21.5 分，命中率 62.2%，尤其是在总决赛对阵凯尔特人，他场均得到 23.7 分。

1986/1987 季后赛，他场均 23.6 分，命中率 59.1%。1988 年的总决赛中，带着卫冕压力的湖人遇上了新锐势力活塞。沃西场均得到 22 分、7.4 个篮板、4.4 次助攻，湖人在以 2 比 3 落后的情况下，沃西在第六场得到 28 分、9 个篮板，第七场得到 36 分、16 个篮板、10 次助攻，湖人逆转夺冠，沃西赢得了他唯一一座总决赛 MVP。纵观沃西的职业生涯，他在常规赛场均得到 17.6 分、5.1 个篮板、3 次助攻，但在 143 场季后赛中，数据提升到 21.1 分、5.2 个篮板、3.2 次助攻，总决赛数据则是 22.2 分、53% 的投篮命中率。

1994/1995 赛季，沃西决定脱下战袍正式退役。在他退役时，他的职业生涯总得分达到 16320 分，更重要的是他给我们带来了无数个经典的时刻。许多球迷和队友都把沃

詹姆斯·沃西常规赛数据

赛季	球队	篮板	助攻	得分
1982/1983	湖人	5.2	1.7	13.4
1983/1984	湖人	6.3	2.5	14.5
1984/1985	湖人	6.4	2.5	17.6
1985/1986	湖人	5.2	2.7	20.0
1986/1987	湖人	5.7	2.8	19.4
1987/1988	湖人	5.0	3.9	19.7
1988/1989	湖人	6.0	3.6	20.5
1989/1990	湖人	6.0	3.6	21.1
1990/1991	湖人	4.6	3.5	21.4
1991/1992	湖人	5.6	4.7	19.9
1992/1993	湖人	3.0	3.4	14.9
1993/1994	湖人	2.3	1.9	10.2
场均数据		5.1	3.0	17.6

詹姆斯·沃西季后赛数据

赛季	球队	篮板	助攻	得分
1983/1984	湖人	5.0	2.7	17.7
1984/1985	湖人	5.1	2.2	21.5
1985/1986	湖人	4.6	3.2	19.6
1986/1987	湖人	5.6	3.5	23.6
1987/1988	湖人	5.8	4.4	21.1
1988/1989	湖人	6.7	2.8	24.8
1989/1990	湖人	5.6	3.0	24.2
1990/1991	湖人	4.1	3.9	21.1
1992/1993	湖人	3.4	2.6	13.8
场均数据		5.2	3.2	21.1

西的离去看作是一个时代的终结，一向沉稳的沃西也对此念念不忘。

沃西令人叹为观止的运动能力必将载入史册：快如闪电的速度，潇洒飘逸的空中飞翔，气势磅礴的单手自由女神像式扣篮。当然还有他在季后赛的超人表现。

生涯高光闪回 / 抢七大三双

高光之耀： 当人们哀叹洛杉矶的枭雄陌路，他们似乎忘记了他们还有个只为大场面而生的球员——沃西。沃西出现了，带着无可匹敌的气势，总决赛抢七大三双，足以震古烁今，若干年后的詹姆斯才打出同样的壮举。

1988 年总决赛湖人对阵活塞，第七场的生死大战！天勾惨遭对方压制，"魔术师"被托马斯纠缠得分身乏术，沃西再次扮演了"大场面先生"的角色，首节就砍下 11 分。

第三节，沃西连得 7 分，以一己之力帮助湖人反超比分。在最关键的第四节变得更加无可阻挡。他才是湖人真正的王牌！随着托马斯在关键时刻的三分球弹筐而出，湖人终于拿下 20 世纪 80 年代的第 5 座总冠军奖杯。而沃西也戴上生涯的第 3 个总冠军戒指！36 分、16 个篮板、11 次助攻，这是他职业生涯中最绚烂的舞姿！

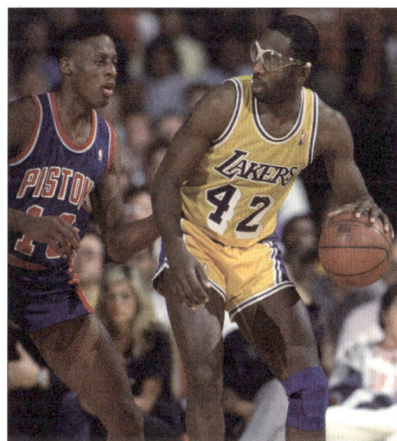

静水流深，智者无言。每逢勇士火力难续之时，隐匿锋芒的汤普森总会火力全开。

克莱·汤普森常规赛数据

赛季	球队	篮板	助攻	得分
2011/2012	勇士	2.4	2.0	12.5
2012/2013	勇士	3.7	2.2	16.6
2013/2014	勇士	3.1	2.2	18.4
2014/2015	勇士	3.2	2.9	21.7
2015/2016	勇士	3.8	2.1	22.1
2016/2017	勇士	3.7	2.1	22.3
2017/2018	勇士	3.8	2.5	20.0
2018/2019	勇士	3.8	2.4	21.5
场均数据		3.5	2.3	19.5

克莱·汤普森季后赛数据

赛季	球队	篮板	助攻	得分
2012/2013	勇士	4.6	1.8	15.2
2013/2014	勇士	3.4	3.6	16.4
2014/2015	勇士	3.9	2.6	18.6
2015/2016	勇士	3.7	2.3	24.3
2016/2017	勇士	3.9	2.1	15.0
2017/2018	勇士	4.1	1.8	19.6
2018/2019	勇士	4.1	2.1	20.7
场均数据		4.0	2.2	19.3

● 档案

克莱·汤普森 / Klay Thompson
出生地：美国加利福尼亚州洛杉矶
出生日期：1990 年 2 月 8 日
身高：1.98 米 / 体重：98 公斤
效力球队：勇士 / 球衣号码：11
场上位置：得分后卫

● 荣耀

3 届总冠军：2015 年、2017 年、2018 年
5 届全明星：2015 年—2019 年
1 届三分球大赛冠军：2016 年
1 届世锦赛冠军：2014 年
1 届奥运冠军：2016 年

汤神

克莱·汤普森

KLAY THOMPSON

汤普森是传统型射手的终极形态，教科书般的精妙走位，机器般的稳定投篮，造就了他那无死角无预热的神准三分。这位现役最好的接球投篮大师一旦找到手感，便佳绩不断，留下西部决赛命中 11 记三分球以及单场命中创纪录 14 记三分球的经典名篇。

汤普森攻防一体，拥有超过库里和杜兰特的得分爆炸力，他单节独砍 37 分、三节轻取 60 分，提高了 NBA 得分效率的上限。

克莱·汤普森出生于洛杉矶的一个运动世家，父亲米切尔·汤普森是 1978 年的 NBA "状元"，曾经代表湖人 3 次夺得总冠军，母亲当年也是旧金山大学的排球明星。由于老汤普森的特殊身份，小汤普森自幼便混迹于 NBA 的各大球馆。

汤普森在洛杉矶圣玛格丽塔天主教高中就读，随队参加高中比赛时，曾以 44 比 74 惨败于詹姆斯·哈登领衔的阿蒂西亚高中。这场失利也让汤普森决心放弃他感兴趣的橄榄球和棒球，开始专注于篮球，每天都坚持投篮训练。

高四那年，汤普森场均轰下 21 分，率队拿到 30 胜 5 负的战绩，在决赛中命中 7 记三分球，刷新纪录，并率队夺冠。然而汤普森还是无法进入南加州大学和 UCLA 的法眼，他只能选择名不见经传的华盛顿州立大学。大三赛季，汤普森场均轰下 21.6 分，并在 2011 年的一场比赛中投中 8 记三分球，轰下 43 分。

2011 年，克莱·汤普森在首轮第 11 顺位被勇士选中，勇士之所以选择汤普森，是因为他们需要一个能用投篮拉开空间的射手。进入 2012 年，汤普森似乎打通了任督二脉，开始适应 NBA 的节奏，学会利用掩护创造机会，掌握正确的出手时机。汤普森在自己首个赛季，场均就贡献 12.5 分，三分球命中率高达到 41.4%，并入选最佳新秀阵容。

2012/2013 赛季，"水花兄弟"声名鹊起，在库里身边，汤普森的投篮得到广泛认可。巴克利对他赞不绝口："汤普森拥有最好的投篮技术。"

2013 年，勇士继 2007 年"黑八奇迹"之后首次杀入季后赛，并在首轮以 4 比 2 淘汰掘金，"水花兄弟"库里和汤普森展现出史上最好投篮组合的潜质。西部半决赛，虽然勇士被马刺淘汰，但汤普森还是展现出联盟顶级射手的风采，他在此轮系列赛中三分球命中率高达惊人的 65%，第二场他更是 9 投 8 中，高效砍下 34 分。

2013/2014 赛季，汤普森仍然在进步，场均贡献 18.7 分，成为勇士第二得分手。

2014 年 10 月 31 日，随着勇士以 4 年 7000 万的顶薪续约汤普森，他与乐福交易流言也戛然而止。2014 年 11 月 1 日勇士对阵湖人，汤普森面对科比，砍下 41 分。对阵国王，汤普森轰下 52 分，其中第三节上演了 NBA 史上最具爆炸力的单节得分表演，13 投全中，狂砍 37 分，打破了乔治·格文和安东尼联手保持着单节 33 分的 NBA 历史纪录。

2014/2015 赛季，汤普森拿到顶薪，入选了全明星，并跟随勇士捧起总冠军奖杯。

2015/2016 赛季，勇士虽然最终错失总冠军，但是他们创造了 NBA 的 73 胜新纪录，超越公牛的 72 胜。汤普森在这个赛季总命中 276 记三分球，仅位于库里之后，名列联盟球员三分榜的第二。2016 年西部决赛第六场，汤普森三分球 18 投 11 中，创造季后赛新纪录，将勇士艰难逆转。最终勇士以 4 比 3 击败雷霆，有惊无险地挺进总决赛。

汤普森在 2016 年季后赛场均得到 25.9 分，高居联盟第三。虽然总决赛最终遗憾输给骑士，但这个赛季的精彩表现足以使他踏入联盟巨星行列。

2016/2017 赛季，杜兰特加盟勇士。KD 的到来不仅不会影响汤普森的出手权，反而激发出更强的汤普森。2016 年 12 月 7 日，勇士以 142 比 106 狂屠步行者，汤普森只出战三节，33 投 21 中，便砍下勇士 42 年来球员单场新高的 60 分。

2018 年西部决赛第六场，勇士 2 比 3 落后火箭，处在悬崖边上，又是汤普森不疾不徐，稳稳投进 9 记三分球，把比赛拖入抢七大战。

2018 年总决赛，勇士兵不血刃，以 4 比 0 横扫骑士，拿下 4 年来的第三冠。汤普森"事了拂衣去，深藏身与名"，场均得到 16 分，将风头让给杜兰特、库里。

2018/2019 赛季，汤普森首次入选最佳防守阵容，成为"官方认证"的攻防一体顶级 3D 球员。2019 年季后赛，勇士在冲击三连冠的征途中遭遇前所未有的伤病挑战。考辛斯首轮就遭遇肌肉撕裂；西部半决赛，杜兰特小腿受伤，几乎缺席余下所有比赛，只在总决赛第五场有过短暂而悲壮的复出；库里也受困于手指脱臼，投篮手感大受影响。

此前从未缺席过季后赛的汤普森也未能幸免。总决赛第二战，汤普森独得 25 分帮助勇士获得胜利，末节投篮落地时拉伤腿筋，导致第三场只能作壁上观。第四战，汤普森火线复出，全场飙中 6 记三分球，砍下全队最高的 28 分，也未能阻止猛龙拿到赛点。

第五场，杜兰特带伤复出导致跟腱断裂悲壮离场，汤普森再度救主，全场命中 7 记三分球，贡献 26 分，与库里联手将总决赛大比分改写为 2 比 3。

第六战勇士无路可退，汤普森再度开启"汤神"模式，砍下 30 分。第三节汤普森在一次快攻扣篮时被丹尼·格林"追帽"犯规，失去平衡落地时左腿受伤。

汤普森强忍伤痛从球员通道折返回球场，执行完两次罚球并命中后，试图继续比赛，但最终还是因伤离场，更为严重的是，这次意外受伤导致了十字韧带撕裂。

如果没有那次受伤，汤普森很可能与库里一起率领勇士拿下第六战，甚至最终成就三连冠的辉煌，可惜没有如果……

总决赛第六战也是金州甲骨文球馆的谢幕战，猛龙在此捧起总冠军金杯，勇士王朝也在此轰然崩塌。2019 年夏天，汤普森完成左膝十字韧带修复手术，虽然确认休战下个赛季，但勇士还是与他完成了 5 年 1.9 亿美元的顶薪续约合同，这里边包含着一份金州对汤普森的信任与感激。

2020 年 11 月 20 日，噩耗再次传来，亟待复出的汤普森在训练时遭遇跟腱撕裂，将再次缺席接下来的 2020/2021 赛季。不幸中的万幸是他的跟腱撕裂能够完全康复。

手术、康复、复伤，汤普森缺席了整整两个赛季，这对于一位正值巅峰的顶级射手而言，无疑是巨大的损失。2021/2022 赛季，汤普森将回到久违的 NBA 球场，与库里一起率领勇士再次掀起狂潮，重现"水花兄弟"的巅峰风采。

生涯高光闪回 / 14 箭穿心

高光之耀：他是传统型射手的终极形态：教科书般的走位路线，机器般稳定而且心无旁骛地出手投篮。一旦他找到手感，他就会展现出独特的得分燃炸力。

2018 年 10 月 30 日，勇士客场以 149 比 124 狂胜公牛，只打 27 分钟便砍下 52 分的汤普森大放异彩，三分球 24 投 14 中，14 记三分球创造了 NBA 球员单场三分球命中数的历史新纪录。

读表送钟，午时已到！
在 NBA，戴表的利拉
德最难惹。

达米安·利拉德常规赛数据

赛季	球队	篮板	助攻	得分
2012/2013	开拓者	3.1	6.5	19.0
2013/2014	开拓者	3.5	5.6	20.7
2014/2015	开拓者	4.6	6.2	21.0
2015/2016	开拓者	4.0	6.8	25.1
2016/2017	开拓者	4.9	5.9	27.0
2017/2018	开拓者	4.5	6.6	26.9
2018/2019	开拓者	4.6	6.9	25.8
2019/2020	开拓者	4.3	8.0	30.0
2020/2021	开拓者	4.2	7.5	28.8
场均数据		4.2	6.6	24.7

达米安·利拉德季后赛数据

赛季	球队	篮板	助攻	得分
2013/2014	开拓者	5.1	6.5	22.9
2014/2015	开拓者	4.0	4.6	21.6
2015/2016	开拓者	4.3	6.3	26.5
2016/2017	开拓者	4.5	3.3	27.8
2017/2018	开拓者	4.5	4.8	18.5
2018/2019	开拓者	4.8	6.6	26.9
2019/2020	开拓者	3.5	4.3	24.3
2020/2021	开拓者	4.3	10.2	34.3
场均数据		4.5	6.2	25.7

● 档案
达米恩·利拉德 / Damian Lillard
出生地：美国加利福尼亚州奥克兰
出生日期：1990 年 7 月 15 日
身高：1.88 米 / 体重：88.5 公斤
效力球队：开拓者 / 球衣号码：0
场上位置：控球后卫

● 荣耀
6 届全明星：2014 年、2015 年、2018 年—
2021 年
最佳新秀：2012/2013 赛季
2 届技巧挑战赛冠军：2013 年、2014 年
1 届最佳阵容一阵：2017/2018 赛季
1 届最佳阵容二阵：2015/2016 赛季
1 届奥运冠军：2020 年
NBA 75 大球星

5 ◆

利指导

达米恩·利拉德

DAMIAN LILLARD

> 他犀利如刀，虽然不够稳定，但面对他时，防守者会感到凛冽的杀气。他在进攻中的自信和果断让人吃惊，外线超远距离毫无预兆的出手，令人猝不及防。他的突破分球已经成了开拓者的主要进攻发动机，一切战术都是围绕他的突破来展开的。利拉德爆发力十足，在一对一的情况下，他的直线加速就能甩开所有防守者，直杀篮下得分。

　　对利拉德而言，进入 NBA 之前的岁月是晦暗的，因为偏见无处不在。利拉德高二时还就读于加利福尼亚的圣母·约瑟夫高中，那是贾森·基德的母校，由于父母无力承担昂贵的学费，篮球教练也认定他没有前途，所以利拉德便转学到奥克兰高中。

　　2008 年，利拉德来到韦伯州立大学。他在大三时场均能砍下 19.7 分，表现异常出色，可惜一场意外的腿伤放缓了利拉德进入 NBA 的脚步。受伤期间，利拉德成为健身房里的训练狂，由于无法跑步，他每天坐在椅子上命中 200 球。这份特殊的训练让重新归来的利拉德脱胎换骨，大四赛季他场均得到 24.5 分，三分球命中率高达 40.9%。

　　2012 年 NBA 选秀大会，波特兰开拓者用首轮第 6 号签选中利拉德。

　　利拉德在 NBA 的前三场比赛得分都超过 20 分，上一个打出如此优秀表现的还是1994 年的格兰特·希尔。利拉德在新秀赛季打满 82 场，场均得到 19 分、6.5 次助攻，同时命中 185 个三分球，打破 NBA 球员新秀赛季三分球命中数纪录。凭借优异的表现，利拉德全票当选了 2013/2014 赛季的最佳新秀。

　　利拉德在自己新秀赛季便留下代表作：2013 年 12 月 15 日，开拓者做客底特律，利拉德在加时赛最后时刻一击致命。两天之后移师克利夫兰对阵骑士，利拉德与欧文两大新生代控卫之争备受瞩目。终场前 7.1 秒，两队战成 116 平，已砍下 33 分、8 个篮板、10 次助攻的利拉德，闲庭信步地命中一记绝杀三分球。

常规赛的连环绝杀让利拉德扬名立万，然而真正的杀手需要在大场面上留下传奇。2014 年 5 月 3 日季后赛首轮第六场，开拓者主场迎战火箭。最后时刻火箭以 98 比 96 领先，而留给开拓者只剩 0.9 秒，眼看火箭就要拿下此战，回师休斯敦再决。然而此刻开拓者发球，利拉德奔向弧顶，在距三分线还有一步远的地方接球出手，压哨命中三分球！开拓者以 99 比 98 险胜火箭，以总比分 4 比 2 挺进西部半决赛。

昔日开拓者当家球星罗伊 0.8 秒绝杀火箭，而如今新当家利拉德又给出 0.9 秒绝杀。同样位置的三分追魂，开拓者新旧当家都是踩着火箭的亡灵成名立万。

2014/2015 赛季，利拉德数据提升到场均 21.0 分、6.2 次助攻，依然得不到全明星的垂青，格里芬因伤退出之后，他才能以替补身份首次入选全明星。

2015/2016 全明星赛前，利拉德打出场均 24 分、7 次助攻的数据，却无缘全明星。要知道，在过去 20 年里，所有打出场均得分 24 分以上、助攻 7 次以上的球员都进入了全明星赛，利拉德成了唯一的例外。为了报"落选之恨"，全明星周末之后的利拉德大开杀戒，面对风头正劲的勇士，独砍 51 分，三分球 12 投 9 中，率领开拓者掀翻"领头羊"。

"撕裂之城"波特兰多灾多难，罗伊和奥登早早陨落，阿尔德里奇、巴图姆等的主力都在 2015 年夏天离开。2015/2016 赛季开打之前，开拓者被视为鱼腩。但利拉德签完 5 年 1.2 亿美元的大合同后，不负众望，率领开拓者的"青年军"杀入季后赛。

2016/2017 赛季，开拓者续约 C.J. 迈克鲁姆，与利拉德组成"后场双枪"。2017 年全明星赛再次习惯性遗忘利拉德，于是利拉德再次开启复仇之旅，先后轰下单场 49 分和 59 分，率领西部第十的开拓者，硬生生地杀到季后赛的行列。

此赛季利拉德场均交出 25.7 分、5.8 次助攻、4.9 个篮板的成绩单，表现可谓不俗。然而在季后赛，开拓者"后场双枪"还是没能抵挡住金州"海啸兄弟"的狂轰滥炸，开拓者没能赢下一场胜利，但利拉德已倾其所有，场均砍下 27.8 分的他可以昂首离开。

进入 2018 年以来，利拉德的场均得分一度领跑得分榜，他用爆发式的表演震惊联盟的同时，率领开拓者杀到西部第三。2018 年季后赛，开拓者遇到鹈鹕，波特兰的内线被"浓眉"戴维斯几乎完爆，四战皆败，被横扫的尴尬结果，让利拉德倍感屈辱。

"知耻而后勇！"——2018/2019 赛季，利拉德开启了又一轮的复仇之旅。他利刃出鞘，变得更加冷血凛冽。当利拉德准备收割比赛时，他会用右手食指指着左手手腕，这个动作就是告诉大家，利拉德的时间到了，对手准备好接受制裁吧！

2018/2019 赛季，开拓者以 53 胜 29 负西部第三的身份进入季后赛。

开拓者首轮对阵威斯布鲁克、乔治领衔的雷霆，利拉德场均砍下 33 分、6 次助攻，场均投进 5.2 个三分，命中率高达 48.1%。关键的第五场，利拉德 33 投 17 中，三分球

18 投 10 中，狂砍 50 分，终场前 1.8 秒，利拉德迎着乔治命中超远三分绝杀球，成就了季后赛历史上伟大的经典。利拉德带领开拓者时隔 19 年重回西部决赛。遗憾的是，利拉德在西决第二场肋骨受伤，实力大打折扣，开拓者也因此倒在勇士脚下。

2019/2020 赛季，利拉德奉献多场个人得分盛宴：2019 年 11 月 9 日对阵篮网，利拉德狂砍生涯新高的 60 分；2020 年 1 月 21 日，在库里的面前，利拉德命中 11 记三分球轰趴勇士，狂飙 61 分，再创得分新高；8 月 12 日对阵独行侠，利拉德再次得到 61 分。单赛季三次砍下 60+，利拉德成为继张伯伦之后首位达成如此神迹的球员。

2020/2021 赛季，利拉德继续闪耀，2021 年 1 月 31 日对阵公牛，最后 11 秒利拉德连得 6 分，完成极致绝杀，率领开拓者以 123 比 122 险胜公牛。

2021 年季后赛首轮开拓者对阵掘金，他场均得到 34.3 分、10.2 次助攻。"天王山"一战，利拉德狂砍 55 分，命中 12 记三分球，包括两记荡气回肠的绝平三分球。利拉德纵然神勇无比，怎奈队友不给力，开拓者"天王山"不敌掘金。

最终，开拓者被掘金淘汰出局，利拉德写下新一轮孤胆英雄的悲情童话。

2021 年夏天，利拉德随美国"梦之队"参加东京奥运会，并最终夺得金牌。虽然作为杜兰特之外的二号人物，"利指导"的表现不尽如人意，但在对阵伊朗的比赛中 23 分钟轰进 7 记三分，也让世界篮坛见识了一下 NBA 的顶级火力。

在现如今这个球星抱团蔚然成风的时代，没有选择走捷径的利拉德成为另类的存在。生涯至今，他从未与 MVP 级别的球员合作过，在他身上，你能感受到一种老派球员的傲骨，即便他没有拿到总冠军，但依然让人肃然起敬。

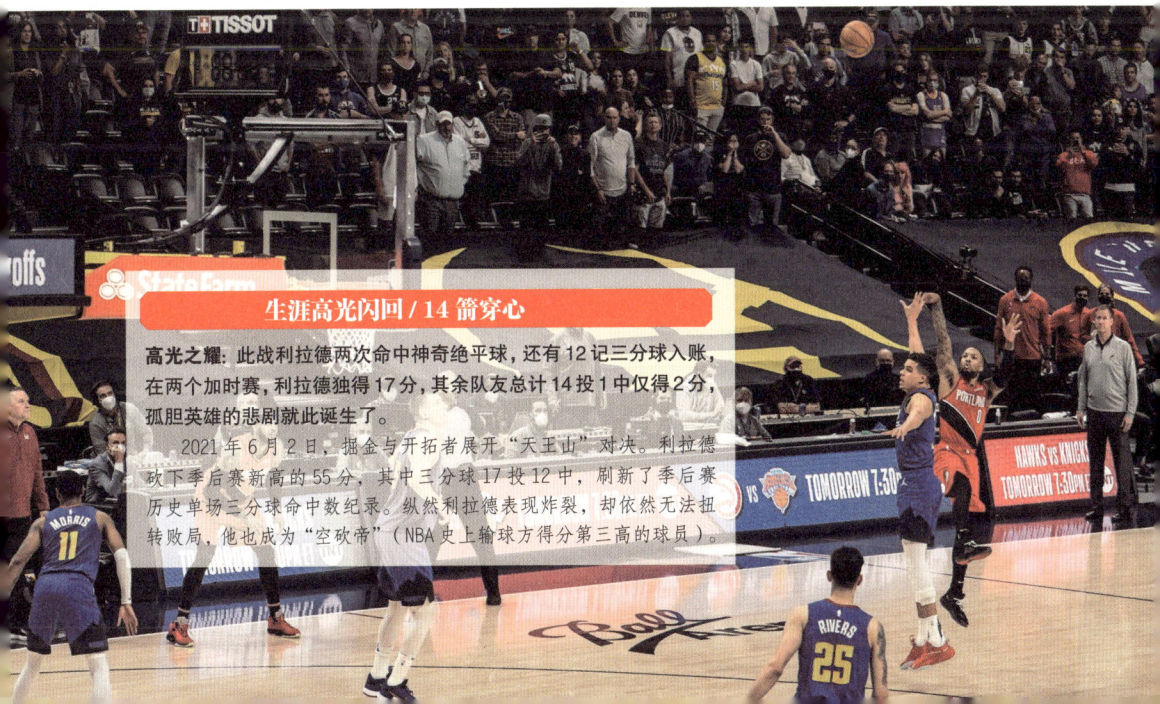

生涯高光闪回 / 14 箭穿心

高光之耀：此战利拉德两次命中神奇绝平球，还有 12 记三分球入账，在两个加时赛，利拉德独得 17 分，其余队友总计 14 投 1 中仅得 2 分；孤胆英雄的悲剧就此诞生了。

2021 年 6 月 2 日，掘金与开拓者展开"天王山"对决。利拉德砍下季后赛新高的 55 分，其中三分球 17 投 12 中，刷新了季后赛历史单场三分球命中数纪录。纵然利拉德表现炸裂，却依然无法扭转败局，他也成为"空砍帝"（NBA 史上输球方得分第三高的球员）。

"我不在乎别人的评价，一旦上场便倾其所有。"
——保罗·乔治

保罗·乔治季后赛数据

赛季	球队	篮板	助攻	得分
2010/2011	步行者	5.0	1.0	6.0
2011/2012	步行者	6.6	2.4	9.7
2012/2013	步行者	7.4	5.1	19.2
2013/2014	步行者	7.6	3.8	22.6
2015/2016	步行者	7.6	4.3	27.3
2016/2017	步行者	8.8	7.3	28.0
2017/2018	雷霆	6.0	2.7	24.7
2018/2019	雷霆	8.6	3.6	28.6
2019/2020	快船	6.1	3.8	20.2
2020/2021	快船	9.6	5.4	26.9
场均数据		7.5	4.1	21.3

保罗·乔治常规赛数据

赛季	球队	篮板	助攻	得分
2010/2011	步行者	3.7	1.1	7.8
2011/2012	步行者	5.6	2.4	12.1
2012/2013	步行者	7.6	4.1	17.4
2013/2014	步行者	6.8	3.5	21.7
2014/2015	步行者	3.7	1.0	8.8
2015/2016	步行者	7.0	4.1	23.1
2016/2017	步行者	6.6	3.3	23.7
2017/2018	雷霆	5.7	3.3	21.9
2018/2019	雷霆	8.2	4.1	28.0
2019/2020	快船	5.7	3.9	21.5
2020/2021	快船	6.6	5.2	23.3
场均数据		6.4	3.5	20.2

4
♠

泡椒

保罗·乔治

PAUL GEORGE

他是拉里·伯德亲自选中的印第安纳王子，临危受命成为步行者的王牌。这位攻防一体的顶级侧翼球员，柔韧、敏捷、沉静、优雅。他以科比为偶像，却神似麦迪，纤细纯良的跳投，仿佛就是T—MAC的翻版。他以防守起步，善于单防对方尖刀。他接球出手大气、精准，凭借超长的臂展和柔顺的手感，总能在对手面前从容得分。

　　1990年5月2日，保罗·乔治出生在加利福尼亚州北部棕榈谷市的帕姆代尔，他的大姐泰奥莎·乔治曾在佩珀代因大学篮球队效力。年少时的乔治总喜欢缠着大姐玩一对一斗牛，从7岁开始乔治便在一次次单挑中被大姐暴虐，直到15岁进入佘特高中时，才在单挑中第一次战胜大姐，乔治将其视为一场伟大的胜利。

　　乔治在高中时期，常常模仿麦迪和科比的技术动作，并暗自立志将来要成为像他们一样出色的球员。高四时他场均升到25分、12个篮板，成为高中生球员中的翘楚。

　　高中毕业后，乔治最终选择了弗雷斯诺州立大学。大二赛季，乔治成为弗雷斯诺州立大学的头号球星，场均拥有16.6分、7.1个篮板以及90.6%罚球命中率。

　　2010年NBA选秀大会，乔治在首轮第10位被印第安纳步行者选中。新秀报告中指出：保罗·乔治，身体素质、防守意识出色，得分、篮板、抢断俱佳，模板是麦迪。

　　2010/2011赛季，乔治在首个赛季场均得到7.8分、3.7个篮板，入选新秀第二阵容。随后一个赛季，沃格尔教练将乔治提入球队先发得分后卫。晋升主力后乔治进步显著，在该赛季他场均得到12.1分、5.6个篮板，三分命中率提升到38.5%。

　　2012/2013赛季，乔治顶替核心丹尼·格兰杰（因伤缺阵），成为先发小前锋。

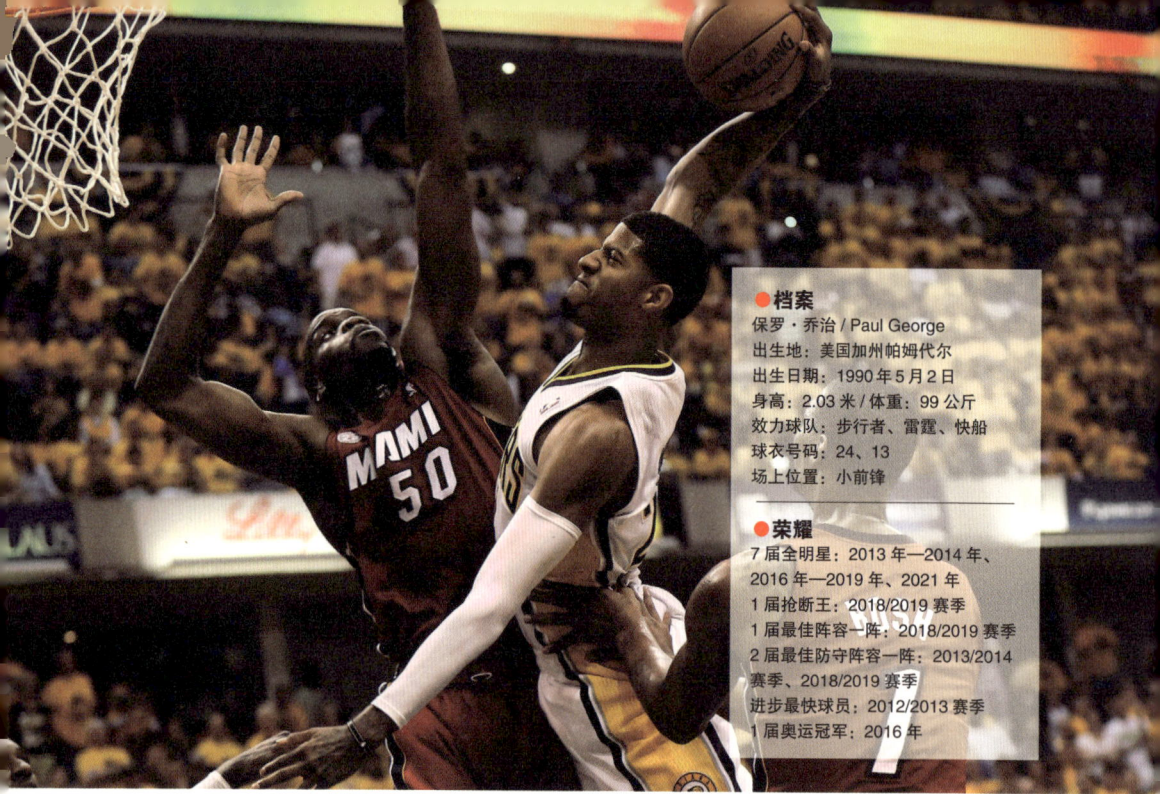

● 档案
保罗·乔治 / Paul George
出生地：美国加州帕姆代尔
出生日期：1990年5月2日
身高：2.03米 / 体重：99公斤
效力球队：步行者、雷霆、快船
球衣号码：24、13
场上位置：小前锋

● 荣耀
7届全明星：2013年—2014年、
2016年—2019年、2021年
1届抢断王：2018/2019赛季
1届最佳阵容一阵：2018/2019赛季
2届最佳防守阵容一阵：2013/2014
赛季、2018/2019赛季
进步最快球员：2012/2013赛季
1届奥运冠军：2016年

　　整个赛季，乔治场均轰下17.4分、7.6个篮板、4.1次助攻，并首次入选全明星，荣膺进步最快球员奖。在季后赛半决赛对决尼克斯，乔治成功限制住了安东尼，率领步行者杀到东部决赛，挑战热火的王权。那一年乔治风头强劲，成为东部唯一能够硬抗詹姆斯的男人，整个季后赛他场均得到19.2分、7.4个篮板、5.1次助攻。

　　2013/2014赛季，乔治场均得分提升到21.7分，入选年度最佳防守阵容一阵以及最佳阵容三阵，这位攻防一体的新星冉冉升起，已经成为印第安纳的新领袖。他率领步行者拿下56胜26负的东部最佳战绩，但遗憾的是季后赛再次不敌热火。

　　2014年8月2日，美国"梦十一"队内对抗赛，乔治在一次回防落地时，不慎将右小腿严重内折90度，造成毁灭性的骨折重伤。乔治也因此错过了2014年西班牙男篮世界杯和2014/2015赛季的76场比赛。

　　2014/2015赛季，身披13号球衣的乔治只出战6场比赛。又经历一年的蛰伏和修养之后，让乔治变得更加强大。2015/2016赛季开始前，步行者的沃格尔教练做出了一项大胆的决定——让乔治出任大前锋。重伤归来，乔治在2015/2016赛季常规赛打满81场，率领步行者重返季后赛。虽然和猛龙大战七场最终告负，但乔治表现得足够强硬，他首战便在加拿大航天中心轰下33分，"天王山之战"再砍39分。此外，2016年夏天，乔治重返美国队，并随"梦十二"队在里约奥运会夺得金牌，写就了一篇浴火重生的励志佳话。

　　2016/2017赛季，乔治又回到顶级小前锋的水准。2017年季后赛面对上届冠军骑士，步行者虽然被横扫，但乔治对位詹姆斯，砍下场均28分、8.8个篮板、7.3次助攻的超级数据，其神勇之姿，令球迷无不惊叹，何况他曾是一位因重度骨折而要告别赛场的球员。

2017年7月1日，乔治告别了效力7年的步行者，转战西部加盟雷霆。2017年11月11日，乔治在雷霆的首秀十分惊艳，独砍42分、9个篮板和7次助攻。

2017/2018赛季，乔治和威斯布鲁克在常规赛配合默契，成为联盟炙手可热的二人组，但在季后赛首轮就被爵士以4比2淘汰，成为他们不可名状的痛。2018/2019赛季，乔治打出巅峰状态，场均得到28分、8.2个篮板、2.2记抢断，荣膺联盟抢断王，并入选最佳＆最佳防守双一阵。雷霆卷土重来，然而在2019年季后赛再遭重创。他们首轮遭遇开拓者，五场战罢，利拉德面对乔治命中惊世骇俗的超远三分球绝杀，再次送雷霆回家。

2019年7月11日，快船与雷霆达成交易，乔治也告别了风驰电掣的威斯布鲁克，来到洛杉矶，开始了与表情木讷的伦纳德的并肩作战。

2019/2020赛季，乔治与伦纳德两大攻防一体的巨星联手率领快船破浪而行，但在季后赛遭遇掘金，被对手连扳三局，以1比4的总比分遗憾出局。触礁船沉后，乔治与伦纳德的组合饱受质疑，他们虽然效率不俗，但缺乏稳定与延续性。乔治场均交出21.5分、5.7个篮板的数据，却因蹩脚的命中率，留下"船到乔投自然沉"的诟病。

2021年季后赛，乔治终于迎来证明自己的机会。西部半决赛快船对阵爵士，在以0比2落后的逆境下，乔治独砍31分，率队扳回一城。之后的"天王山之战"，伦纳德因十字韧带损伤而缺阵，乔治独自带队，打出37分、16个篮板、5次助攻的超神数据，率领快船取得决定性胜利。此后单核带队的乔治表现愈发强劲，率领快船击退爵士，杀入西部决赛，一举击碎之前所有质疑。

西部决赛乔治带领快船殊死相搏，怎奈阵容齐整的太阳在布克与保罗的率领下技高一筹，以4比2击败快船，挺进总决赛。虽然球队落败，乔治在西部决赛第五场再次创下惊世壮举，他20投15中，砍下41分、13个篮板、6次助攻，创造了季后赛连续18场得分超20的纪录，比肩乔丹、杜兰特、科比三位得分大神。

在疾风暴雨中独自领航，乔治成为快船合格的船长。在新的赛季，伦纳德依旧因伤高悬免战牌，经历过暗礁险滩，再次独自率领快船出航，乔治已经锁定了夺冠的航向。

生涯高光闪回/三分新高

高光之耀：保罗·乔治此战命中9记三分球，刷新NBA全明星赛球员三分球命中数纪录，此前安东尼曾在2014年全明星赛上命中创纪录的8记三分球。

2010年2月15日，虽然西部明星队以196比173大胜东部明星队，但东部前锋乔治表现强劲，26投16中，其中三分球19投9中，得到41分，刷新全明星单场三分球纪录的同时，为东部挽回些许颜面。乔治能在比赛中用三分球的方式风头盖过"水花兄弟"，成为全明星正赛的单场三分王，实属不易。

"只要我一脚踏进这该死的赛场，我就要比任何人都强。"
——丹尼斯·罗德曼

● 档案
丹尼斯·罗德曼 / Dennis Rodman
出生地：美国新泽西州特伦顿
出生日期：1961 年 5 月 13 日
身高：2.01 米 / 体重：100 公斤
效力球队：活塞、马刺、公牛、湖人、小牛
球衣号码：10、70、73、91
场上位置：大前锋

● 荣耀
5 届总冠军：1989 年—1990 年、1996 年—1998 年
2 届全明星：1990 年、1992 年
7 届篮板王：1991/1992 赛季—1997/1998 赛季
2 届最佳防守球员：1989/1990 赛季、1990/1991 赛季
7 届最佳防守阵容一阵：1988/1989 赛季—1992/1993 赛季、1994/1995 赛季—1995/1996 赛季
NBA 75 大球星

丹尼斯·罗德曼常规赛数据

赛季	球队	篮板	盖帽	得分
1986/1987	活塞	4.3	0.6	6.5
1987/1988	活塞	8.7	0.5	11.6
1988/1989	活塞	9.4	0.9	9.0
1989/1990	活塞	9.7	0.7	8.8
1990/1991	活塞	12.5	0.7	8.2
1991/1992	活塞	18.7	0.9	9.8
1992/1993	活塞	18.3	0.7	7.5
1993/1994	马刺	17.3	0.4	4.7
1994/1995	马刺	16.8	0.5	7.1
1995/1996	公牛	14.9	0.4	5.5
1996/1997	公牛	16.1	0.3	5.7
1997/1998	公牛	15.0	0.2	4.7
1998/1999	湖人	11.2	0.5	2.1
1999/2000	小牛	14.3	1.1	2.8
场均数据		13.1	0.6	7.3

大虫
丹尼斯·罗德曼
DENNIS RODMAN

凭借着超强的弹跳和弹速，顽强凶猛的卡位、抢位，敏锐准确的落点判断，巅峰时期的罗德曼赛季最高场均篮板数可达 18.7 个，更有单场抓下 34 个篮板的疯狂纪录，如此恐怖的数据让同一时代四大中锋奥拉朱旺、尤因、大卫·罗宾逊和穆托姆博也感到汗颜。

尽管只有 2.01 米的身高，但他却能在四大中锋的头上摘下七个篮板王。尽管他五冠在手早已功成名就，但他却远非成功典范。本着"貌不惊人誓不休"的信条，他不断地变幻着新奇的发式和发色，以及斑斓密布的文身。"大虫"丹尼斯·罗德曼在 NBA 中绝对是一个另类，他的横空出世开创了球员标榜鲜明自我的先河。

我们该怎么描述他，自恋狂、行为主义者、NBA 视觉系鼻祖或者哗众取宠的臆想家？他出自传、踢记者、朝教练扔冰袋、缺席训练、技术犯规创纪录、骂裁判，是一个地地道道的反派。他满头五彩、鼻唇舌环、墨镜出场、雌雄莫辨。尽管身为历史上最出色的篮板高手之一，但是他的职业球员形象早已淹没在了他的文身、垃圾话、百变的发色以及离经叛道的行事风格之中。

如果说活塞时期的罗德曼还算是个正常人的话，那么转会马刺之后他就逐渐步入"不正常人类中心"的大门。

众所周知，罗德曼当年和娱乐界头号女星麦当娜·西科尼有过一段情史，和麦当娜逢场作戏之后不久，罗德曼便闪电般地与艳星卡门·伊莱克特拉结婚，两人的八卦无疑给肌肉横飞的 NBA 带来了一点别样的色彩。

不过赛场上的罗德曼可丝毫不含糊，他视篮板球为至宝而视得分如粪土，毫不抱怨

221

丹尼斯·罗德曼季后赛数据				
赛季	球队	篮板	盖帽	得分
1986/1987	活塞	4.7	1.1	6.5
1987/1988	活塞	5.9	0.6	7.1
1988/1989	活塞	10.0	0.7	5.8
1989/1990	活塞	8.5	0.7	6.6
1990/1991	活塞	11.8	0.7	6.3
1991/1992	活塞	10.2	0.4	7.2
1993/1994	马刺	16.0	1.3	8.3
1994/1995	马刺	14.8	0.0	8.9
1995/1996	公牛	13.7	0.4	7.5
1996/1997	公牛	8.4	0.2	4.2
1997/1998	公牛	11.8	0.6	4.9
场均数据		9.9	0.6	6.4

地干着各种脏活累活。坚韧型防守悍将，激情型篮板高手，甚至公牛时期还是一个策应三角进攻的行家里手，绝对是一个完美的"蓝领天王"。除此之外，假摔、破坏对手情绪的嘲弄、挑起全队情绪的张扬动作外加偶尔投进些让对手头疼的球，丹尼斯的作用可真不小，甚至 1997/1998 赛季还能以 37 岁的"高龄"打足 80 场从而荣膺篮板王。

"我从不想得分，从不。我只想抓篮板球，我要打破连续夺得篮板王头衔时间最长的纪录。若能做到，他们就必须承认我是有史以来最佳的球员之一。"罗德曼轻视得分，痴迷于争抢篮板，这是他成为伟大蓝领的不二法门。

出道时的罗德曼其实并不高调，他在活塞"坏孩子军团"中成长为一名蓝领猛将，并随队在 1990 年和 1991 年两度问鼎总冠军，立下汗马功劳的他也蝉联最佳防守球员。转至马刺后，他在场下生活中出格的叛逆个性开始冒头，球队虽战绩不错，却与时任马刺总经理波波维奇的严谨性格格格不入，最后被交易至公牛。罗德曼在马刺和活塞期间都身披 10 号球衣，和樱木花道巧合地一致。

来到公牛的罗德曼，和第一次复出的乔丹联手，缔造了队史第二度三连冠霸业。"大虫"场下花边变本加厉，头顶裁判、脚踹记者都是他身上不光彩的标签。唯一不变的是他对篮板球的灵敏嗅觉，和让对手头疼的狡黠防守。如不是他在内线为球队成功护航，公牛王朝能否再度建立仍是疑问，而他平行地面的飞身救球、与马龙的摔跤式缠斗也注定成为经典画面。

5枚总冠军戒指、2届最佳防守球员、7届年度最佳防守阵容、7届篮板王、2届全明星，单看这些荣誉，入个名人堂都不算什么，但我们说的这个人是罗德曼，特立独行、独一无二的罗德曼。

正如罗德曼自己所言，大卫·斯特恩愿意付出任何代价把自己赶出联盟来维护NBA形象，希望联盟里都是像格兰特·希尔那样风度翩翩的人。但是罗德曼永远也不可能成为那样的人，对他来说，就是要成为场内场外最另类、最桀骜、最独特的那个人，就是必须要我行我素。

从小缺父爱导致罗德曼认为人根本不需要父亲，有过自杀念头，还被俩姐妹和老妈嘲弄。他进高中时身高才1.68米，连上篮都不会。野鸡大学出身、看飞机场时偷过手表、视查克·戴利为老爹、依靠防守和篮板绝活成为明星、擅长撒泼耍赖、善使小动作、假摔天才、表演大师、嬉皮笑脸、染发帝、文身王、直言不讳地抨击NBA的黑暗面、毒舌嘲弄起人来六亲不认……

这就是罗德曼，亦正亦邪。他是自传中那个"我该立毙"的花花太岁，还是在球衣退役仪式时潸然泪下的真情汉子？

也许只有上帝才能评判！

生涯高光闪回 / 单场篮板王

高光之耀： 此战罗德曼直言，篮板就像朝着自己飞来一样。他一人的篮板数就达34个，几乎等于步行者全队的篮板数总和（38个）。

1992年3月5日，活塞在主场加时险胜步行者。罗德曼拿到职业生涯最高的34个篮板，其中有18个前场篮板，超越尼尔·威廉姆斯保持的13个前场篮板的队史纪录。

"对我来说，他才是湖人
赢球的关键。"
——"魔术师"约翰逊

保罗·加索尔常规赛数据

赛季	球队	篮板	盖帽	得分
2001/2002	灰熊	8.9	2.1	17.6
2002/2003	灰熊	8.8	1.8	19.0
2003/2004	灰熊	7.7	1.7	17.7
2004/2005	灰熊	7.3	1.7	17.8
2005/2006	灰熊	8.9	1.9	20.4
2006/2007	灰熊	9.8	2.1	20.8
2007/2008	灰熊	8.8	1.4	18.9
2007/2008	湖人	7.8	1.6	18.8
2008/2009	湖人	9.6	1.0	18.9
2009/2010	湖人	11.3	1.7	18.3
2010/2011	湖人	10.2	1.6	18.8
2011/2012	湖人	10.4	1.4	17.4
2012/2013	湖人	8.6	1.2	13.7
2013/2014	湖人	9.7	1.5	17.4
2014/2015	公牛	11.8	1.9	18.5
2015/2016	公牛	11.0	2.0	16.5
2016/2017	马刺	7.8	1.1	12.4
2017/2018	马刺	8.0	1.0	10.1
2018/2019	马刺	4.7	0.5	4.2
2018/2019	雄鹿	3.3	0.3	1.3
场均数据		9.2	1.6	17.0

保罗·加索尔季后赛数据

赛季	球队	篮板	盖帽	得分
2003/2004	灰熊	5.0	1.5	18.5
2004/2005	灰熊	7.5	1.8	21.3
2005/2006	灰熊	6.8	1.3	20.3
2007/2008	湖人	9.3	1.9	16.9
2008/2009	湖人	10.8	2.0	18.3
2009/2010	湖人	11.1	2.1	19.6
2010/2011	湖人	7.8	1.7	13.1
2011/2012	湖人	9.5	2.1	12.5
2012/2013	湖人	11.5	0.8	14.0
2014/2015	公牛	9.4	2.1	14.4
2016/2017	马刺	7.1	0.9	7.7
2017/2018	马刺	4.8	0.2	6.0
场均数据		9.2	1.7	15.4

●档案
保罗·加索尔 / Pau Gasol
国籍：西班牙 / 出生地：巴塞罗那
出生日期：1980 年 7 月 6 日
身高：2.13 米 / 体重：113 公斤
效力球队：灰熊、湖人、公牛、马刺、
雄鹿、开拓者
球衣号码：16、17
场上位置：大前锋

●荣耀
2 届总冠军：2009 年—2010 年
6 届全明星：2006 年、2009 年—
2011 年、2015 年—2016 年
最佳新秀：2001/2002 赛季
1 届世锦赛冠军 &MVP：2006 年
2 届奥运银牌：2008 年、2012 年
3 届欧锦赛冠军：2009 年、2011 年、
2015 年
2 届欧锦赛 MVP：2009、2015 年

4 ♣

大加

保罗·加索尔

PAU GASOL

他是不折不扣的欧罗巴之王，世锦赛与欧锦赛双料MVP。他手感柔和、技术细腻，内线策应、指挥调度如沧海灯塔般洞悉万象，但却一直被扣上"软蛋"的标签。直到2010年总决赛，他怒目咆哮，须发戟张，化身雄狮傲视百兽之林。他数度单打加内特，只为自己证明。

2001年，当加索尔背负着加泰罗尼亚人的期望来到孟菲斯时，迎接他的并不是潮水般汹涌的欢呼，反而是一道道冷漠的质疑目光——所有人都怀疑这个长相俊俏、白面书生般的球员能否帮助这支沉沦许久的球队重获新生。

事实上，加索尔做得不错，在世纪初如狼似虎的内线之中，新秀赛季就砍下场均17.6分、9个篮板的数据，并捧起当季最佳新秀奖杯。从第二个赛季开始，他就学着用自己尚显稚嫩的肩膀扛起这支球队的千斤重担，五年内也三次带队杀入季后赛，但三次被横扫的经历，让加索尔背上了"软蛋"之标签。

三次季后赛之旅，无论加索尔面对邓肯、斯塔德迈尔或者诺维茨基，都被对手压制。他希望给自己正名，然而上天却不给他这个机会，从他在孟菲斯的第六个年头开始，伤病找上了门。2006/2007赛季开始，他频繁穿着西装出现在替补席。

2008年2月，湖人送出大前锋夸梅·布朗、后卫雅瓦里斯·克里丹顿、阿隆·麦基。2008年和2010年两个首轮选秀权以及保罗·加索尔的弟弟马克·加索尔的签约权从灰熊交换到保罗·加索尔和2010年的第二轮选秀权。在交易到湖人后剩下的27场比赛里，他场均拿下18.8分、7.8个篮板和3.5次助攻，协助科比一路披荆斩棘杀入总决赛，然而总决赛当湖人面对来势汹汹的"凯尔特人三巨头"，当加索尔面对跨世纪最伟大的前锋之一的凯文·加内特时，他似乎又变成了"软蛋"。场均 14.7 分、10.1 个篮板似乎不难看，但让加内特在他面前的予取予求，就似乎有些说不过去了。

总比分 2 比 4，湖人输掉总决赛，加索尔背负了无数质疑与诋毁。

知耻而后勇，2008/2009 赛季，加索尔和拜纳姆组成"湖人双塔"，撕裂对手防守体系。外线由科比领衔一众干将，加上奥多姆居中调度，湖人变得锐不可当，顺利从西部群雄中突围，杀入季后赛，而那个赛季加索尔交出场均 19 分、10 个篮板的答卷。

2009 年季后赛，在科比"偏执狂"的严刻督促下，加索尔终于露出峥嵘。西部决赛对阵掘金，第一战，他 20 投 14 中，贡献 36 分、16 个篮板、8 次助攻和 3 次盖帽。

待到总决赛，加索尔愈发强硬！面对"魔兽"霍华德，拜纳姆受困犯规无法上场，加索尔则挺身而出，开始在内线肉搏。而整个总决赛，他竟然单防"魔兽"成功了 38 次，战术核心困住，魔术的战术体系也土崩瓦解，湖人最终夺得总冠军。

2009/2010 赛季，加索尔再接再厉。季后赛湖人首轮对阵雷霆，他场均贡献 18 分、12 个篮板，还在第六场最后 1 秒完成一记震惊联盟的补篮绝杀！

西部半决赛面对犹他爵士，加索尔场均数据升至 24 分、15 个篮板，狠狠压制了强力大前锋布泽尔，仿佛在向世人宣告，他不是"软蛋"，而是"硬汉"！西部决赛，加索尔连续两场力压斯塔德迈尔，"天王山之战"加索尔砍下 21 分、9 个篮板、5 次助攻，帮助湖人拿下赛点，最终湖人击败太阳，与老对手凯尔特人再战总决赛。

2010 年总决赛，加索尔面对加内特，期待为自己正名。第六战，加索尔砍下 17 分、13 个篮板、9 次助攻的准三双数据，为悬崖边上的湖人扳回一城！

抢七大战加索尔拿下 19 分、18 个篮板，其中 9 个进攻篮板。终场前 1 分半，加索尔在那次个人最豪横的低位单打命中之后，肆意怒吼、须髯戟张，仿佛化身傲视百兽之林的雄狮。凭借此球，湖人领先六分，锁定胜局，最终以 4 比 3 击败凯尔特人，夺得历史上的第 16 座总冠军奖杯。

2011 年开始，加索尔有些心气不足，季后赛他被诺维茨基完全抑制。2011/2012 赛季，他的境地更加不堪，"禅师"和奥多姆的先后归隐，带走最适合他的战术体系，从此他似乎有些一蹶不振。频繁换帅，单调且混乱无比的战术体系，彻底让他绝望。

2014 年长草期，加索尔无心留恋声色犬马的洛杉矶，宣布加盟芝加哥公牛，草草结束了自己在湖人的 6 年岁月。芝加哥的首场比赛，他就砍下 29 分和 14 个篮板。一周之后，他对阵联盟新贵金州勇士，狂轰 22 分和 20 个篮板，所有人都傻了。

待到转过年来，已是"大爷"的加索尔彻底发威，2015 年 1 月 2 日，他劈头盖脸的 9 次盖帽，把丹佛的野兽派们拍了个七荤八素，顺带砍下 17 分、7 个篮板和 4 次助攻。两天后面对凯尔特人，打出 29 分、16 个篮板、5 次盖帽。再然后是 1 月 11 日，把年轻的密尔沃基雄鹿彻底打服气了，46 分和 18 个篮板，刷新个人职业生涯得分纪录。

然而，加索尔的好运似乎又到了尽头，公牛核心陆陆续续地伤病，待到季后赛，人才勉强凑齐了，但加索尔却累倒了，季后赛他缺阵两场，公牛也以2比4出局。

加索尔又在芝加哥混了一年，2016年7月，他一纸协议加盟马刺，从此顶上邓肯的缺口。在坐拥伦纳德和阿尔德里奇的圣安东尼奥，他无须像之前那么拼命地砍分和抢篮板了，但是他也依旧起到至关重要的作用。

2016/2017赛季，加索尔场均贡献12.4分、7.8个篮板。在对阵爵士的比赛中，加索尔NBA生涯总得分突破20000分大关，成为继诺维茨基之后第二位达到20000分里程碑的欧洲球员。2017年和2018年，马刺连续两年被勇士淘汰。加索尔最后一丝争冠希望破灭。2019年3月，在连续六场未能上场之后，加索尔与马刺和平分手。

之后加索尔加盟雄鹿，只打了3场比赛就因脚踝而长期伤停。2019年休赛期，加索尔与开拓者签约，但由于迟迟无法从左脚伤病中康复过来，4个月之后，开拓者裁掉了他。这也是这位西班牙球星18年NBA生涯的最后一站。

2021年2月，40岁"高龄"的加索尔落叶归根，加盟老东家巴塞罗那。20年前，加索尔正是从这里出发登陆NBA的。在西甲的半个赛季，加索尔场均贡献10.3分、4.9个篮板以及1.2次助攻，率领巴塞罗那夺得队史第19个联赛冠军。

2021年8月，加索尔第五次代表西班牙队出征奥运会，在1/4决赛被美国队淘汰后，他完成了国家队生涯的谢幕演出，这也可能是他职业生涯的最后一战。

戎马二十余载，斩获一届篮球世界杯冠军，两届NBA总冠军，三届欧洲杯冠军，保罗·加索尔早已是这项运动的传奇。

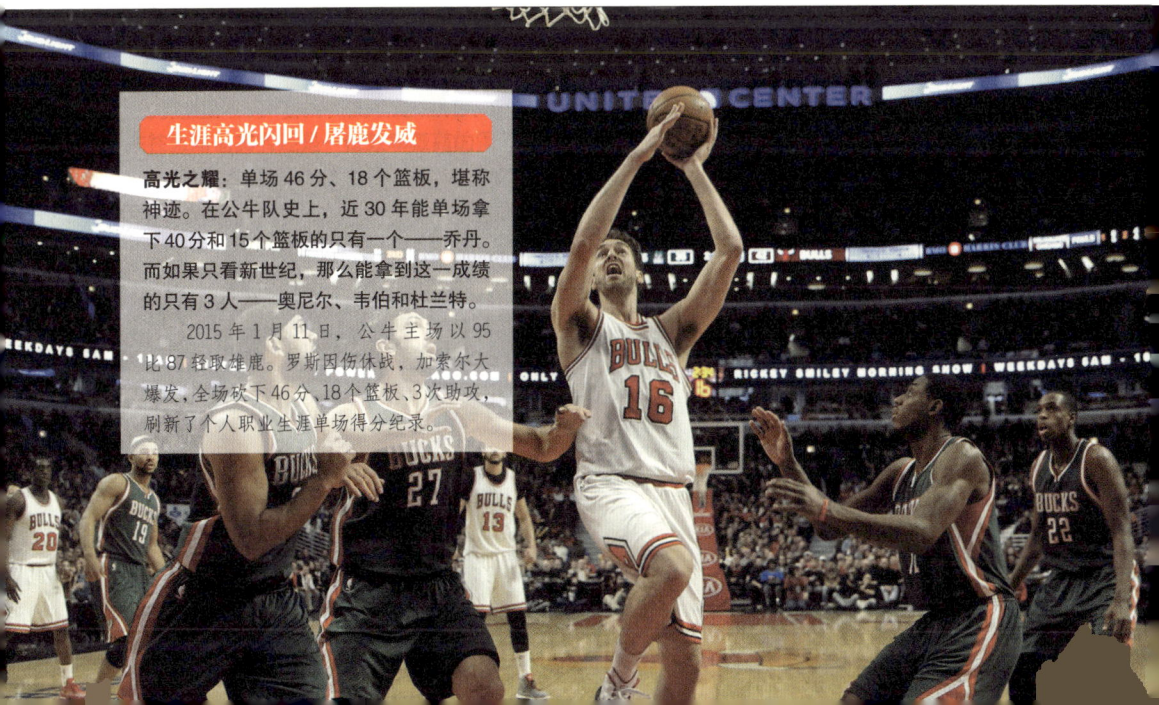

生涯高光闪回／屠鹿发威

高光之耀：单场46分、18个篮板，堪称神迹。在公牛队史上，近30年能单场拿下40分和15个篮板的只有一个——乔丹。而如果只看新世纪，那么能拿到这一成绩的只有3人——奥尼尔、韦伯和杜兰特。

2015年1月11日，公牛主场以95比87轻取雄鹿。罗斯因伤休战，加索尔大爆发，全场砍下46分、18个篮板、3次助攻，刷新了个人职业生涯单场得分纪录。

马克·加索尔常规赛数据

赛季	球队	篮板	盖帽	得分
2008/2009	灰熊	7.4	1.1	11.9
2009/2010	灰熊	9.3	1.6	14.6
2010/2011	灰熊	7.0	1.7	11.7
2011/2012	灰熊	8.9	1.9	14.6
2012/2013	灰熊	7.8	1.7	14.1
2013/2014	灰熊	7.2	1.3	14.6
2014/2015	灰熊	7.8	1.6	17.4
2015/2016	灰熊	7.0	1.3	16.6
2016/2017	灰熊	6.3	1.3	19.5
2017/2018	灰熊	8.1	1.4	17.2
2018/2019	灰熊	8.6	1.2	15.7
2018/2019	猛龙	6.6	0.9	9.1
2019/2020	猛龙	6.3	0.9	7.5
2020/2021	湖人	4.1	1.1	5.0
场均数据		7.4	1.4	14.0

马克·加索尔季后赛数据

赛季	球队	篮板	盖帽	得分
2010/2011	灰熊	11.2	2.2	15.0
2011/2012	灰熊	6.7	1.9	15.1
2012/2013	灰熊	8.5	2.2	17.2
2013/2014	灰熊	7.7	0.9	17.3
2014/2015	灰熊	10.3	1.7	19.7
2016/2017	灰熊	6.5	0.7	19.3
2018/2019	猛龙	6.4	1.1	9.4
2019/2020	猛龙	4.4	0.6	6.0
2020/2021	湖人	3.8	0.8	5.2
场均数据		7.5	1.4	13.4

● 档案

马克·加索尔 / Marc Gasol
国籍：西班牙 / 出生地：巴塞罗那
出生日期：1985 年 1 月 29 日
身高：2.16 米 / 体重：116 公斤
效力球队：灰熊、猛龙、湖人
球衣号码：33、14
场上位置：中锋

● 荣耀

1 届总冠军：2019 年
3 届全明星：2012 年、2015 年、2016 年
1 届最佳防守球员：2012/2013 赛季
1 届最佳阵容一阵：2014/2015 赛季
2 届奥运银牌：2008 年、2012 年
1 届世锦赛冠军：2019 年
2 届欧锦赛冠军：2009 年、2011 年

4 ♦

小加
马克·加索尔
MARC GASOL

> 十多年前，人们谈及马克·加索尔，都习惯用一句"保罗·加索尔的弟弟"，仿佛这位巨人会一直活在哥哥的影子里。但故事并未按照"哥哥好汉弟软蛋"的套路发展，马克·加索尔逐渐成为独当一面的顶级中锋，甚至比哥哥更具统治力。

1985年1月29日，马克·加索尔出生于巴塞罗那一个体育世家，父亲奥格斯汀和母亲玛丽萨都曾效力于西班牙篮球联赛，马克在家中排名老二，他的哥哥是日后名满天下的保罗·加索尔，而马克·加索尔因此也被中国球迷习惯称为小加索尔。

1992年巴塞罗那奥运会，马克和哥哥在家门口一起目睹了"梦一队"横扫世界的壮举后，让加索尔兄弟第一次对篮球产生了浓烈的兴趣。

1998年，13岁的小加索尔开始接受系统的篮球训练时，哥哥保罗·加索尔已闪耀西甲了，人们也习惯称呼小加索尔为"保罗的弟弟"。

2001年，哥哥保罗·加索尔被老鹰选中后交易至孟菲斯灰熊，开始了NBA生涯，而小加索尔也随父母来到孟菲斯，开始了篮球逐梦之旅。当时在专业人士的眼中，略带婴儿肥的小加索尔虽然有身高，有手感，但还是一个身体素质平庸的大个子。

高中毕业的马克，只收到了几所NCAA小学校的邀请，名校孟菲斯大学也仅仅愿为马克提供篮球普通校队的邀请，万般无奈之下，马克只好回到西班牙。幸运的是2003年，巴塞罗那俱乐部给了马克一个机会。

回到西班牙的小加索尔，开始减重、磨炼低位技巧，很快就成长为巴塞罗那队主力中锋，并在2006年入选西班牙国家队，随队在日本世锦赛上夺冠。

229

2007 年，NBA 选秀大会，小加索尔被湖人在第二轮第 48 顺位选中。

2008 年 2 月，灰熊与湖人达成重磅交易，小加索尔作为哥哥保罗·加索尔交易的添头，被湖人交易到灰熊。2008 年 8 月，加索尔兄弟一起跟随西班牙队参加北京奥运会，并杀进决赛，惜败"梦八"队屈居亚军。在决赛后，科比对小加索尔赞美有加："他块头真大，手感很柔和，也许我们本不该在得到保罗·加索尔的交易中放弃他。"

小加索尔在灰熊的处子赛季足以用惊艳形容，首秀面对火箭，得到 12 分、12 个篮板。整个赛季，小加索尔场均贡献 11.9 分、7.4 个篮板，投篮命中率高达 53%。

2009/2010 赛季，小加索尔场均 14.6 分、9.3 个篮板，投篮命中率高达 58%。

2010/2011 赛季，小加索尔与兰多夫的内线组合开始展现威力，灰熊最终以第八名的身份杀回了阔别 5 年的季后赛。首轮面对西部头名马刺，马克与兰多夫的"黑白双熊"组合令波波维奇一筹莫展，他们成功地以 4 比 2 的总比分逆袭成功，完成了 NBA 历史上第三次"黑八奇迹"。半决赛与"雷霆青年军"鏖战七场饮恨。从这个赛季开始，小加索尔开始逐渐取代哥哥保罗·加索尔，成为球迷口中"更好的那个加索尔"。

2013 年 3 月 21 日，小加索尔在比赛还剩 0.9 秒时补篮绝杀雷霆。在常规赛季结束后，他更是荣膺最佳防守球员。季后赛中，灰熊一路杀进西部决赛，但最终以 2 比 4 不敌马刺，无缘总决赛。此后的几年，小加索尔大有成为联盟首席中锋之势。

2015 年 7 月 7 日，小加索尔与灰熊达成了一份 5 年 1.1 亿美元的续约合同，他也成为无可争议的灰熊领袖。本赛季，他场均砍下 20.4 分、6.2 个篮板、4.4 次助攻、2.3 次盖帽，并且练就了一手 39.0% 的三分球命中率。

2017 年 1 月 28 日，灰熊客场不敌开拓者的比赛中，马克砍下 32 分，成为灰熊 10 年来第二个完成连续三场得分 30+ 的球员。第一个是谁? 答案：保罗·加索尔。

在当今联盟传统内线日益凋敝的时代，小加索尔绝对是"稀有"的球员，他是个真正的传统内线，就像曾经的姚明那样，精通各种内线技巧，稳扎稳打，有着漂亮的投篮和精妙的策应传球技巧，懂得利用体型和力量的优势去取得胜利，还是个真正用脑子打球的团队球员。

2017/2018 赛季，灰熊走上重建之路，休赛期送走了兰多夫、托尼·阿伦和卡特三位元老级别的球员。留守孟菲斯的小加索尔依旧展现出了顶级中锋的水准，场均得到 17.2 分、8.1 个篮板、4.2 次助攻和 1.4 次盖帽。但在那些跑跳如风的年轻队友身边，

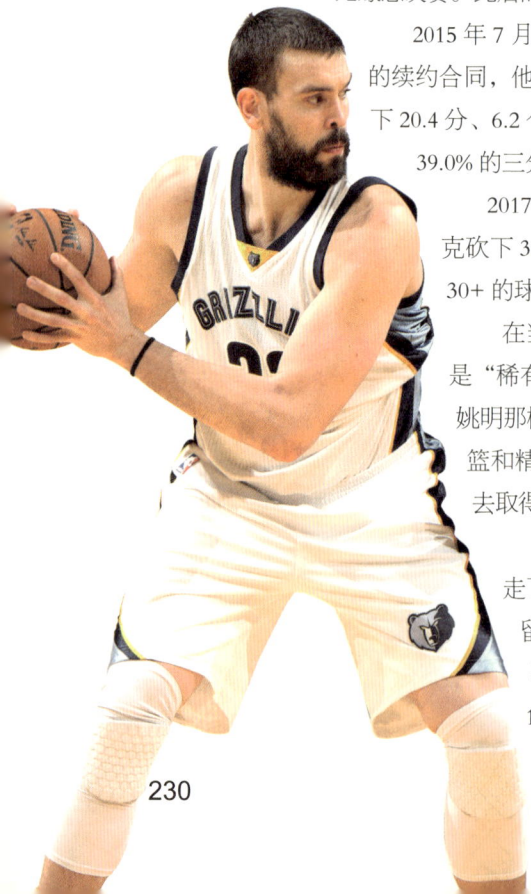

34 岁的小加索尔拖着沉重脚步，显然跟不上节奏，分手在所难免。

2019 年 2 月 8 日，灰熊将小加索尔送到猛龙。在灰熊效力的 11 个赛季，小加索尔总共得到 11684 分、5942 个篮板、2639 次助攻和 1135 次盖帽，五项数据均排在队史前列，孟菲斯灰熊也承诺未来将退役小加索尔的 33 号球衣，他绝对配得上这样的荣誉。

来到猛龙，小加索尔很快展现出了最佳防守球员的实力，在季后赛中连续限制住了内线核心。尤其是季后赛第二轮，小加索尔用防守让恩比德无所适从，"大帝"从常规赛场均 27.5 分、13.6 个篮板数据直接下降到 17.6 分、8.7 个篮板，让人大跌眼镜。

除了防守强悍，小加索尔在进攻端也展现威力。东部决赛第三场，他砍下 16 分、12 个篮板、7 次助攻和 5 次盖帽，帮助猛龙双加时战胜雄鹿；第四场，小加索尔又贡献17 分、5 个篮板、7 次助攻和 2 次盖帽。猛龙士气大振，连下四城，第一次闯入总决赛。

总决赛面对格林、考辛斯坐镇的勇士内线，小加索尔无论是进攻还是防守都游刃有余，最终如愿以偿地拿到了一枚总冠军戒指。三个月后的男篮世界杯，小加索尔率领西班牙队再次登顶世界之巅，成为同一年拿到 NBA 总冠军和世锦赛冠军的球员。

2020 年 11 月 25 日，小加索尔加盟洛杉矶湖人，在这个他梦初始的地方，也是哥哥曾经战斗过的球队，来继续自己的 NBA 旅程。在詹姆斯与"浓眉"的身边，小加索尔受到更多的关注。但在如今风驰电掣的时代，他这种传统重型中锋始终跟不上进攻的节奏，偶尔的亮点仅仅是内线策应以及外线投射三分球，小加索尔似乎有些无所适从。

2021 年 9 月 11 日，湖人将小加索尔交易到灰熊，孟菲斯是他曾经辉煌的地方，在那里，希望这位昔日的"白熊"再现往日的荣光。

翻开小加索尔的荣誉簿：NBA 总冠军、世界杯冠军、全明星首发、最佳阵容一阵、最佳防守球员……从一名二轮秀到联盟顶级中锋，从默默无闻到世界篮坛荣誉满载，小加索尔绝对是世界篮球的励志典范，也是如今 NBA 中屈指可数的传统中锋。

生涯高光闪回 / 力压浓眉

高光之耀：面对西部最好的内线之一"浓眉"戴维斯，小加索尔此战打得畅快淋漓，在攻防两端全面压制对手。

2015 年 12 月 2 日，灰熊客场挑战鹈鹕，灰熊最终以 113 比 104 逆转鹈鹕，小加索尔不仅限制了戴维斯的进攻，而且 22 次投篮命中 11 次，16 次罚球全部命中，得到 38 分、13 个篮板、6 次助攻、4 次盖帽，打出个人该赛季最好的单场表现。

"他势如破竹，极具侵略性，深谙所有得分之道，是联盟最好的球员之一。"
——詹姆斯·哈登

德玛尔·德罗赞常规赛数据

赛季	球队	篮板	助攻	得分
2009/2010	猛龙	2.9	0.7	8.6
2010/2011	猛龙	3.8	1.8	17.2
2011/2012	猛龙	3.3	2.0	16.7
2012/2013	猛龙	3.9	2.5	18.1
2013/2014	猛龙	4.3	4.0	22.7
2014/2015	猛龙	4.6	3.5	20.1
2015/2016	猛龙	4.5	4.0	23.5
2016/2017	猛龙	5.2	3.9	27.3
2017/2018	猛龙	3.9	5.2	23.0
2018/2019	马刺	6.0	6.2	21.2
2019/2020	马刺	5.5	5.6	22.1
2020/2021	马刺	4.2	6.9	21.6
场均数据		4.4	3.8	20.1

德玛尔·德罗赞季后赛数据

赛季	球队	篮板	助攻	得分
2013/2014	猛龙	4.1	3.6	23.9
2014/2015	猛龙	6.3	5.8	20.3
2015/2016	猛龙	4.2	2.7	20.9
2016/2017	猛龙	4.9	3.4	22.4
2017/2018	猛龙	3.6	4.0	22.7
2018/2019	马刺	6.7	4.6	22.0
场均数据		4.6	3.6	21.9

● 档案

德玛尔·德罗赞 / DeMar DeRozan
出生地：美国加利福尼亚州康普顿
出生日期：1989 年 8 月 7 日
身高：1.98 米 / 体重：100 公斤
效力球队：猛龙、马刺、公牛
球衣号码：10
场上位置：得分后卫

● 荣耀

4 届全明星：2014 年、2016 年—2018 年
1 届最佳阵容二阵：2017/2018 赛季
1 届世锦赛冠军：2014 年
1 届奥运冠军：2016 年

3 ♠

北境之王
德玛尔·德罗赞
DEMAR DEROZAN

德罗赞运动能力一流，隔人扣篮从来不在话下，但他从来不是一个优秀的进攻发起点，也不是一个优秀的篮板手。在二号位上，他甚至身高偏矮——这样一个纯得不能再纯的中距离得分手，本应该出现在 20 世纪八九十年代。这就是德罗赞——二号位上的古典主义者。

1989 年 8 月 7 日，德玛尔·德罗赞出生于加利福尼亚州康普顿区。尽管身边充斥着各种黑人市井文化，但德罗赞从小就专注于篮球。进入康普顿高中的德罗赞，已经成为康普顿区的篮球少年明星，高一时他就有场均 26.1 分、8.4 个篮板的耀眼数据单。

在康普顿高中的最后一年，德罗赞场均得到 29.2 分，率领球队连续两年赢得摩尔联盟冠军。他荣膺摩尔联盟最有价值球员，还夺得麦当劳全美高中扣篮大赛冠军。

2007 年，德罗赞已然成为全美瞩目的天才高中生，虽然众多篮球名校都抛出橄榄枝，但他以一个十分任性式的理由选择了南加利福尼亚大学——因为离家近。大一赛季，德罗赞场均得到 13.9 分、5.7 个篮板、1.5 次助攻，投篮命中率高达 52.3%。

2009 年，多伦多猛龙在首轮第 9 顺位选中德罗赞，把这位天才锋卫摇摆人当作球队的未来领袖，担负着振兴大业。被猛龙选中，德罗赞不得不背上行囊前往他乡——多伦多。北境寒冷的天气似乎也冰封了他的手感，德罗赞在新秀赛季场均仅得 8.6 分、2.9 个篮板，这个赛季唯一的亮点是他在全明星扣篮大赛上的那记"大风车"。

2010 年，"龙王"克里斯·波什远走迈阿密，猛龙进入新一轮的重建期，德罗赞在 2010/2011 赛季获得更多出场时间，表现惊艳，场均砍下 17.2 分。

2012/2013 赛季，猛龙签下凯尔·洛瑞，开始朝着季后赛的目标大踏步前进，而德罗赞场均贡献 18.1 分、3.9 个篮板、2.5 次助攻。

2013/2014 赛季，作为猛龙队长的德罗赞表现愈发抢眼，洛瑞也开始迸发出顶级控卫的能量，两人联手将猛龙带进了季后赛球队的行列。赛季结束后，德罗赞场均得分飙升至 22.7 分，另有 4.3 个篮板、4 次助攻，这显然是一份顶级侧翼的成绩单。

猛龙时隔 6 年重回季后赛，可惜首轮以 3 比 4 不敌篮网。首次进入季后赛的德罗赞场均砍下 23.9 分，但投篮命中率只有 38.5%。

2014/2015 赛季，德罗赞依旧保持着场均 20+ 的顶级侧翼球员水准，但无奈猛龙还是没有摆脱季后赛首轮惨败的命运，这次是奇才下克上，将他们横扫出局。

2015/2016 赛季，德罗赞打出职业生涯最好的一季，常规赛场均砍下 23.5 分、4.5 个篮板、4 次助攻，率领猛龙拿到队史最佳的 56 胜。在季后赛猛龙一路势如破竹，杀进东部决赛，并且在以 0 比 2 落后的逆境下连扳两局，惊出詹姆斯的骑士一身冷汗。

在那两场连胜的东部决赛，德罗赞一扫之前的阴霾，连续两场砍下 32 分，命中率达到 55.3%。更为让人惊讶的是，他在这两场没有命中一粒三分球，全是靠着跳投以及杀向内线来得分，这种古典的得分方式令人颇为怀念。纵然德罗赞异常神勇，但他遇到了詹姆斯统治东部的时代，猛龙折翼在东部决赛。

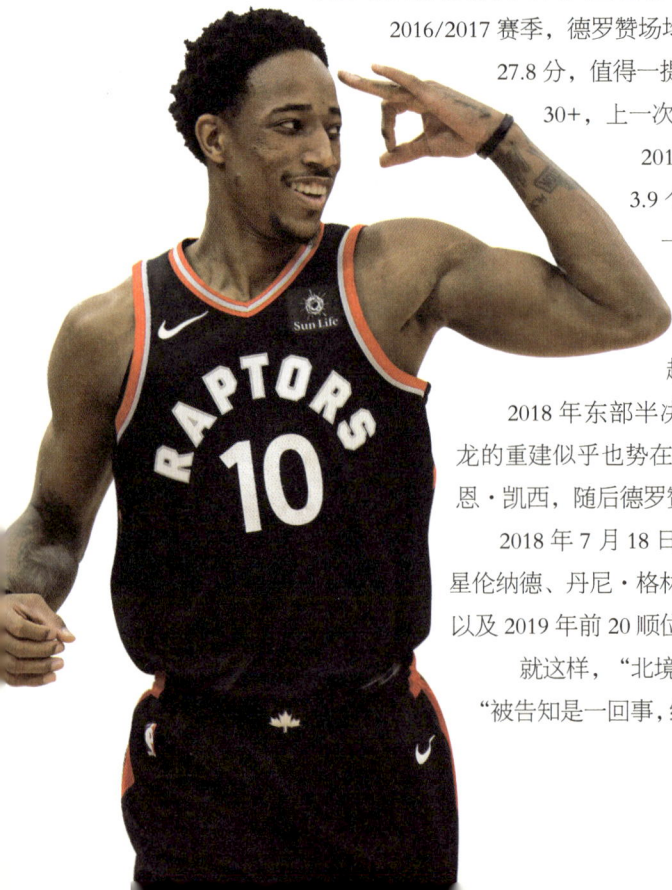

2016/2017 赛季，德罗赞场均只出手 1.5 次三分球，依然能砍下 27.8 分，值得一提的是他在开季 9 场比赛中 8 场砍下 30+，上一次做到这点的是 30 年前的乔丹。

2017/2018 赛季，德罗赞场均得到 23 分、3.9 个篮板、5.2 次助攻，拥有了东部第一得分后卫的头衔。但在 2018 年季后赛猛龙被骑士横扫，德罗赞与洛瑞这对"北境双刀"还是没能越过詹姆斯这道天堑。

2018 年东部半决赛被詹姆斯的骑士横扫之后，猛龙的重建似乎也势在必行。首当其冲的就是主教练德维恩·凯西，随后德罗赞和洛瑞的去留问题也成为重点。

2018 年 7 月 18 日，重磅交易达成，马刺送出当家巨星伦纳德、丹尼·格林，从猛龙得到德罗赞、博尔特尔，以及 2019 年前 20 顺位保护的首轮选秀权。

就这样，"北境之王"离开了他守卫 9 年的多伦多。

"被告知是一回事，结果是另外一回事，无法相信他们。

这项运动毫无忠诚可言。"德罗赞在得知自己被交易后第一时间在社交媒体上写道，对于猛龙的失望之情溢于言表。

虽然如今作别多伦多，但德罗赞还是为这座城市留下丰盈的印记。

他的职业生涯的前 9 年全部奉献给猛龙，总得分 13296 分，成为猛龙队史得分王。从一位名不见经传的小将，成长为扛起猛龙大旗的东部第一得分后卫。他一入联盟，便矢志不渝为"苦寒北境"多伦多战斗，这本身就是一个伟大的成就。

马刺最缺的就是德罗赞在后卫线上的天赋和运动能力，而德罗赞也希望融入马刺这样战术丰富的球队，他与阿尔德里奇组成的新"双德"组合也值得期待。

2018/2019 赛季，德罗赞代表马刺出战 77 场，场均贡献 21.2 分、6.0 个篮板、6.2 次助攻。2019 年 1 月 4 日对阵旧主猛龙，德罗赞更是砍下 21 分、14 个篮板、11 次助攻的大号三双。虽然个人表现尚可，但是德罗赞的复古中投球风，不能带领马刺走得更远。

马刺磕磕绊绊只锁定西部第七，季后赛首轮对阵掘金，最终在抢七大战中遗憾败北。德罗赞表现平平，这也为他在圣城的未来蒙上了一层阴影。

2019/2020 赛季，尽管德罗赞身手依旧犀利、表现依旧全能，场均砍下 22.1 分、5.5 个篮板、5.6 次助攻，但马刺连季后赛的门槛都没迈过，重回巅峰更加杳无音信。

2020 年 11 月 17 日，德罗赞宣布留在圣安东尼奥再战一年，这个赛季，马刺都在挣扎。尽管德罗赞依旧能交出 21.6 分、4.2 个篮板、6.9 次助攻的全能数据，但随着阿尔德里奇的离开，马刺王朝的余晖最终还是消散在了漫漫长夜之中。

2021 年 8 月 4 日，眼看大厦倾颓的马刺将德罗赞先签后换送往芝加哥，时隔 3 年，德罗赞再回东部，他也开始逐步进入职业生涯的暮年。

2021/2022 赛季，德罗赞在芝加哥再现巅峰风采，以近五成的命中率场均砍下 25.7 分，率领公牛成为东部劲旅。德罗赞深谙得分后卫的古典技艺，无论是脚步繁复的后仰跳投，还是游龙出渊的翻身中投，抑或变向突破后的急停跳投，他都能信手拈来。

德罗赞在中距离的区域里长袖善舞、投篮美如画，让人不禁想起乔丹、科比以及那些分卫叱咤的黄金年代。德罗赞曾被球迷成为"平民版乔丹"，而如今公牛猛将云集，德罗赞也有望沿着昔日"乔帮主"的轨迹，在芝加哥定鼎封神。

生涯高光闪回 / 斗法哈登

高光之耀：1985 年至 2015 年里，只有两个人曾在对阵火箭的比赛中砍下 42 分、11 个篮板这样的数据，分别是诺维茨基和拉里·伯德，此役，德罗赞如那两位巨星一般不可阻挡。

2015 年 3 月 31 日，猛龙主场以 99 比 96 战胜火箭，德罗赞堪称头号功臣。虽然哈登砍下 31 分、5 个篮板、5 次助攻，但德罗赞全场 27 投 14 中，三分球 4 投 2 中，罚球 17 投 12 中，狂砍生涯新高 42 分，还抓下 11 个篮板。在和哈登的斗法中，他笑到了最后。

"他是我合作过打球
最聪明的球员。"
——斯蒂芬·库里

● 档案

德雷蒙德·格林 / Draymond Green
出生地：美国密歇根州塞基诺
出生日期：1990 年 3 月 4 日
身高：1.98 米 / 体重：104 公斤
效力球队：勇士
球衣号码：23
场上位置：大前锋

● 荣耀

3 届总冠军：2015 年、2017 年、
2018 年
3 届全明星：2016 年—2018 年
1 届最佳防守球员：2016/2017 赛季
4 届最佳防守阵容一阵：2014/2015
赛季、2015/2016 赛季
1 届最佳阵容二阵：2015/2016 赛季
1 届奥运冠军：2016 年

德雷蒙德·格林常规赛数据

赛季	球队	篮板	盖帽	得分
2012/2013	勇士	3.3	0.3	2.9
2013/2014	勇士	5.0	0.9	6.2
2014/2015	勇士	8.2	1.3	11.7
2015/2016	勇士	9.5	1.4	14.0
2016/2017	勇士	7.9	1.4	10.2
2017/2018	勇士	7.6	1.3	11.0
2018/2019	勇士	7.3	1.1	7.4
2019/2020	勇士	6.2	0.8	8.0
2020/2021	勇士	7.1	0.8	7.0
场均数据		6.9	1.0	8.8

德雷蒙德·格林季后赛数据

赛季	球队	篮板	盖帽	得分
2012/2013	勇士	4.3	0.8	5.8
2013/2014	勇士	8.3	1.7	11.9
2014/2015	勇士	10.1	1.2	13.7
2015/2016	勇士	9.9	1.4	15.4
2016/2017	勇士	9.1	1.6	13.1
2017/2018	勇士	10.6	1.5	10.8
2018/2019	勇士	10.1	1.5	13.3
场均数据		9.3	1.5	12.5

追梦

德雷蒙德·格林

DRAYMOND GREEN

他是"死亡五小"中能够横扫联盟最关键的一环。他从不掩藏对胜利的渴望，也从不掩藏对球友的不满。他是一个对比赛无比投入的人，把球场当作战场。他是勇士的组织核心，弧顶的发牌官。

他在防守端是最令对手心悸的存在，他玩命卡位，争抢篮板，上一秒还在干扰对手的传球，下一秒就杀回禁区协防对手的上篮。

勇士核心库里是一位温文尔雅的好孩子，而格林就是勇士行走的"火药桶"。他金刚怒目，粗野彪悍。虽然经常招致非议，但没有人漠视他的能力。他勇猛、彪悍、无所畏惧，他粗鲁、狡猾、心思缜密，你以为他是黑旋风，其实他是粗中有细的猛张飞。

提到密歇根州立大学，球迷们的第一印象——"魔术师"埃尔文·约翰逊。

2008 年，当德雷蒙德·格林进入密歇根州立大学时，就被（时任球队主教练）伊索一眼看中，坚持认为格林身上有"魔术师"的某些特质，他能为球队带来无穷自信。

格林在幼年时就接触了篮球，启蒙来自他的叔叔贝伯斯，他教会了小格林包括运球、投篮和防守在内的基本动作。

儿时扎实的篮球基本功让格林在后来的职业道路上获益匪浅。进入萨吉诺高中后，他开始展现非凡的篮球天赋。率领萨吉诺高中赢得两个州冠军。整个高中生涯，他场均得到 20 分、13 个篮板，率队取得 27 胜 1 负的骄人战绩。

高中毕业后，格林收到了众多名校的邀请函，而他最终选择偶像"魔术师"约翰逊的母校——密歇根州立大学。

格林逐渐成为密歇根州大的主力球员，大二赛季，他场均数据达到 9.9 分、7.7 个篮板，被雅虎体育评为全美最佳第六人。大三赛季，他再进一步，场均 12.6 分、8.6 个篮板、4.1 次助攻，并成为密歇根州立大学史上继"魔术师"和查理·贝尔之后，第三位砍下三双的球员。

2011/2012 赛季是格林在密歇根州立大学的最后一个赛季，他场均拿到大学生涯最高的 16.2 分、10.6 个篮板、3.8 次助攻，并率队拿下大十区冠军。

在整个大学期间，格林共得到 1096 个篮板，成为密歇根州大历史篮板王，得分 1517 分，排名校史第 17 位，117 次盖帽和 180 次抢断均位列大学历史的第二位。

2012 年，光鲜的大学履历，并未给格林带来太多青睐，但在唯天赋论的 NBA 选秀中，他一直等到第二轮第 35 顺位才被勇士选中。很快勇士就发现淘到宝藏：格林的篮球智商远超其他新秀，他意志顽强、乐于对抗、能量充沛、能拼搏全场。

格林在新秀赛季只获得场均 13.4 分钟的出场时间，贡献 2.9 分、3.3 个篮板，投篮命中率为可怜的 32.7%，三分命中率更是只有 20.9%。

2013/2014 赛季，勇士主教练马克·杰克逊开始让格林承担更多组织任务，格林回报是 6.2 分、5 个篮板、1.9 次助攻。杰克逊教练被解雇时留下极富预见性的观点："我不在乎格林的数据，他能给球队带来胜利，总有一日，他会成为这里的领袖。"

2014/2015 赛季，勇士新主帅蒂夫·科尔将格林提入先发，并坚信他会是改变勇士命运的关键球员。在整个赛季中，格林在攻防两端支配着勇士的战术体系，场均贡献 11.7 分、8.2 个篮板、3.7 次助攻、1.6 次抢断，并入选了最佳防守阵容。

到了季后赛，格林数据更是涨到场均 13.7 分、10.1 个篮板、5.2 次助攻、1.8 次抢断、1.2 次盖帽。在总决赛第六场与骑士的比赛中，格林拿下了 16 分、11 个篮板、10 次助攻，成为勇士队史上首位在总决赛中拿到三双的球员。

2015 年夏天，勇士成功以 5 年 8200 万美元同格林完成续约，留下了这位攻防俱佳的全能球员。2015/2016 赛季，格林的表现愈发抢眼，场均 14.5 分、9.4 个篮板、7.2 次助攻、1.4 次抢断、1.3 次盖帽，其全能表现亘古罕见。

2015/2016 赛季，勇士一路刷新着各项纪录：开季 24 连胜、主场 40 连胜。格林也凭借出色的表现入选了 2016 年多伦多全明星赛。从一个二轮秀到全明星，格林仅用三个赛季的时间。常规赛中，勇士取得了创 NBA 纪录的 73 胜，格林场均送出 14 分、9.5 个篮板、7.4 次助攻，单赛季砍下 13 次三双，成为勇士的攻防核心。

在这个格林迈向巨星的赛季里，鲁莽冲动的性格拖了后腿。西部决赛中，格林脚踢亚当斯的裆部，外界对此一片哗然。在总决赛第四场的舞台上，又是格林对詹姆斯有一个报复性动作，导致被联盟禁赛，格林缺阵成为总决赛的转折点。

2016/2017 赛季，库里、汤普森、格林和杜兰特，再加上实力不可小觑的伊戈达拉，当年的"死亡五小"如今晋级成为"死神五小"。由于他们都是属于球商极高的球员，所以本赛季勇士主打团队篮球，格林场均送出 31 次助攻稳居联盟之首。

防守才是格林的首要任务，尤其在这样一支内线羸弱的球队，有着不算高的身材的格林用他足够强劲的力量和快速的脚步，带起了整个球队的防守体系，捍卫了禁区。

格林对于比赛的作用在某种程度上改变了传统篮球体系对于球员价值的评估标准，他不仅仅是一个"全情投入的球员"或者是"激情领袖"。

2017/2018 赛季，格林全情投入比赛之中。2018 年 1 月 5 日对阵火箭，他贡献 17 分、14 个篮板、10 次助攻，拿下生涯的第 21 次三双，成为勇士队史夺得三双次数最多的球员。

除了全面的身手，格林在防守端的凶狠表现，更是撑起了勇士的防线。

随着勇士在 2018 年卫冕成功，鸿运也到了尽头。2018 年季后赛，杜兰特、汤普森先后因伤病离开赛场，库里和格林力不从心，勇士在总决赛不敌猛龙，痛失总冠军。

接下来的 2019/2020 赛季、2020/2021 赛季，格林进攻能力开始严重退化，他在 2020/2021 赛季场均仅得 7 分，三分球命中率不足三成，好在还有 8.9 个助攻，那得益于库里开挂式的进攻。2020/2021 赛季结束，勇士在附加赛中惜败于湖人，无缘季后赛，格林的得分锐减成勇士没落的原因之一，聊以慰藉的是格林在防守端依然稳健，他入选了该赛季的最佳防守阵容。2021 年，格林随美国队参加东京奥运会，并最终夺冠。与杜兰特重新成为队友，往日恩怨似乎彼此都不再萦怀，二人心无芥蒂。

格林全场都在咆哮、挑衅，激怒对手，激发队友们的斗志，他甚至想把比赛当成你死我活的战场。作为勇士的"斗魂"与"黏合剂"，格林异常渴望在新的赛季证明自己。届时，汤普森伤愈归队，"水花追梦"将重现江湖，再次率领勇士开启夺冠之旅。

生涯高光闪回 / 三双壮举

高光之耀： 在威斯布鲁克的赛季三双狂潮之前，单赛季能得到 10+ 的三双，无疑是项壮举。

2016 年 2 月 21 日，勇士战胜快船，格林砍下 18 分、11 个篮板、10 次助攻，得到本赛季个人的第 11 次三双，追平现役球员单季三双纪录。2014/2015 赛季，威斯布鲁克也曾得到 11 次三双。

本场是勇士本赛季第 54 场比赛。前 54 场就拿下 11 次三双的格林，追平"魔术师"，在近 30 年中并列第二，仅次于 2007/2008 赛季的贾森·基德（前 49 场 12 次）。

● 档案
德里克·罗斯 / Derrick Rose
出生地：美国伊利诺伊州芝加哥
出生日期：1988 年 10 月 4 日
身高：1.88 米 / 体重：90 公斤
效力球队：公牛、尼克斯、骑士、
森林狼、活塞
球衣号码：1、25、4
场上位置：控球后卫

● 荣耀
1 届常规赛 MVP：2010/2011 赛季
3 届全明星：2010 年—2012 年
最佳新秀：2008/2009 赛季
2 届世锦赛冠军：2010 年、2014 年
2 届奥运冠军：2010 年、2014 年

德里克·罗斯季后赛数据

赛季	球队	篮板	助攻	得分
2008/2009	公牛	6.3	6.4	19.7
2009/2010	公牛	3.4	7.2	26.8
2010/2011	公牛	4.3	7.7	27.1
2013/2014	公牛	9.0	9.0	23.0
2014/2015	公牛	4.8	6.5	20.3
2017/2018	森林狼	1.8	2.6	14.2
2020/2021	尼克斯	4.0	5.0	19.4
场均数据		4.4	6.5	22.4

德里克·罗斯常规赛数据

赛季	球队	篮板	助攻	得分
2008/2009	公牛	3.9	6.3	16.8
2009/2010	公牛	3.8	6.0	20.8
2010/2011	公牛	4.1	7.7	25.0
2011/2012	公牛	3.4	7.9	21.8
2013/2014	公牛	3.2	4.3	15.9
2014/2015	公牛	3.2	4.9	17.7
2015/2016	公牛	3.4	4.7	16.4
2016/2017	尼克斯	3.8	4.4	18.0
2017/2018	骑士	1.8	1.6	9.8
2017/2018	森林狼	0.7	1.2	5.8
2018/2019	森林狼	2.7	4.3	18.0
2019/2020	活塞	2.4	5.6	18.1
2020/2021	活塞	1.9	4.2	14.2
2020/2021	尼克斯	2.9	4.2	14.9
场均数据		3.3	5.5	18.5

*"我是德里克·罗斯，
我只用速度说话。"
——德里克·罗斯*

3♣

玫瑰

德里克·罗斯

DERRICK ROSE

受伤前的罗斯无疑是一柄利剑，锋锐无伦，充满张力，集速度、灵巧、爆炸力、冲击力于一身，他的比赛就像绽放的玫瑰，总给人最浓烈的视觉体验。命途多舛，伤病缠身，但罗斯并没有慨叹命运的不公，他冲破岁月的关卡，撕碎伤病的阴霾，奋力奔跑，只为追上年轻时光芒万丈的自己……

德里克·罗斯从懂事起，就成为公牛的铁杆球迷。为公牛效力是这位芝加哥少年的理想。2008 年选秀大会，当公牛用状元签选中罗斯时，后者激动得险些晕倒。

这是一个勇敢的决定，NBA 历史上从未出现过像乔丹那样以一己之力将一座城市扛在肩上并开创伟业的球员，后人几乎无法复制，绝大多数球员都不愿尝试。

然而罗斯天生属于公牛，那些曾困扰芝加哥新秀的烦恼对他从来不是问题。他的自信不是一张空头支票，2010/2011 赛季，尚在新秀合同期间的罗斯，在场上追风逐电，惊艳了世人，场均得到 25 分、4.1 个篮板、7.7 次助攻，率领公牛打出联盟最佳的 62 胜战绩，22 岁的罗斯成为 NBA 史上最年轻的常规赛 MVP。

遗憾的是这位新科 MVP 没有率领公牛笑到最后，在与前任 MVP 詹姆斯的较量中，罗斯败下阵来。在对抗更激烈的季后赛，罗斯很快就明白，在球场上比对手更难缠的是伤病。2012 年季后赛首轮第一战，罗斯猝然倒地，左膝十字韧带撕裂。

罗斯勇猛无畏，擅长单骑闯关。每一次突破、切入内线，都会有失去平衡而落地导致受伤的隐患，他的打法极具观赏性，但难持久，就像花火，绚烂而短暂。

2013 年 2 月，罗斯刚刚恢复了训练，公牛就不顾以往惯例，不断在暗地里施压，促使罗斯上场，也许是公牛太需要这位 MVP 来支撑球队的票房。

最终罗斯在短暂而又仓促的复出后再次轰然倒地，再次迎来漫长的康复期。

芝加哥需要一个健康的"风城之子"，罗斯也在漫长的养伤期间试图改变自己。

他不再追求风驰电掣的个人突破，而是顺其自然，找到比赛的节奏。保持侵略性的同时，运用抛射、急停跳投来减少身体对抗，并以控卫的身份梳理好全队的进攻。

2013/2014 赛季，罗斯复出后仅仅打了 10 场球，就旧伤复发，提前结束了那个赛季。之后的两年，为了延续自己的篮球生命，罗斯开始适当调整自己的打法。 2015/2016 赛季公牛阵中，由于吉米·巴特勒的崛起，罗斯的生存空间被极大压缩。

经历韧带撕裂大伤后，罗斯早已经不是那个能轻松突破暴扣的 MVP，但那份骄傲与倔强让他不能接受在公牛阵中被定位成一个辅助角色。

2016 年休赛期，罗斯被交易到纽约尼克斯。2016/2017 赛季，罗斯交出了一份还不错的控卫数据单，毕竟身边拥有安东尼和波尔津吉斯这样的得分手。但纽约球迷们并不满意，因为他是罗斯，曾经风华绝代的最年轻 MVP。

2017/2018 赛季，罗斯底薪加盟骑士，希望在詹姆斯的身旁重新打回身价，可惜与阵容不兼容，赛季中期被骑士交易至爵士，随后又被裁掉，那时的罗斯几乎陷入无球可打的境地，昔日公牛的恩师锡伯杜伸来援手，将罗斯招至（森林狼）他的麾下。

2018/2019 赛季的森林狼可谓多灾多难，吉米·巴特勒出走，安德鲁·威金斯一度浑浑噩噩，杰夫·蒂格难堪大任，阵容可谓是支离破碎，危急时刻罗斯挺身而出，打出昔日 MVP 的风采与傲骨，成为明尼苏达最为骁勇锋利的"头狼"。

2018 年 11 月 1 日，森林狼主场以 128 比 125 战胜爵士，罗斯狂砍 50 分，那支饱受风霜的"风城玫瑰"终于在北寒之地明尼苏达尽情怒放。

2018 年 11 月 8 日，虽然湖人坐镇主场以 114 比 110 战胜森林狼，但罗斯得到 31 分，其中三分球 9 投 7 中，7 记三分球刷新个人生涯三分球命中数纪录。

2019 年 1 月 16 日，森林狼对阵费城 76 人，罗斯职业生涯常规赛总得分已经超越 10000 分，在经历过反复伤病之后，罗斯这个"万分先生"的头衔，得之不易。

2019 年 1 月 21 日，森林狼以 116 比 114 险胜太阳，又是罗斯杀出，24 投 12 中，得到 31 分、4 个篮板、3 次助攻，并在终场前 0.6 秒命中中投，绝杀对手。

此后罗斯表现一度强劲，险些入选 2019 全明星阵容。

2019 年 3 月 10 日，森林狼加时赛以 135 比 130 击败奇才。罗斯独得 29 分，并在加时赛命中制胜的一击。尽管罗斯表现抢眼，但在西部惨烈的竞争中，阵容动荡、群龙无首的森林狼依旧无法杀进季后赛。

2019 年 3 月 22 日，罗斯因右肘骨折而长期伤停，对于告别季后赛的森林狼来说，这是意料之中的决定，虽然罗斯的赛季征程提前结束，但这不掩盖该赛季他的精彩表现。

2018/2019 赛季，罗斯打出了非常精彩的表现，他为森林狼出场 51 次，场均 18 分、2.7 个篮板、4.3 次助攻，在万圣节打出单场 50 分的神奇表现。虽然突破不如以往犀利，但罗斯的中远投已经有很大威胁，48.2% 的投篮命中率和 37% 的三分球命中率都是职业生涯新高。

值得一提的是，2018/2019 赛季罗斯仅仅手握 1 年 210 万美元（森林狼倒数第二）的合同却打出全队顶级的表现，让球队的五大主力（年薪超千万）不禁汗颜。

2019 年 7 月，罗斯加盟活塞。再回东部的罗斯表现出超强的即战力，连续 14 场比赛得分 20+，2020 年 2 月 29 日，罗斯对阵太阳时 24 投 15 中，掠下 31 分并命中绝杀球。

2019/2020 赛季，罗斯场均砍下 18.1 分，送出 5.6 次助攻，命中率为 49.0%，依然达到准一流后卫的水准。

2021 年 2 月 8 日，罗斯奔赴纽约，重回尼克斯的"玫瑰"依旧盛放，他常规赛场均得到 14.9 分，季后赛场均陡升至 19.4 分，超越兰德尔（场均 18 分），成为尼克斯此次季后赛的得分王。其中在尼克斯与老鹰的第三战中，罗斯 21 投 13 中，独砍 30 分。

曾经最年轻的 MVP、联盟准新王、"公牛王朝"崛起的希望，经过岁月与伤病的侵袭，已经不能掌控全场，但在某一时段，他依然是那柄锋锐无匹的得分利刃。

伤、复伤、赛季完结……辗转反复、周而复始。曾天才绝艳的"风城玫瑰"，在徘徊往复的伤病中、在颠沛流离的岁月里，并没有迷失自己，反而倔强坚韧地生长，经过料峭的风雪之后，"玫瑰"一定会再度绽放。

生涯高光闪回/ 乾纲独断

高光之耀： 50 分创造了罗斯的得分新高，在 MVP 赛季他得分最高是 42 分，没想到时隔 8 年之后、拖着做了四次膝盖手术的伤腿，以一名底薪老兵的身份来完成如此壮举，罗斯本身就是一部励志的传奇。

2018 年 11 月 1 日，30 岁的罗斯全场 31 投 19 中，三分球 7 投 4 中，罚球 11 罚 8 中，末节独取 15 分，狂砍生涯最高的 50 分，并在最后一秒，盖帽掉爵士的三分球，率领森林狼以 128 比 125 战胜爵士。

"我的身体里一直流淌着篮球的血液。"
——凯文·乐福

凯文·乐福常规赛数据

赛季	球队	篮板	盖帽	得分
2008/2009	森林狼	9.1	0.6	11.1
2009/2010	森林狼	11.0	0.4	14.0
2010/2011	森林狼	15.2	0.4	20.2
2011/2012	森林狼	13.3	0.5	26.0
2012/2013	森林狼	14.0	0.5	18.3
2013/2014	森林狼	12.5	0.5	26.1
2014/2015	骑士	9.7	0.5	16.4
2015/2016	骑士	9.9	0.5	16.0
2016/2017	骑士	11.1	0.4	19.0
2017/2018	骑士	9.3	0.4	17.6
2018/2019	骑士	10.9	0.2	17.0
2019/2020	骑士	9.8	0.3	17.6
2020/2021	骑士	7.4	0.1	12.2
场均数据		11.0	0.4	18.0

凯文·乐福季后赛数据

赛季	球队	篮板	盖帽	得分
2014/2015	骑士	7.0	0.5	14.3
2015/2016	骑士	8.8	0.4	14.7
2016/2017	骑士	10.6	0.9	16.8
2017/2018	骑士	10.2	0.4	14.9
场均数据		9.7	0.5	15.3

● **档案**

凯文·乐福 / Kevin Love
出生地：美国加州圣莫尼卡
出生日期：1988 年 9 月 7 日
身高：2.03 米 / 体重：113 公斤
效力球队：森林狼、骑士
球衣号码：0、42
场上位置：大前锋

● **荣耀**

1 届总冠军：2016 年
5 届全明星：2011 年—2012 年、2014 年、2017 年—2018 年
1 届篮板王：2010/2011 赛季
1 届进步最快球员：2010/2011 赛季
1 届三分球大赛冠军：2012 年
1 届世锦赛冠军：2010 年
1 届奥运冠军：2012 年

3 ♦

爱神
凯文·乐福

> 满血归来的乐福，是骑士纵横沙场的硬弩长弓，有了他，骑士足以笑傲东部，并有与西部勇士一决高下的本钱。
>
> 虽然过于低调，使得乐福成为"骑士三巨头"中最被忽视的一位，但发起飙来的他依然能砍下单节 34 分，足见其恐怖的得分爆发力。

1988 年 9 月 7 日，当凯文·乐福出生在美国加利福尼亚州圣塔莫尼卡时，他未来的篮球生涯就已悄悄写就。凯文的父亲斯坦·乐福是前 NBA 球员，1971 至 1978 年，老乐福曾效力于巴尔的摩子弹队、洛杉矶湖人队和圣安东尼奥马刺队。尽管篮球生涯短暂而平庸，但斯坦对篮球的热爱炽热无比，这直接影响到了年幼的乐福。

"我梦想成为像父亲那样的人。"凯文·乐福自幼就立下志向。当同年龄段的孩子还沉浸在电子游戏中时，乐福却把大把的时间用来练习投篮的手型、脚步和各种训练。

2006 年，乐福参加了在拉斯维加斯举办的锐步大时代锦标赛，他所效力的南加州明星队击败了德里克·罗斯领衔的芝加哥队。14 个月后，乐福进入 NCAA 豪门加州大学洛杉矶分校（UCLA），并在这里认识了一生挚友——拉塞尔·威斯布鲁克。尽管两人只做了一年队友，但乐福很快便和拉塞尔建立了深厚的友谊。

2008 年 NBA 选秀，凯文·乐福在首轮第 5 顺位被灰熊选中，但随后被交易到了明尼苏达森林狼，他与大学时代的对手 O.J. 梅奥互换了东家。彼时的森林狼正处于后加内特时代最艰难的时期，百废待兴。明尼苏达的球迷们希望这个师出名门的白人内线能够成为下一个"狼王"。新秀赛季，乐福场均 11.1 分、9.1 个篮板的准两双数据，让他成功入选了年度最佳新秀阵容，尽管森林狼依旧距离季后赛非常遥远。

2009/2010 赛季，乐福依然无法获得稳定的首发机会，受困于伤病影响，他整个赛季缺席了 22 场比赛，但场均 14 分、11 个篮板的两双表现可圈可点。2010 年夏天，森林狼送走球队过去三年的内线核心艾尔·杰弗森，乐福正式被扶正，成为球队新的领袖。这个赛季，也成为乐福走向巨星之路的转折点。他打出了一系列令人侧目的华丽表现。

2010 年 11 月 13 日，森林狼迎战尼克斯，乐福全场狂砍 31 分、31 个篮板，创下职业生涯单场得分和篮板新高，成为 NBA 史上自 1982 年摩西·马龙之后，首位单场交出"双30"的球员。2011 年 3 月 8 日，乐福又刷新摩西·马龙单赛季连续 50 场的两双纪录。

2010/2011 赛季，乐福场均得到 20.2 分、15.2 个篮板，他首次荣膺联盟篮板王，并获得了进步最快奖的殊荣。2011/2012 赛季，乐福再接再厉，场均得分达到了 26 分，他开发出了一手稳定的三分投射，并夺得了三分大赛冠军。2012 年年初，森林狼同乐福达成续约协议，4 年价值 6082 万美元的合同。

2012/2013 赛季，由于手掌骨折，乐福只出战 18 场比赛，森林狼依旧挣扎在西部下游。频繁的受伤以及对球队现状的不满，让乐福在 2013/2014 赛季再一次打出了场均 26.1 分、12.5 个篮板的恐怖两双数据。只可惜，连续 6 年无缘季后赛的悲催表现，使乐福对球队开始绝望。2014 年夏天，他决定离开，因为对冠军的无限渴望。

2014 年 8 月 23 日，森林狼同骑士、76 人达成三方交易，乐福被换到骑士，同先前回归克利夫兰的勒布朗·詹姆斯以及凯里·欧文组成了新的"三巨头"。

2014/2015 赛季，乐福的个人得分骤降近 10，从上个赛季的 26.1 下降到 16.4，他的投篮效率也大幅下滑。于是，"伪巨头""拖后腿"等论调接踵而至。骑士最终在那个赛季拿下东部第一，乐福也迎来了生涯首次季后赛之旅，但噩运随之而来。与凯尔特人的首轮第四场比赛中，奥利尼克的野蛮犯规，直接导致乐福肩膀脱臼，无缘接下来的比赛。随后的故事，大家都清楚了，詹姆斯以一己之力率队不敌勇士。

就在业内和坊间热议乐福的克利夫兰生涯行将结束时，2015 年 7 月 2 日，骑士官方宣布同乐福达成续约协议，双方签订了一份 5 年价值 1.1 亿美元的巨额合约，这也粉碎了外界对他和詹姆斯不和的传闻。2016 年季后赛，这一次乐福没有再重蹈去年的覆辙，他以健康之躯站在了分区决赛的舞台上，并最终助队挺进总决赛，成就了史诗般的华丽逆袭。总决赛第 7 场，乐福全场得到 9 分、14 个篮板、3 次助攻和 2 次抢断，并在关键的一次防守中，封锁了库里，帮助球队以总比分 4 比 3 战胜对手，为克利夫兰骑士赢得第一座 NBA 总冠军奖杯。

2016/2017 赛季，乐福迎来了大爆发，这可能是他打得最舒心的一个赛季，场均20.2 分、11.1 个篮板、1.9 次助攻，并曾创下单节 34 分的神迹。此外他的传球智商和篮板天赋也令所有人震惊。他总能先于对手抢到正确的位置，吸盘大手把篮球牢牢钳在手中；他懂得每个队友的跑位和出手习惯，总能送出最棒的传球；他能背打，也能中投，射程能远到三分线；他那练过瑜伽的身体柔韧而富有张力，总在场上最需要出现的地方出现。

2017/2018 赛季，对于骑士来说是充满动荡的一个赛季。赛季初欧文离队，新加盟的托马斯迟迟因伤不能出战。在云谲波诡的岁月里，只有乐福坚定地站在詹姆斯的身后，场均送出 17.6 分、9.8 个篮板的稳定输出。在 2018 年季后赛，乐福场均依然贡献 14.9 分、10.2 个篮板，在他的鼎力支持下，詹姆斯打出了季后赛历史上最强大的个人进攻盛宴，率领骑士一路过关斩将。可惜骑士最终没能创造奇迹，总决赛被勇士横扫。

2018 年夏天，詹姆斯远赴洛杉矶。乐福以一纸 4 年 1.2 亿美元的合约留在克利夫兰。2018/2019 赛季，独自领军的乐福却因脚伤休战，直到 2019 年 2 月 9 日才复出。这个赛季乐福只出战 22 场，场均贡献 17 分、10.9 个篮板。可惜骑士没有了詹姆斯，已沦为鱼腩。

2019/2020 赛季，似乎是上赛季的翻版，尽管乐福贡献场均 17.6 分、8.8 个篮板、3.2 次助攻，但最终骑士依然无缘季后赛。

2020/2021 赛季，乐福再次深陷伤病困扰，场均数据也下滑到了 12.2 分、7.4 个篮板。随着塞克斯顿等骑士青年才俊崛起，乐福也渐渐沦为球队的边缘人。2021 年夏天，关于乐福各种交易的传闻甚嚣尘上，或许他在克利夫兰的岁月已接近了尾声，但他曾在这里奉献的爱与热，值得每个人铭记！

凯文·乐福，这个永远不知疲倦的篮球狂人，也将进入新的人生篇章。"一切都是因为爱，对篮球的爱，对胜利的爱，对梦想的爱。"

生涯高光闪回 / 单节爆表

高光之耀：乐福的单节 34 分一举创造了 8 项纪录，个人在骑士生涯单场最高分、个人职业生涯单节最高分、NBA 历史首节最高分、骑士队史单节最高分（原纪录是詹姆斯的 24 分）、个人生涯单场三分球命中数、个人单节三分球命中数、骑士队史单节三分球命中数。

2016 年 11 月 24 日，骑士在主场迎战开拓者。凯文·乐福在开场后的 4 分 25 秒里，便 7 投全中（三分球 6 投全中）狂砍 20 分。首节过后，乐福 14 投 11 中（三分球 10 投 8 中、罚球 4 投全中）狂砍 34 分，比开拓者全队的 31 分还多。

序号	球员	赛季	对阵	单节得分
	NBA 历史单节得分纪录			
1	克莱·汤普森	2014/2015	勇士 VS 国王	37
2	凯文·乐福	2016/2017	骑士 VS 开拓者	34
3	卡梅隆·安东尼	2008/2009	掘金 VS 森林狼	33
3	乔治·格文	1977/1978	马刺 VS 爵士	33

27岁的"黑曼巴"游到了NBA的终点，其生涯如流星般短暂，却留下耀眼的光芒。

● 档案

布兰登·罗伊 / Brandon Roy
出生地：美国华盛顿西雅图
出生日期：1984年7月23日
身高：1.98米 / 体重：98公斤
效力球队：开拓者、森林狼
球衣号码：3、7
场上位置：得分后卫

● 荣耀

3届全明星：2008年—2010年
最佳新秀：2006/2007赛季
1届最佳阵容二阵：2008/2009赛季
1届最佳阵容三阵：2009/2010赛季

布兰登·罗伊常规赛数据

赛季	球队	篮板	助攻	得分
2006/2007	开拓者	4.4	4.0	16.8
2007/2008	开拓者	4.7	5.8	19.1
2008/2009	开拓者	4.7	5.1	22.6
2009/2010	开拓者	4.4	4.7	21.5
2010/2011	开拓者	2.6	2.7	12.2
2012/2013	森林狼	2.8	4.6	5.8
场均数据		4.3	4.7	18.8

布兰登·罗伊季后赛数据

赛季	球队	篮板	助攻	得分
2008/2009	开拓者	4.8	2.8	26.7
2009/2010	开拓者	2.3	1.7	9.7
2010/2011	开拓者	2.2	2.8	9.3
场均数据		3.3	2.6	16.3

2 ♠

黄曼巴

布兰登·罗伊

BRANDON ROY

曾经是波特兰玫瑰花园中最为意气风发的篮球王子，如今却成为那里最早凋零的一朵玫瑰，无尽的伤病让这位天才剑客过早地收起锋芒，叹息之余，我们依然会对他以往的神迹时刻津津乐道，比如那 0.8 秒绝杀火箭，是其璀璨而又短暂的职业生涯的点睛之笔。

布兰登·罗伊先天性缺失半月板、左脚先天性骨骼异常，加上身体天赋平平，从事篮球这种运动，他一开始就落在了别人的后面。可是，就是这么一位看起来就不是篮球明星料子的球员，在他短暂的 NBA 生涯里，却留下了如流星一般灿烂的轨迹。

高中时代，罗伊就读于西雅图加菲尔德高中。高中毕业，他就读于华盛顿大学。虽然身体素质平平，但罗伊的球商、球场大局观却是上乘。大四那年，罗伊场均得分蹿升到 20.2 分，还能送出 4.1 次助攻，带领球队打出 26 胜 7 负。那个赛季后，罗伊正式宣布参加选秀，而此时，他已经将太平洋十大联盟最佳球员、全美明星阵容收入囊中。

2006 年 NBA 选秀，罗伊在首轮第 6 顺位被森林狼选中，之后与 7 号秀兰迪·弗耶互换东家，来到波特兰开拓者。

2006/2007 赛季，罗伊在新秀赛季场均贡献 16.8 分、4.4 个篮板、4 次助攻，表现沉着冷静，颇具大将之风。2007/2008 赛季，罗伊和阿尔德里奇，这对内外线组合配合得相得益彰，他们联手率领开拓者打出一波惊艳的 13 连胜。罗伊在该赛季场均得到 19.1 分、4.7 个篮板、5.8 次助攻，逐步确立球队领袖的地位，并成功入选西部全明星阵容。

2008/2009 赛季，罗伊迎来他的巅峰。那一年的开拓者是一支典型的"地板流团队作战"球队，罗伊和阿尔德里奇领衔的首发阵容积极跑动、无私传球、周密掩护，严格执行战术。首发阵容异常严谨老道的同时，替补却是另一番景象，费尔南德斯、奥特洛领衔的替补阵容充满无限的朝气与能量。

彼时，巴图姆还没开发出覆盖全场的火力，阿尔德里奇也只是面筐中距离的高个子，奥登"大帝"还在板凳席上磨砺心智。但他们的战术执行力以及团队完整度都是彼时联盟所有青年军中最优秀的，甚至超过后来杀入总决赛的雷霆。

那个赛季，波特兰的玫瑰花园座无虚席，而罗伊作为开拓者的领军人物，场均贡献22.6 分、4.7 个篮板、5.1 次助攻，几乎无可挑剔。人们议论当时联盟得分后卫时，已开始习惯把罗伊加在前三之中，他的冷血与犀利颇有"黑曼巴"的风采。

那个赛季，他在对阵太阳全场 27 投 14 中，狂轰 52 分。对阵奇才，他更是送出追平队史纪录的 10 次抢断。也是从那个赛季开始，波特兰摇身一变成为 50 胜的西部劲旅。

2009/2010 赛季，波特兰的"魔咒"开始发酵，奥登、费迪南德斯、巴图姆等人先后倒在伤病之下。罗伊挺身而出，揭幕战 20 投 12 中，狂砍 42 分。

罗伊独自率队拼杀，透支身体后，在那个赛季的收官阶段，伤病找到了他，因为半月板撕裂，罗伊被迫手术，本该在病榻上修养 4 至 6 周，却在季后赛选择提前复出。

罗伊在开拓者以 2 比 1 落后的时刻，再次挺身而出，那场比赛他出战 27 分钟，砍下 10 分，并投中制胜三分球。帮助球队把大比分追平。

带伤复出，让罗伊的伤势加剧，2010/2011 赛季，他因为半月板的伤势只打了 47 场，并在赛季中通过手术摘除了两个膝盖的半月板。2011 年 1 月 18 日，他接受了关节镜修复手术，然后在那一年的 4 月 23 日，季后赛首轮对阵达拉斯的第四场比赛，他在第四节狂揽全场 24 分中的 18 分，并在最后时刻，命中关键跳投，带领球队完成 23 分的惊天大逆转！

这几乎也是他在 NBA 最后的辉煌时刻了，从那之后，因为膝盖伤势，他打打停停，终于在医生的"威胁"下宣布退役。（彼时，医生告诉罗伊，如果他再坚持打篮球，下半生将在轮椅上度过。）

后来，他没忍住对篮球的热爱，在森林狼复出一小段时间，但最后还是因为职业生涯第七次的膝盖手术，再次宣告了退役。

这就是罗伊的生涯，被伤病摧毁的天才不计其数，罗伊或许是最让人扼腕叹息的一个吧，要知道，在他的巅峰期，他一直被球迷们称为"黄曼巴"。

"黄曼巴"这个称号是由他的偶像"黑曼巴"科比而来，黑曼巴这种毒蛇，能在高速运动中依旧保持精准。而这一切的背后，需要远超他人的时间控制能力、节奏把控能力，罗伊的傲人之处正在于此。他的节奏把控老辣稳重，似慢实快，火候、时机拿捏得异常到位，无论是个人突破、投篮的选择，还是对球队整体节奏的控制和处理球的能力，都恰到好处。队友跑什么样的战术、他什么时候出手解决对手，他都有着自己独特且准

确的判断。一进联盟，他就是别人眼里的"老戏骨"了，这才是他真正的价值所在。他能够持之以恒地给球队提供帮助，对比赛走势产生决定性影响，他的输出稳定且持续，在球队需要他时，他还能挺身而出，给予对手致命一击。

他身上的这些特质让人着迷，这是不同于霹雳暴扣、花式控球之外的另一种篮球之美。可惜的是，这样的画面，如今已经看不到了，玫瑰花园的江湖依旧刀光剑影，但那深处，那个低调的背影，却这么一转身，就再也寻不见了。

江湖不见"黄曼巴"……

天生大心脏的昌西，
一直都是篮球场上
的赢家。

昌西·比卢普斯常规赛数据

赛季	球队	篮板	助攻	得分
1997/1998	凯尔特人	2.2	4.3	11.1
1997/1998	猛龙	2.7	3.3	11.3
1998/1999	掘金	2.1	3.8	13.9
1999/2000	掘金	2.6	3.0	8.6
2000/2001	森林狼	2.1	3.4	9.3
2001/2002	森林狼	2.8	5.5	12.5
2002/2003	活塞	3.7	3.9	16.2
2003/2004	活塞	3.5	5.7	16.9
2004/2005	活塞	3.4	5.8	16.5
2005/2006	活塞	3.1	8.6	18.5
2006/2007	活塞	3.4	7.2	17.0
2007/2008	活塞	2.7	6.8	17.0
2008/2009	活塞	5.0	7.5	12.5
2008/2009	掘金	3.0	6.4	17.9
2009/2010	掘金	3.1	5.6	19.5
2010/2011	掘金	2.5	5.3	16.5
2010/2011	尼克斯	3.1	5.5	17.5
2011/2012	快船	2.5	4.0	15.0
2012/2013	快船	1.5	2.2	8.4
2013/2014	快船	1.5	2.2	3.8
场均数据		2.9	5.4	15.2

昌西·比卢普斯季后赛数据

赛季	球队	篮板	助攻	得分
2000/2001	森林狼	1.7	0.7	1.0
2001/2002	森林狼	5.0	5.7	22.0
2002/2003	活塞	3.4	4.7	18.0
2003/2004	活塞	3.0	5.9	16.4
2004/2005	活塞	4.3	6.5	18.7
2005/2006	活塞	3.4	6.5	17.9
2006/2007	活塞	3.3	5.7	18.6
2007/2008	活塞	2.9	5.5	16.1
2008/2009	掘金	3.8	6.8	20.6
2009/2010	掘金	2.6	6.3	20.3
2010/2011	尼克斯	2.0	4.0	10.0
2012/2013	快船	2.0	1.0	6.2
场均数据		3.4	5.7	17.3

●档案

昌西·比卢普斯 / Chauncey Billups
出生地：美国科罗拉多州丹佛
出生日期：1976 年 9 月 25 日
身高：1.91 米 / 体重：92 公斤
效力球队：凯尔特人、猛龙、掘金、
森林狼活塞、尼克斯、快船
球衣号码：1、3、4、7
场上位置：控球后卫

●荣耀

1 届总冠军：2004 年
1 届总决赛 MVP：2004 年
5 届全明星：2006 年—2010 年
2 届最佳防守阵容二阵：2004/2005
赛季、2005/2006 赛季

关键先生

昌西·比卢普斯

CHAUNCEY BILLUPS

比卢普斯是铁血冷面的生死判官，他那朴素沉稳的气质与底特律这座蓝领城市的风格高度契合，那些年他率领的活塞总是能横亘在星光璀璨的超级强队面前。自从 2004 年赢得总决赛 MVP 之后，比卢普斯脱离了草根行列，投进无数关键球，赢得绰号——关键先生。

2014 年 9 月 10 日，2004 年总决赛 MVP、五届全明星球员昌西·比卢普斯宣布正式退役。"我的求胜欲望依然强烈，"比卢普斯说，"但无法否认过去三年里，我的身体情况并不乐观。现在是时候了，我知道自己该退役了。"

科罗拉多州并不缺少篮球明星，但没有人像比卢普斯这样拥有惊人的影响力。高中时期昌西连续四年入选科罗拉多州第一阵容，率队赢得两个州冠军。他有大把机会进入篮球名校，然而就像伯德选择印第安纳州立大学一样，比卢普斯义无反顾加盟了科罗拉多大学，他不想离开家乡。金子在哪里都会发光，大二时比卢普斯率队击败印第安纳大学，进入第二轮，上一次科罗拉多大学在全国锦标赛中赢球还要追溯到 1969 年。就在这一年，昌西当选科罗拉多篮球先生，入选全美最佳阵容第二阵。

1997 年的选秀大会备受瞩目，不是因为昌西参选，而是蒂姆·邓肯终于大学毕业，手握两个高顺位的凯尔特人有 27.5% 的概率抽中状元签。记者丹·绍尼西在 1997 年 5 月 18 日的《波士顿环球报》上这样写道："今天是乐透星期日，也许是奥尔巴赫在 19 年前选中拉里·伯德以来，'绿衫军'最重大的日子。"

最终的结果让波士顿大失所望，他们仅仅获得了 3 号签和 6 号签，不仅与邓肯失之交臂，也没有得到范霍恩，"绿衫军"之所以改变策略选中昌西，是因为新任总经理克里斯·华莱士曾经看过一场他的比赛，昌西大杀四方投进制胜球，这给华莱士留下了不可磨灭的印象。

皮蒂诺的体系需要一个适应快打旋风的控卫，速度能带来激情，也会让人迷茫，对昌西而言飙速度并不是他擅长的风格，这是一切灾难的根源，无法调和。失去耐心的凯尔特人在交易截止日之前将昌西送走，比卢普斯在接下来的流浪生涯中的确保持着足够的耐心，在猛龙他只待了几个月就被送走，与麦迪和文斯·卡特擦肩而过，回到家乡的旅程同样乏善可陈。德安东尼始终没有搞清昌西的说明书："我们把他当成得分后卫，然而他的真实位置无疑是个问号。"在奥兰多，比卢普斯因为肩伤一分钟也没打。当同届球员开始崭露头角时，比卢普斯得到的只是冷嘲热讽，媒体将他放入水货的行列，此时他第一次对自己产生了怀疑。

与前几支球队相比，森林狼为昌西提供了更舒适的环境，那里有他的老朋友凯文·加内特。布兰顿无私地传授经验和技术，在明尼苏达的比卢普斯终于成为一个合格的轮换球员。2001/2002赛季布兰顿受伤，昌西抓住了机会，尽管森林狼首轮即遭横扫，但他场均砍下22分。菲利普·桑德斯开玩笑称比卢普斯会重复汤姆·布雷迪的传奇，在几个月的时间里从板凳变成总冠军成员。"巨大的压力反而让他冷静下来，"桑德斯说道，"这是一种非常独特的才能。"

重新找回信心的比卢普斯不再惧怕迁徙，亲自登门拜访乔·杜马斯之后，他来到了汽车城，杜马斯明确告知昌西，这支球队由他来领导。"那是有史以来第一次有人把球交给他，告诉他'这是你的球队，我们信任你'。"

比卢普斯为活塞效力的首个赛季就率队杀入分区决赛，第二年拉里·布朗取代卡莱尔，他认为昌西必须牺牲出手机会，让更多的队友融入进来。布朗的强硬态度和控制欲让比卢普斯非常不满，但为了球队利益，他愿意让步。至今布朗仍然对那支活塞缺乏超级明星的观点耿耿于怀，在他看来昌西还算不上巨星。

最终没有巨星的活塞还是击败了星光熠熠的湖人，拿到"坏孩子时代"之后首个冠军。比卢普斯场均贡献21分、5.2次助攻，外加一次对名人堂主帅的公然冒犯。底特律新闻报记者克里斯·麦克考斯基说："他的最佳表演就是2004年的总决赛，我从来没见过哪个家伙可以在洛杉矶湖人面前掌控比赛，控制节奏。"

2005年昌西再次带队杀入总决赛，站在他面前的是1997级的蒂姆·邓肯，两支以防守著称的球队为整个系列赛奠定了惨烈的基调，比卢普斯和他的球队与马刺拼到第七场的最后一刻，然后败下阵来。"我觉得我们才是第七战理所当然的胜利者。"比卢普斯说，"好吧，我们没有笑到最后。没问题，我已经忘记这场比赛了。"

然而连续止步于分区决赛让杜马斯扣动了交易扳机，他将昌西送还给了丹佛。"我深深地受到了伤害，"比卢普斯说，"得知自己被交易，我的心在滴血。环顾四周，没有奥本山的球迷也没有活塞的队友，这意味着我要和兄弟们天各一方。"

迎接昌西的不仅是家乡球迷，还有乔治·卡尔，这不是两人第一次握手。2003年东部决赛活塞以2比3落后，卡尔应老友布朗的邀请，前往更衣室为活塞众将打气，昌西承认那次谈话让他受益匪浅。

在卡尔眼里，昌西是名副其实的赢家，这位"蓝领先生"连续第7次打进分区决赛，也将掘金带向全新的高度，把充斥着神经刀、文身男、问题青年的掘金军团变成了一支遵守纪律和秩序的季后赛球队。

然而比卢普斯还是没有停下流浪的脚步，《丹佛邮报》记者马克·基斯泽拉向掘金开炮："为了终止与安东尼之间相互绑架的关系，他们牺牲掉城市英雄比卢普斯，丹佛如释重负，却再也没有快乐可言。"从尼克斯到快船，比卢普斯在如此高龄依然能立足于NBA，依靠的是苦练，他花费了大量时间来改善身体状况，而重回活塞的决定，对底特律球迷来说是又迎回了昔日的城市英雄，这足以令人欣慰。

2013/2014赛季初，奥本山宫殿的球票卖得飞快，也许底特律球迷想要见识一下球队的新阵容，当然更让人信服的说法是：他们为了洗尽铅华的老队长而来。当现场播报员喊出昌西的名字时，现场22076名球迷发出山呼海啸的吼声。

经历无数次流浪之后，这位老兵终于回到梦开始的地方："我不止一次强调，希望职业生涯在这里结束，记忆停留于此。""蓝领先生"最终在蓝领城市结束职业生涯，也许没有比这更圆满的结局了。

生涯高光闪回 / 暴走潜龙

高光之耀：比卢普斯在掘金迅速成为球队的大脑，他的比赛中的统帅能力不言而喻，而人们往往忽略他其实还是一位效率极高的得分手，有时得分如探囊取物。

2010年2月6日，在掘金与湖人的比赛中，比卢普斯全场比赛20投12中，得到职业生涯最高的39分、8次助攻，三分球13投9中，打破自己之前的单场3分7中纪录，他的神勇发挥，是掘金第三节扭转比赛的关键，该节比卢普斯在3分半时间里狂砍12分，单节砍下21分，为1966年张伯伦打湖人单节23分之后的第二高分。本节他还命中5记三分球，末节比赛他更是送出5次妙传而重创对手。掘金能够在该赛季连续第2次击败拥有科比和加索尔的超强湖人，比卢普斯功不可没。

如果能在场上控制住暴脾气，那么考辛斯就可能成为联盟最好的全能中锋。

德马库斯·考辛斯常规赛数据

赛季	球队	篮板	盖帽	得分
2010/2011	国王	8.6	0.8	14.1
2011/2012	国王	11.0	1.2	18.1
2012/2013	国王	9.9	0.8	17.1
2013/2014	国王	11.7	1.3	22.7
2014/2015	国王	12.7	1.7	24.1
2015/2016	国王	11.5	1.4	26.9
2016/2017	国王	10.6	1.3	27.8
2016/2017	鹈鹕	12.4	1.1	24.4
2017/2018	鹈鹕	12.9	1.6	25.2
2018/2019	勇士	8.2	1.5	16.3
2020/2021	火箭	7.6	0.7	9.6
2020/2021	快船	4.5	0.4	7.8
场均数据		10.6	1.2	20.4

德马库斯·考辛斯季后赛数据

赛季	球队	篮板	盖帽	得分
2018/2019	勇士	4.9	0.8	7.6
2020/2021	快船	2.0	0.4	7.6
场均数据		3.5	0.6	7.6

● 档案

德马库斯·考辛斯 / DeMarcus Cousins
出生地：美国亚拉巴马州莫比尔
出生日期：1990 年 8 月 13 日
身高：2.11 米 / 体重：123 公斤
效力球队：国王、鹈鹕、勇士、湖人、火箭、快船
球衣号码：15、0
场上位置：中锋

● 荣耀

4 届全明星：2015 年—2018 年
1 届世锦赛冠军：2014 年
1 届奥运冠军：2016 年
最佳新秀阵容一阵：2010/2011 赛季
2 届最佳阵容二阵：2014/2015 赛季、2015/2016 赛季

2 ♣

考神

德马库斯·考辛斯

DEMARCUS COUSINS

你很难想象一位重型七尺长人可以在三分线外发起进攻，可以拉杆上篮、空位三分，可以施展万花筒一样的内线进攻，考辛斯就是这样的天才中锋。他技术全面、天赋超群，拥有超越长人的敏捷度与运动能力。只要他能够控制住自己的脾气，他就是这个时代最全能的中锋，是一条"会投三分的鲨鱼"。

经历了岁月与伤病的磨砺，让考辛斯沦为凡人之躯，也让他学会了控制自己的坏脾气。

德马库斯·考辛斯在亚拉巴马州的莫比尔长大，自幼他在同龄的孩子中，就是一个庞然大物。这位身材壮实的"大块头"总是不小心撞到行人，从而引发冲突，因为没人相信他还是个乳臭未干的孩子。

考辛斯最初的梦想还是进入 NFL（橄榄球联盟），对篮球没有太大兴趣，直到他进入乐福勒高中展现出非凡的篮球才华。2009 年考辛斯场均砍下 24.1 分、13.2 个篮板、4.6 次助攻、5.1 次抢断和 3.2 次盖帽，率领乐福勒高中挺进亚拉巴马州 5A 级半决赛。

高中毕业，考辛斯加盟肯塔基大学，与约翰·沃尔、布莱德索成为队友。虽然经常陷入犯规麻烦，但考辛斯在大学的首个赛季场均依然能贡献 15.1 分、9.8 个篮板，与沃尔也双双入选全美最佳阵容。

考辛斯决定参加 NBA 选秀时，所得到的评语是："大学篮球界最强壮的内线，手感柔和，并可以内线肆意碾压。不过在防守端有些懒惰，在场上常常会被干扰。最大的问题在于，他服不服管教。但如果你想要最好的天赋，那就选他吧！"

2010 年选秀大会，考辛斯在首轮第 5 顺位被国王选中，显然萨克拉门托对他寄予厚望。但国王队很快就见识了考辛斯的坏脾气，他先是与教练组发生摩擦，随后又在训练中被国王队主教练韦斯特法尔驱逐出场。2010/2011 赛季，国王只赢下 24 场比赛，考辛斯成为千夫所指的对象，毕竟他没有打出高效的表现，同时制造了太多的冲突。更重要的是，考辛斯与主教练韦斯特法尔的矛盾不断激化。

2011/2012 赛季，考辛斯场均贡献 18.1 分、11 个篮板，一共摘下 265 个进攻篮板，创下联盟最高纪录。抛却场外因素，考辛斯仍然是联盟最有前途的大个子之一。

2013 年夏天，萨克拉门托国王与考辛斯签订一份 4 年 6200 万美元的合同。签订合同后考辛斯表现愈发出色，他在 2013/2014 赛季场均砍下 22.7 分、11.7 个篮板。除了数据光鲜之外，考辛斯还控制住了自己的暴脾气。安静下来的考辛斯更上一层楼，2014/2015 赛季，他场均贡献 24.1 分和 12.7 个篮板，并接替科比入选 2015 年全明星阵容。

2015/2016 赛季的考辛斯，场均得到 26.9 分，还有 11.5 个篮板，是"20+10"俱乐部的常客。他攻击手段不断丰富，除了犀利的持球进攻和超强的背身单打之外，还把三分球的投射也开发出来，投出 33.3% 的命中率，对于一位传统内线而言颇为难得。

2016 年夏天，考辛斯随美国男篮"梦十二"队出征里约奥运会，并随队夺取金牌，经过奥运会的历练，考辛斯似乎要逐渐成长为一名真正的巨星。

2016/2017 赛季，国王战绩没有明显起色，考辛斯的个人数据却异常火爆：2016 年 11 月 29 日，国王加时不敌奇才，考辛斯得到 36 分、20 个篮板；12 月 21 日，国王击败开拓者，考辛斯得到 55 分、13 个篮板，还命中 5 记三分球；2017 年 2 月 15 日，国王险胜湖人，考辛斯豪取 40 分、12 个篮板和 8 次助攻的准三双数据……虽然数据爆棚，但考辛斯的火暴脾气也触及国王的底线，这让高层不得不忍痛割爱。

2017 年 2 月 21 日，重磅交易达成：考辛斯被国王送到鹈鹕，换来巴迪·希尔德、泰瑞克·埃文斯、兰斯通·加洛韦以及 2017 年的一个首轮选秀权和一个次轮选秀权，考辛斯联手"浓眉"安东尼·戴维斯！至此，联盟上最强的内线双塔诞生。

2017/2018 赛季，考辛斯在鹈鹕打出多场巅峰战：2017 年 10 月 27 日，考辛斯被交易后首次重返萨克拉门托，轰下 41 分、23 个篮板，率领鹈鹕逆转国王；12 月 7 日，鹈鹕以 123 比 114 战胜掘金，考辛斯得到 40 分、22 个篮板；2018 年 1 月 23 日对阵公牛，双方激战两个加时，鹈鹕以 132 比 128 险胜，考辛斯打出 44 分、24 个篮板、10 次助攻的逆天数据，这样的超级大三双，上一次出现还要追溯到 1972 年。

然而考辛斯的高光表演在 2018 年 1 月 27 日戛然而止。那天对阵火箭，考辛斯收获职业生涯第 9 次三双。然而在比赛最后一刻，他在争抢中受伤倒地，随后被换扶着走回更衣室。第二天，鹈鹕宣布考辛斯确诊为左脚跟腱撕裂，将缺席本赛季剩余的全部比赛。在那之后，考辛斯被贴上伤病的标签，他也就此开始颠沛流离的流浪生涯。

2019 年 1 月 19 日，考辛斯在时隔近一年后重新踏上球场，他的身份已经由鹈鹕球员变成了勇士球员。季后赛首轮与快船的第二场较量，考辛斯又遭遇四头肌伤病，直到总决赛才迎来复出，但状态已经大不如前，没能帮助勇士完成三连冠霸业。

2019 年 7 月，考辛斯以 350 万美金的底薪转投湖人。还没等来新赛季开始，他又在一场野球比赛中遭遇十字韧带撕裂再次赛季报销。短短两年时间，考辛斯遭遇了 NBA 球员最害怕的两类伤病。2020/2021 赛季，考辛斯先后效力于火箭、快船两支球队。一共累计打了 41 场常规赛，场均仅仅得到 8.9 分、6.4 个篮板和 1.9 次助攻。

2021 年夏天，成为自由球员的考辛斯没有收到 NBA 球队的合同。从昔日的第一中锋到如今的边缘人，考辛斯的职业生涯就像一场黑色幽默。

不过，柳暗花明又一村。2021 年秋初，考辛斯得到大洋彼岸几家 CBA 球队的垂青，他也许要在异国他乡来延续自己的篮球之路。

虽然经历无数坎坷与打击，但考辛斯的内心依旧强大，就像他所说的那样："他们畏惧自己不理解的东西，而我专注于拼搏。"

那些坎坷似乎磨平了昔日刺头的棱角，江湖中不见了"没头脑"，那位"不高兴"的大男孩懂得了宽容与隐忍，因为他还想打篮球。

生涯高光闪回／三双神兽

高光之耀： 考辛斯豪取 40+20+10 级别的三双，上一次出现如此数据还要追溯到 1972 年。也就是说，考辛斯成为 NBA 联盟 46 年来第一位触及这一上古数据的球员。

2018 年 1 月 23 日，鹈鹕在主场经过双加时鏖战，以 132 比 128 险胜公牛。此役考辛斯打出统治级数据，砍下 44 分、24 个篮板、10 次助攻的超级大三双，戴维斯也有 34 分、9 个篮板入账，"鹈鹕双塔"联手呈现历史级别的攻防统治力。

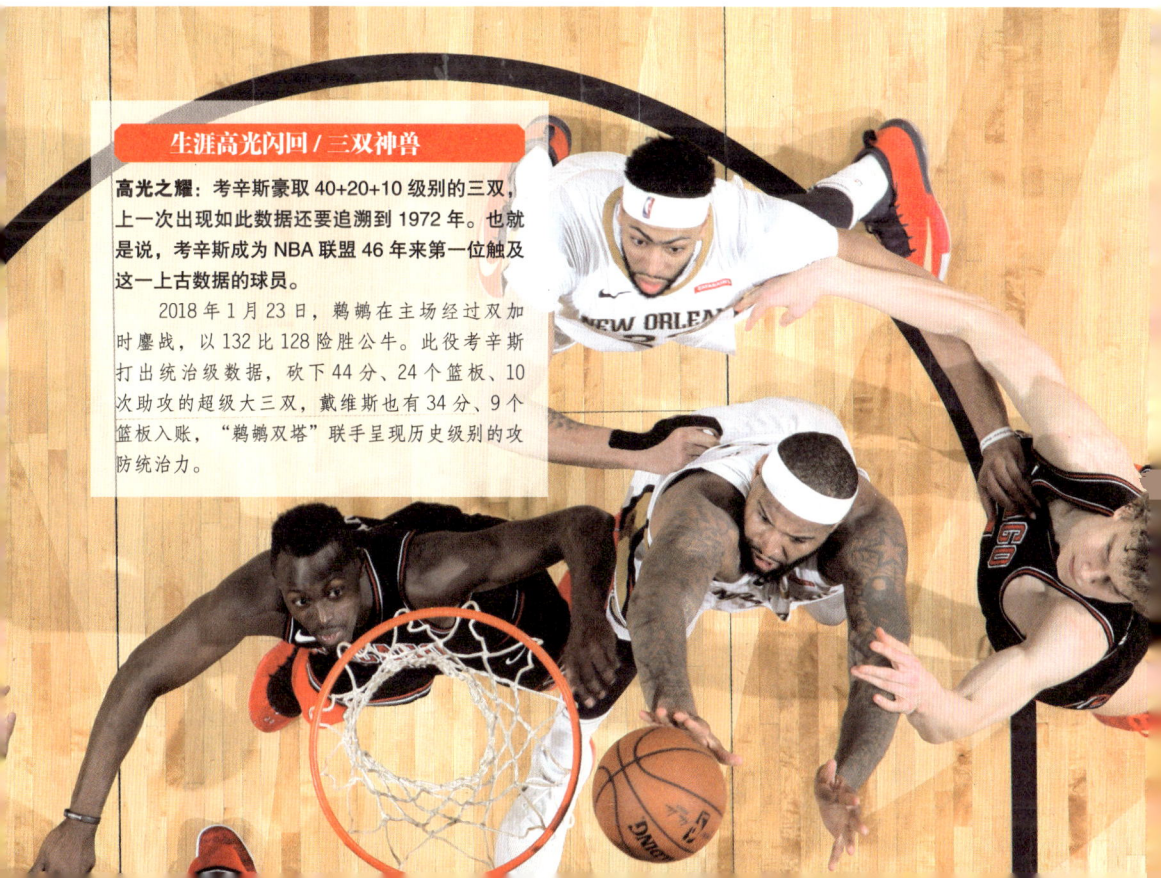

"你是我一辈子的好兄弟，
这种关系远大于篮球。"
——布拉德利·比尔

约翰·沃尔常规赛数据

赛季	球队	篮板	助攻	得分
2010/2011	奇才	4.6	8.3	16.4
2011/2012	奇才	4.5	8.0	16.3
2012/2013	奇才	4.0	7.6	18.5
2013/2014	奇才	4.1	8.8	19.3
2014/2015	奇才	4.6	10.0	17.6
2015/2016	奇才	4.9	10.2	19.9
2016/2017	奇才	4.2	10.7	23.1
2017/2018	奇才	3.7	9.6	19.4
2018/2019	奇才	3.6	8.7	20.7
2020/2021	火箭	3.2	6.9	20.6
场均数据		4.3	9.1	19.1

约翰·沃尔季后赛数据

赛季	球队	篮板	助攻	得分
2013/2014	奇才	4.0	7.1	16.3
2014/2015	奇才	4.7	11.9	17.4
2016/2017	奇才	3.7	10.3	27.2
2017/2018	奇才	5.7	11.5	26.0
场均数据		4.3	9.8	21.9

2

墙哥

约翰·沃尔

作为控卫，沃尔身高臂长、天赋出众。他秉承着唯快不破的突破法则，风驰电掣地掠过赛场。他还有天生的大局观和传球技巧，场均能交出 20 分、10 次助攻的一流控卫数据。但作为奇才的掌门人，沃尔的投射能力平淡无奇，这也让他始终无法进入顶级一号位的阵营。

1990 年 9 月 6 日，约翰·沃尔出生在美国北卡罗来纳州罗利。在他 9 岁时父亲罹患肝癌去世，母亲弗朗西斯·普尔利独自含辛茹苦地抚养沃尔和他的妹妹。沃尔并没有因父亲早逝而沉沦于街区暴力，他在篮球那里渐渐找到了自我。

父亲逝世后，沃尔用多年的时间才学会控制情绪，扫除戾气。他因为球技出色而年少成名，但依旧颠沛流离，5 年 3 次转学的经历，让他不断重复着"高中菜鸟赛季"。

2009 年，沃尔进入肯塔基大学，大一赛季沃尔能够场均拿下 17.2 分、7.3 次助攻，带领肯塔基大学打出了 15 胜 0 负的神奇战绩。

2010 年选秀大会，奇才不假思索地在首轮第 1 顺位将沃尔摘下，而沃尔在首个赛季里场均得到 16.4 分、8.3 次助攻，入选了最佳新秀阵容，证明了"状元"的价值。

当时的 NBA 是控卫新人的天堂，5 年内控卫夺走了 4 个最佳新秀奖。帕克和朗多在自己的第二个赛季便将总冠军戒指收入囊中，林书豪与卢比奥引起了世界球迷的疯狂追捧，利拉德在菜鸟赛季多次命中制胜球，而当年詹宁斯在新秀赛季的第三周就砍下了 55 分。沃尔场均交出 16 分、8 次助攻的漂亮数据，比起其他优秀控卫来不遑多让。值得一提的是，沃尔在 2011 年全明星新秀赛上，送出创纪录的 22 次助攻，并夺得 MVP。

因为伤病等原因，沃尔在前三个赛季缺阵了 46 场比赛，而奇才战绩持续低迷，总计 72 胜 158 负。作为一名当家控卫，沃尔出现短板：跳投水平欠佳，这也使沃尔突破时威胁大大削减，对手的内线会毫不犹豫地固守禁区内。

2012/2013 赛季，沃尔因伤错过半个赛季，ESPN 评选 25 岁之下的 25 位新星时，沃尔名落孙山。这种漠视使沃尔铭记在心，随后他用比赛证明自己：首先在防守顶尖的灰熊头上砍下 47 分，又在击破湖人的比赛中送出 16 次助攻，并投中关键球。沃尔健康出战时，奇才能够拿到六成胜率，而当他缺阵时，球队胜率仅 15%。

沃尔与比尔的"双尔组合"成为奇才争霸联盟的王牌。2013 年夏天，奇才与沃尔签下了 5 年 8000 万美元的顶薪。2014 年夏天，沃尔在身上文上——"The Great Wall"。

2014/2015 赛季，沃尔场均得 17.3 分，命中率达到职业生涯新高的 44.5%，作为 NBA 中最会传球的指挥官之一，沃尔场均能送出 10 次助攻。他在 2015 年季后赛场均助攻高达 12.6 次，比第二名的保罗高出 4 次，更为可怕的是，他竟然带着骨裂的伤势去比赛。

2016/2017 赛季，沃尔达到生涯巅峰。2016 年 12 月 7 日，奇才主场对阵魔术，沃尔三分球 8 投 5 中，得到 52 分，刷新个人职业生涯的单场得分新高。

2017 年 3 月 1 日，奇才在主场以 112 比 108 险胜勇士，沃尔送出职业生涯新高的 19 次助攻。不久之后（2017 年 3 月 18 日），奇才以 112 比 107 击退公牛，沃尔送上 20 次助攻，再次刷新个人助攻纪录的上限。

堪比百米运动员的冲刺速度，使得沃尔的快攻威胁性位列联盟顶级水准。但传球才是他"制敌"的根本利器，沃尔能最大限度地激发射手和篮下终结者的能力，他广阔无垠的传球视野更是能与詹姆斯、哈登这样的指挥大师相媲美。

2016/2017 赛季，沃尔终于达到顶级控卫的标杆——场均 20 分、10 次助攻，率领奇才杀至东部第三，挺进季后赛。季后赛首轮第六战，沃尔 25 投 16 中，砍下 42 分、8 次助攻，率领奇才以总比分 4 比 2 击败老鹰，挺进东部半决赛。这时的沃尔一手擎起快刀，一手拿着令箭，成为东部最为锋利的双能卫。

东部半决赛，奇才与凯尔特人鏖战七场遗憾落败，但对于所有华盛顿人来说，沃尔就是奇才的灵魂。2017 年 7 月 22 日，一份 4 年价值 1.7 亿美元的续约合同，加之剩余的 2 年 3700 万美元合约，沃尔成为继库里、哈登后又一位"两亿先生"！

2017/2018 赛季、2018/2019 赛季，沃尔分别交出场均 19.4 分、9.6 次助攻，20.7 分、8.7 次助攻的不俗答卷，几乎凭借一己之力拖着整个球队前进。

然而，多年重任在肩的沃尔不堪重负，2019 年 1 月 9 日，沃尔接受了左脚跟手术。更糟心的是，在他养伤期间的 2 月 6 日，在家中不慎滑倒，导致左脚跟腱撕裂，被迫接受修复手术，这一次他缺席长达一年之久。

2020 年 12 月 3 日，心灰意冷的奇才将沃尔交易到火箭，自此这位奇才 2 号的十年华府岁月写下句号。合作八年的老搭档比尔，流露出依依不舍的兄弟情。

大伤之后的沃尔在休斯敦表现依旧抢眼，他为火箭出战 40 场，场均砍下 20.6 分、6.9 次助攻，虽然他的脚步不如巅峰时那样迅疾，但他一直努力地奔跑，试图追上曾经的自己。

但命运对他太过无情，2021 年 4 月 27 日，由于腿筋受伤，沃尔无奈缺席余下的所有比赛。2021 年 9 月，火箭与沃尔和平分手，但"墙哥"还剩下两年 9170 万美元的巨额合同，让所有心仪的球队都望而却步，NBA 没有"接盘侠"。

曾经如疾风般掠过赛场，顶着东部第一控卫的名头，风光无限，到无人问津，沦为时代的弃儿，沃尔的命运令人唏嘘。希望 31 岁的"墙哥"能扼住命运的咽喉，早日追赶上曾经的自己。

生涯高光闪回 / 射鹰奇才

高光之耀：沃尔此战刷新个人多项季后赛纪录：创个人最高的 42 分；平个人最多的 4 记抢断。同时沃尔也成为 NBA 季后赛自 1990 年的乔丹之后首位单场至少得到 42 分、8 次助攻、4 次抢断的球员。

2017 年 4 月 29 日，季后赛首轮第六场，沃尔得到 42 分、8 次助攻、4 次抢断、2 记盖帽，比尔得到 31 分，二人率领奇才以 115 比 99 击败老鹰，以总比分 4 比 2 淘汰对手，挺进东部半决赛。

NBA TOP10
历史十大排行榜

历史总得分榜 TOP10

序号	姓名	得分
1	卡里姆·贾巴尔	38387
2	卡尔·马龙	36928
3	勒布朗·詹姆斯	35787
4	科比·布莱恩特	33643
5	迈克尔·乔丹	32292
6	德克·诺维茨基	31560
7	威尔特·张伯伦	31419
8	沙奎尔·奥尼尔	28596
9	卡梅隆·安东尼	27749
10	摩西·马龙	27409

历史总篮板榜 TOP10

序号	姓名	篮板
1	威尔特·张伯伦	23924
2	比尔·拉塞尔	21620
3	卡里姆·贾巴尔	17440
4	埃尔文·海耶斯	16279
5	摩西·马龙	16212
6	蒂姆·邓肯	15091
7	卡尔·马龙	14968
8	罗伯特·帕里什	14715
9	凯文·加内特	14662
10	内特·瑟蒙德	14464

历史总助攻榜 TOP10

序号	姓名	助攻
1	约翰·斯托克顿	15806
2	贾森·基德	12091
3	克里斯·保罗	10538
4	史蒂夫·纳什	10335
5	马克·杰克逊	10334
6	埃尔文·约翰逊	10141
7	奥斯卡·罗伯特森	9887
8	勒布朗·詹姆斯	9809
9	伊塞亚·托马斯	9061
10	加里·佩顿	8966

历史总盖帽榜 TOP10

序号	姓名	盖帽
1	哈基姆·奥拉朱旺	3830
2	迪坎贝·穆托姆博	3289
3	卡里姆·贾巴尔	3189
4	马克·伊顿	3064
5	蒂姆·邓肯	3020
6	大卫·罗宾逊	2954
7	帕特里克·尤因	2894
8	沙奎尔·奥尼尔	2732
9	特里·罗林斯	2542
10	罗伯特·帕里什	2361

历史总抢断榜 TOP10

序号	姓名	抢断
1	约翰·斯托克顿	3265
2	贾森·基德	2684
3	迈克尔·乔丹	2514
4	加里·佩顿	2445
5	克里斯·保罗	2384
6	莫里斯·奇克斯	2310
7	斯科蒂·皮蓬	2307
8	克莱德·德雷克斯勒	2207
9	哈基姆·奥拉朱旺	2162
10	埃尔文·罗伯特森	2112

历史三分球命中榜 TOP10

序号	姓名	三分
1	斯蒂芬·库里	2977
2	雷·阿伦	2973
3	雷吉·米勒	2560
4	詹姆斯·哈登	2509
5	凯尔·科沃尔	2450
6	文斯·卡特	2290
7	杰森·特里	2282
8	贾马尔·克劳福德	2221
9	保罗·皮尔斯	2143
10	达米恩·利拉德	2109

历史效率值榜 TOP10

序号	姓名	效率值
1	迈克尔·乔丹	27.9
2	勒布朗·詹姆斯	27.5
3	安东尼·戴维斯	27.5
4	沙奎尔·奥尼尔	26.4
5	大卫·罗宾逊	26.2
6	威尔特·张伯伦	26.1
7	鲍勃·佩蒂特	25.3
8	凯文·杜兰特	25.2
9	克里斯·保罗	25.1
10	安东尼·唐斯	25.1

历史罚球榜 TOP10

序号	姓名	罚球
1	卡尔·马龙	9787
2	摩西·马龙	8531
3	科比·布莱恩特	8378
4	奥斯卡·罗伯特森	7694
5	勒布朗·詹姆斯	7638
6	迈克尔·乔丹	7327
7	德克·诺维茨基	7240
8	杰里·韦斯特	7160
9	保罗·皮尔斯	6918
10	阿德里安·丹特利	6832

历史出场次数榜 TOP10

序号	姓名	出场次数
1	罗伯特·帕里什	1611
2	卡里姆·贾巴尔	1560
3	文斯·卡特	1541
4	德克·诺维茨基	1522
5	约翰·斯托克顿	1504
6	卡尔·马龙	1476
7	凯文·加内特	1462
8	凯文·威利斯	1424
9	杰森·特里	1410
10	蒂姆·邓肯	1392

历史命中数榜 TOP10

序号	姓名	命中数
1	卡里姆·贾巴尔	15837
2	卡尔·马龙	13528
3	勒布朗·詹姆斯	13063
4	威尔特·张伯伦	12681
5	迈克尔·乔丹	12192
6	科比·布莱恩特	11719
7	沙奎尔·奥尼尔	11330
8	德克·诺维茨基	11169
9	埃尔文·海耶斯	10976
10	哈基姆·奥拉朱旺	10749

● 现役球员数据统计截止到 2021年12月15日